プリント形式のリアル過去問で本番の臨場感！

広島県

広島女学院中学校

2025年春受験用

解答集

本書は，実物をなるべくそのままに，プリント形式で年度ごとに収録しています。
問題用紙を教科別に分けて使うことができるので，本番さながらの演習ができます。

■　収録内容

・解答集（この冊子です）

書籍ＩＤ番号，この問題集の使い方，最新年度実物データ，リアル過去問の活用，
解答例と解説，ご使用にあたってのお願い・ご注意，お問い合わせ

・2024（令和６）年度　～　2021（令和３）年度　学力検査問題

JN131774

○は収録あり	年度	'24	'23	'22	'21		
■ 問題収録		○	○	○	○		
■ 解答用紙		○	○	○	○		
■ 配点							

全教科に解説
があります

注）国語問題文非掲載：2022年度の1

問題文の非掲載につきまして

著作権上の都合により，本書に収録している過去入試問題の本文の一部を掲載しておりません。ご不便をおかけし，誠に申し訳ございません。

本文の一部を掲載できなかったことによる国語の演習不足を補うため，論説文および小説文の演習問題のダウンロード付録があります。弊社ウェブサイトから書籍ＩＤ番号を入力してご利用ください。

なお，問題の量，形式，難易度などの傾向が，実際の入試問題と一致しない場合があります。

教英出版

■ 書籍ＩＤ番号

入試に役立つダウンロード付録や学校情報などを随時更新して掲載しています。
教英出版ウェブサイトの「ご購入者様のページ」画面で，書籍ＩＤ番号を入力してご利用ください。

書籍ＩＤ番号　109432

（有効期限：2025年9月30日まで）

【入試に役立つダウンロード付録】
「要点のまとめ(国語／算数)」
「課題作文演習」ほか

■ この問題集の使い方

年度ごとにプリント形式で収録しています。針を外して教科ごとに分けて使用します。①片側，②中央のどちらかでとじてありますので，下図を参考に，問題用紙と解答用紙に分けて準備をしましょう（解答用紙がない場合もあります）。

針を外すときは，けがをしないように十分注意してください。また，針を外すと紛失しやすくなりますので気をつけましょう。

① 片側でとじてあるもの

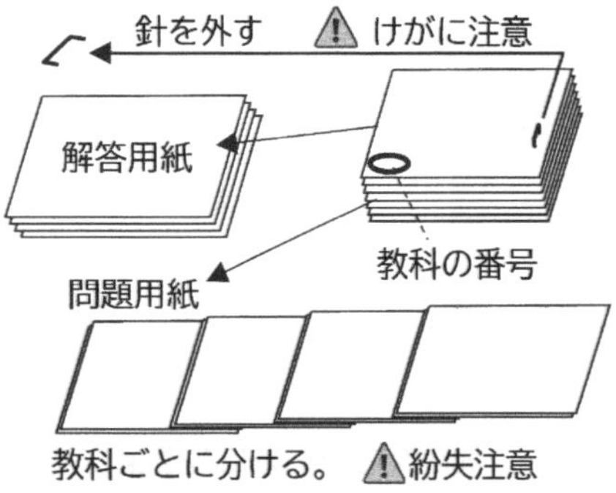

② 中央でとじてあるもの

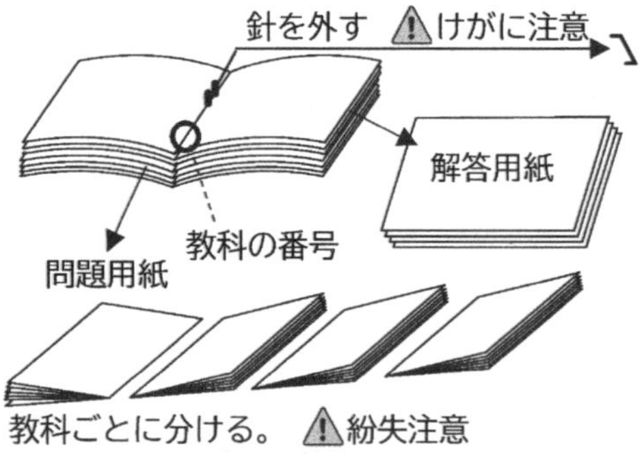

※教科数が上図と異なる場合があります。
解答用紙がない場合や，問題と一体になっている場合があります。
教科の番号は，教科ごとに分けるときの参考にしてください。

■ 最新年度 実物データ

実物をなるべくそのままに編集していますが，収録の都合上，実際の試験問題とは異なる場合があります。実物のサイズ，様式は右表で確認してください。

問題用紙	Ｂ５冊子(二つ折り)
解答用紙	Ｂ４片面プリント

リアル過去問の活用

～リアル過去問なら入試本番で力を発揮することができる～

本番を体験しよう！

問題用紙の形式（縦向き / 横向き），問題の配置や余白など，実物に近い紙面構成なので本番の臨場感が味わえます。まずはパラパラとめくって眺めてみてください。「これが志望校の入試問題なんだ！」と思えば入試に向けて気持ちが高まることでしょう。

入試を知ろう！

同じ教科の過去数年分の問題紙面を並べて，見比べてみましょう。

① 問題の量

毎年同じ大問数か，年によって違うのか，また全体の問題量はどのくらいか知っておきましょう。どのくらいのスピードで解けば時間内に終わるのか，大問ひとつにかけられる時間を計算してみましょう。

② 出題分野

よく出題されている分野とそうでない分野を見つけましょう。同じような問題が過去にも出題されていることに気がつくはずです。

③ 出題順序

得意な分野が毎年同じ大問番号で出題されていると分かれば，本番で取りこぼさないように先回りして解答することができるでしょう。

④ 解答方法

記述式か選択式か（マークシートか），見ておきましょう。記述式なら，単位まで書く必要があるかどうか，文字数はどのくらいかなど，細かいところまでチェックしておきましょう。計算過程を書く必要があるかどうかも重要です。

⑤ 問題の難易度

必ず正解したい基本問題，条件や指示の読み間違いといったケアレスミスに気をつけたい問題，後回しにしたほうがいい問題などをチェックしておきましょう。

問題を解こう！

志望校の入試傾向をつかんだら，問題を何度も解いていきましょう。ほかにも問題文の独特な言いまわしや，その学校独自の答え方を発見できることもあるでしょう。オリンピックや環境問題など，話題になった出来事を毎年出題する学校だと分かれば，日頃のニュースの見かたも変わってきます。

こうして志望校の入試傾向を知り対策を立てることこそが，過去問を解く最大の理由なのです。

実力を知ろう！

過去問を解くにあたって，得点はそれほど重要ではありません。大切なのは，志望校の過去問演習を通して，苦手な教科，苦手な分野を知ることです。苦手な教科，分野が分かったら，教科書や参考書に戻って重点的に学習する時間をつくりましょう。今の自分の実力を知れば，入試本番までの勉強の道すじが見えてきます。

試験に慣れよう！

入試では時間配分も重要です。本番で時間が足りなくなってあわてないように，リアル過去問で実戦演習をして，時間配分や出題パターンに慣れておきましょう。教科ごとに気持ちを切り替える練習もしておきましょう。

心を整えよう！

入試は誰でも緊張するものです。入試前日になったら，演習をやり尽くしたリアル過去問の表紙を眺めてみましょう。問題の内容を見る必要はもうありません。どんな形式だったかな？受験番号や氏名はどこに書くのかな？…ほんの少し見ておくだけでも，志望校の入試に向けて心の準備が整うことでしょう。

そして入試本番では，見慣れた問題紙面が緊張した心を落ち着かせてくれるはずです。

※まれに入試形式を変更する学校もありますが，条件はほかの受験生も同じです。心を整えてあせらずに問題に取りかかりましょう。

2024 解答例 令和6年度　広島女学院中学校

《国　語》

一　問一．はぶかれる可能性をいつも不安として抱えつづけている　問二．自分を取り替え可能な存在なのだ
問三．(1)時間や空間を節約してムダをはぶくこと。　(2)エ　問四．(1)イ　(2)非常に硬直させたもの　問五．ア
問六．ウ　問七．ア

二　問一．エ　問二．ぼくは弟に　問三．ウ　問四．エ　問五．ア　問六．(1)で、でも、　(2)イ
問七．ウ　問八．孤児院を出るという希望が消えた　問九．イ，エ

三　①骨子　②秘境　③小康　④圧巻　⑤拡散　⑥厳禁　⑦泉　⑧至る　⑨快い
⑩縮める　⑪もんこ　⑫くめん　⑬はぐく

四　①(1)赤　(2)ウ　②(1)虫　(2)エ　③(1)帯　(2)ア

《算　数》

1　(1)1　(2)2.5　(3)$\frac{1}{11}$　(4)7　(5)2024

2　(1)6000　(2)1.5　(3)15.6　(4)8日9時30分
※(5)193，215

3　(1)33　(2)27　(3)55.4　(4)表面積…694.2　体積…858.7

4　(1)ア．6　イ．14　ウ．16　(2)10　(3)右グラフ
(4)8.5秒後，$16\frac{1}{3}$秒後　(5)$6\frac{2}{3}$

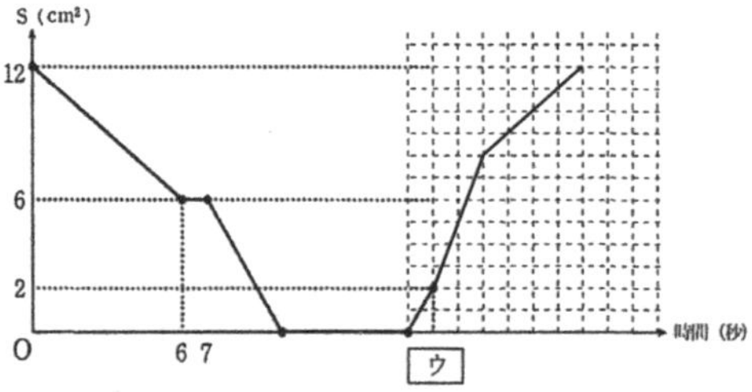

5　(1)(ⅰ)20　(ⅱ)7　(2)8　(3)91　(4)512　(5)12　(6)8

※の求める過程は解説を参照してください。

《社　会》

1　(1)あ．北海道　い．東京都　(2)ローリングストック(法)　(3)(ア)　(4)問1．(ア)　問2．長野　問3．原油価格が上昇すると，果実を運ぶトラックなどの燃料費が上がり，輸送費が上がるから。

2　(1)問1．租　問2．(ア)　(2)問1．(イ)　問2．(ウ)　(3)問1．天候不順により飢きんが発生し，生活が苦しくなった民衆がその責任を当主に追及したから。　問2．豊臣秀吉　(4)問1．(エ)　問2．(イ)
(5)問1．ラジオ　問2．(イ)　問3．基本的人権の尊重

《理　科》

1　(1)問1．右図　問2．(ア)　(2)星座…(イ)　星…(キ)　(3)(ウ)

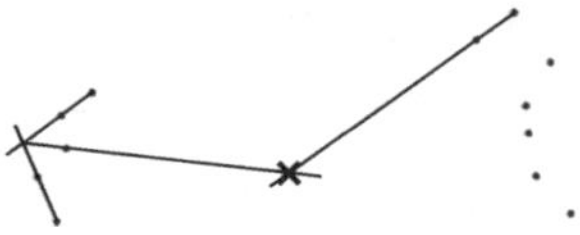

2　(1)(オ)　(2)(エ)　(3)(ア)

3　(1)水平　(2)(ウ)

4　(1)ミョウバン…60　水…250　(2)(エ)　(3)104
(4)172.3　理由…(エ)　(5)右グラフ　記号…(ウ)

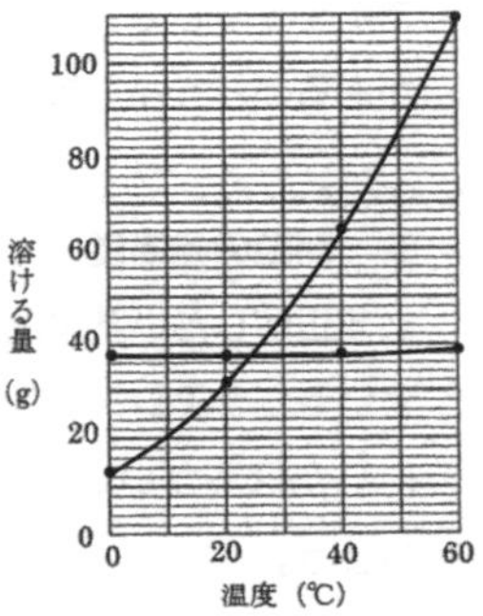

5　(1)蒸散　(2)(ア)　(3)問1．(イ)　問2．葉に光が当たるとつくられる。
問3．(イ)，(オ)　問4．(イ)，(エ)，(ク)　(4)(エ)　(5)(イ)

6　(1)(ウ)　(2)(エ)　(3)問1．2.0　問2．C．25　D．長かった
(4)X．(重心が上がって，)ふりこの長さが短くなる　周期…短い
(5)(ウ)　(6)(エ)

2024 解説 広島女学院中学校

令和６年度

《2024　国語　解説》

一　**問一**　直後にあるように、大人たちは、いじめられたり、左遷《させん》されたり、リストラされたりする不安に駆《か》られて生きている。これに似た子供たちの状況《じょうきょう》を探してぬき出す。

問二　──①の６行後に、「しかし、問題なのは、ある思いが自分のなかにいついてしまうことだ」とある。その「思い」とは、直後の一文にあるように、「私はかけがえのない存在ではなく、取《と》り替《か》え可能な存在にすぎない」というものである。

問三(1)　──②の「それ」が直接指しているのは、直前の「断捨離《だんしゃり》、ミニマリズム」や、その前の行の「ムダをはぶくこと」である。この「断捨離、ミニマリズム」や「ムダをはぶくこと」について、少し後で、「断捨離派もミニマリストも、ムダをはぶけるだけはぶいて、時間やスペースを節約し、自分の自立度や自由度を高めることを目指しているように見える」とある。　(2)　筆者は、ミニマリストたちがキッチンをはぶいたことについて、「その節約を可能にするのは、ＩＴをたっぷり駆使《くし》した都市的なライフスタイル」だとし、ミニマリストの食生活は、「都会でこそ成り立つだろう」と述べている。さらに、「食べものについて見ただけでも、すでに、食べるという単純な行動が、複雑なインフラ網《もう》や、その上に栄えたさまざまなサービス、そしてそれらすべてを含《ふく》む巨大《きょだい》なグローバル・システム～によって可能になっているのだ」とある。つまり、断捨離派やミニマリストの節約生活は、都会でこそ成立する複雑な仕組みがあるからこそ可能なのであり、それは「本当のシンプル・ライフ」とは言えないと、筆者は考えている。よって、エが適する。

問四(1)　サティシュの言葉に、「すべてのものを目的と結びつけて」「すべてのものが目的へと連結し、効率性に裏打ちされなければならないという社会の風潮」とある。よって、ａには「目的」、ｂには「効率性」が入る。また、すべてのものが目的へと結びつけられ、かならず効率性がともなわなければならないということは、ムダのないことを目指すということなので、ｃには「ムダ」が入る。よって、イが適する。　(2)　サティシュは、「すべてのものを目的と結びつけ」るようなやり方、つまり［現代社会の風潮］が、「人生を、世界を、非常に硬直《こうちょく》させたものにしてしまいます」と言っている。

問五　草の根とは、一般《いっぱん》大衆のこと。ここでは、“政府や行政の支援《しえん》ではなく一般の人々の協力で”という意味で使われている。よって、アが適する。

問六　坂本氏は、「『役に立つアート』という考え方そのものに危《あや》うさを感じ」ていて、自分自身の音楽について、「役に立ってたまるか、とすら思います」と言っている。また、「芸術なんていうものは、何の目的もないんですよ」ともある。さらに、坂本氏のインタビュー記事の見出しに、「『芸術なんて役に立たない』　そうですけど、それが何か？」という言葉があったともある。つまり、芸術は目的を持たないものであり、役立つかどうかと考えるものでもない。よって、ウが適する。

問七　文章中に、「問題はどうやら、『ムダをはぶく』ことにあまりに性急に傾《かたむ》いてしまった社会なのである～人と人、人と自然のあいだにあるべき緊密《きんみつ》な関係を分断し、人間を人類史上もっとも寂《さび》しく孤立《こりつ》した存在にしてしまったのではないか」とある。よって、アが適する。

二　**問一**　１～２行前に、「孤児院《こじいん》の日課を暗誦《あんしょう》しているうちに、ぼくはだんだん落ちつかなくなっていった～のんびりできそうなものなのに、かえっていらいらしてくるのだった」とある。ここでは、細かく時間で区切られた孤児院の生活を「時間の檻《おり》」と表現している。祖母の家に来たことで、時間で区切られた生活からときはなたれた

「ぼく」は、自由な時間をどのように過ごしていいかわからず、落ちつかなくなっているのである。よって、エが適する。

問二　孤児院流からぬけ出せず、ごはんのおかわりをしようとしない弟と、そのことに気付かない祖母の間を取り持って、「ぼくは弟に手本を示すつもりで大声で、おかわりと言い、茶碗《ちゃわん》を祖母に差し出した」。

問三　弟は、西瓜《すいか》を一切れしか食べられないと思い、素早く大きな一切れを選んだ。祖母はその様子を見て、弟が孤児院で食べることにも不自由していたことに気付き、かわいそうになって、「お腹の痛くなるほど食べてごらん」と言ったのである。よって、ウが適する。

問四　【場面２】の終わりに、「ぼくは蚊帳《かや》をひろげるのを手伝った～ぼくは不意に～これが家庭の匂《にお》いだったのだな、と思った～妙《みょう》にいらついていた気分が消え失《う》せて～おさまるべきところへ気持《きもち》が無事におさまったという感じがした」とある。蚊帳をひろげるのを手伝ったときに嗅《か》いだ「家庭の匂い」で、「ぼく」の気持ちは落ちつき、「座敷《ざしき》を自分の部屋らしくしようと思った」のである。よって、エが適する。

問五　この前後で、叔父《おじ》は、「親父」の借金のために学校をやめ、店を継いで借金を返すために必死で働いていると言い、「これだけ言うことをきけば充分《じゅうぶん》じゃないか。これ以上おれにどうしろというんだよ」と続け、怒りをあらわにしている。よって、アが適する。

問六⑵　【場面３】で、「他に行くあてが少しでもあったら一秒でも我慢《がまん》できるようなところでもないんだ」と言っているように、「ぼく」は孤児院に戻りたくないと思っている。しかし、祖母の家に長くとどまることはできない以上、孤児院に戻るしか選択肢《せんたくし》はない。そのため、その決意を固めるために自分に言い聞かせているのである。よって、イが適する。

問七　１～２行前に、「これからは祖母がきっと一番辛《つら》いだろう～そればかり考えていなくてはならないからだ」とある。祖母に辛い思いをさせないために、「ぼく」は叔父の言葉を聞かなかったふりをして、祖母と叔父に気付かれないように朝早くに出発してしまおうと考えている。また、朝早くにあいさつもなしに出発すると不自然なので、慰問演奏《いもんえんそう》をするという自分たちの都合を書き置きに書いている。よって、ウが適する。

問八　蛍《ほたる》の光は、はかなくも美しいというイメージがある。また、「光」は希望のたとえとして使われることがある。ＡとＢは、「ぼく」が祖母に、この家に置いてほしいと頼んだ後の場面にある。一方、Ｃは、叔父が祖母の頼みを断った後、「ぼく」が孤児院に戻ることを決意した直後に書かれている。つまり、Ｃの描写《びょうしゃ》は、孤児院を出て祖母の家で暮らすというはかない希望が消えてしまったことを表している。

問九　イ．弟の変な茶碗の持ち方は、孤児院で暮らす中で身に付いた「生活の智恵《ちえ》」であり、「心に余裕《よゆう》のない生活を送っていた」ことを表すものではない。　エ．弟が天井を睨《にら》んでいたのは、祖母のことを思い、自分たちが孤児院に戻るべきではないかと考えているからであり、叔父に対する怒りは読み取れない。

《2024　算数　解説》

1　⑴　与式$=\frac{1}{8}\div\frac{1}{5}+3\div 8=\frac{1}{8}\times 5+\frac{3}{8}=\frac{5}{8}+\frac{3}{8}=\frac{8}{8}=$ **1**

⑵　与式$=(1.26+1.84)\div 1.24=3.1\div 1.24=$ **2.5**

⑶　与式$=\frac{5}{22}\times(\frac{1}{3}-\frac{1}{7})+\frac{1}{21}=\frac{5}{22}\times(\frac{7}{21}-\frac{3}{21})+\frac{1}{21}=\frac{5}{22}\times\frac{4}{21}+\frac{1}{21}=(\frac{10}{11}+1)\times\frac{1}{21}=(\frac{10}{11}+\frac{11}{11})\times\frac{1}{21}=\frac{21}{11}\times\frac{1}{21}=\frac{1}{11}$

⑷　与式より，$652-\square\times 16=1620\div 3$　　$\square\times 16=652-540$　　$\square=112\div 16=$ **7**

⑸　$A*B=A\times A-A\times B=A\times(A-B)$だから，$4*2=4\times(4-2)=8$，$11*10=11\times(11-10)=11$，$23*22=23\times(23-22)=23$である。よって，$(4*2)\times(11*10)\times(23*22)=8\times 11\times 23=$ **2024**

2　⑴　**【解き方】姉が1600円，妹が800円使うと，姉の所持金は妹の所持金より3000－(1600－800)＝2200(円)だけ多くなる。**

お金を使った後，姉は妹の２倍のお金を持っているから，姉の残りの金額を②，妹の残りの金額を①とすると，②－①＝2200　①＝2200　よって，姉がはじめに持っていた金額は $2200\times\frac{②}{①}+1600=$ **6000**(円)である。

⑵　**【解き方】全体の $\frac{2}{5}$ を走り，さらに600m歩いた後の残りの道のりは全体の $(1-\frac{9}{10})\times 2=\frac{1}{5}$ である。**

全体の道のりを⑩とすると，はじめに走った道のりは $⑩\times\frac{2}{5}=④$，600m歩いた後に走った道のりは $⑩\times\frac{1}{5}\times\frac{1}{2}=$ ①，残りの道のりは①だから，⑩－④－①－①＝④が600mにあたる。よって，家から学校までの道のりは $600\times\frac{⑩}{④}=1500$(m)→**1.5**㎞である。

⑶　**【解き方】男子と10人の平均の差を□mとした面積図に表して考える。**

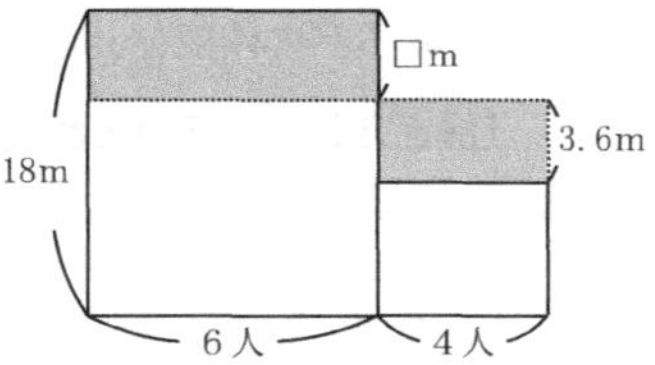

右の面積図の色つき部分の長方形の面積が等しく，横の長さの比が６：４＝３：２だから，縦の長さの比はこの逆比の２：３なので，$□=3.6\times\frac{2}{3}=2.4$

よって，10人の平均は18－2.4＝**15.6**(m)

⑷　**【解き方】日本とパリでは，パリの方が20－12＝８(時間)遅れている。**

パリの現地時間が１月の７日11時45分のとき，日本の現地時間は１月の７日11時45分＋８時間＝１月の７日19時45分である。よって，日本に到着《とうちゃく》したのは，日本時間で１月の７日19時45分＋13時間45分＝１月の７日33時30分＝１月の**８日９時30分**である。

⑸　43人乗りのバスが少なくとも５台必要だから，人数は43×４＋１＝173(人)以上，43×５＝215(人)以下であり，32人乗りのバスが少なくとも７台必要だから，人数は32×６＋１＝193(人)以上，32×７＝224(人)以下である。よって，遠足に行く人数は**193**人以上**215**人以下である。

3　⑴　**【解き方】右図のように記号をおく。折り返した角の大きさは等しいことを利用する。**

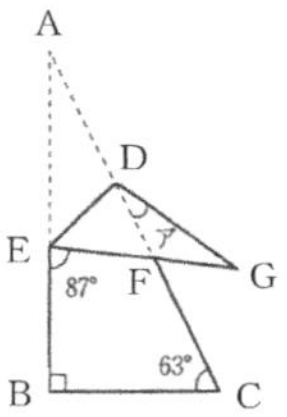

三角形ＡＢＣの内角の和より，角ＣＡＢ＝180°－(90°＋63°)＝27°

折り返した角は等しいから，角ＦＧＤ＝27°

四角形ＥＢＣＦの内角の和より，角ＣＦＥ＝360°－(87°＋90°＋63°)＝120°

対頂角は等しいから，角ＤＦＧ＝角ＣＦＥ＝120°

三角形ＤＦＧの内角の和より，角ア＝180°－(27°＋120°)＝**33°**

⑵　**【解き方】右図のように記号をおき，補助線を引く。**

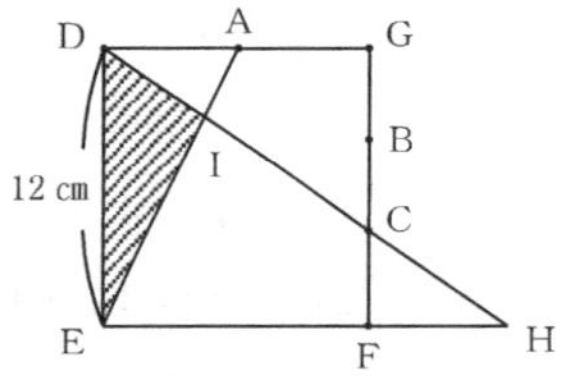

ＤＧとＥＦは平行だから，三角形ＤＣＧと三角形ＨＣＦは形が同じで大きさが異なる三角形であり，辺の長さの比はＣＧ：ＣＦ＝２：１である。

よって，$ＦＨ=ＧＤ\times\frac{1}{2}=12\times\frac{1}{2}=6$ (㎝)

また，ＤＧとＥＦは平行だから，三角形ＤＩＡと三角形ＨＩＥは形が同じで大きさが異なる三角形であり，辺の長さの比は $ＡＤ:ＥＨ=(12\times\frac{1}{2}):(12+6)=1:3$ だから，ＩＡ：ＩＥ＝１：３である。三角形ＡＤＥの面積は６×12÷２＝36(㎠)であり，三角形ＡＤＥと三角形ＤＥＩで，底辺をそれぞれＡＥ，ＩＥとしたときの高さが等しいから，三角形ＡＤＥと三角形ＤＥＩの面積比は，ＡＥとＩＥの長さの比に等しい。したがって，斜線部分の面積は $36\times\frac{3}{1+3}=$ **27**(㎠)

(3)　**【解き方】円の中心が動いた部分は右図の太線部分である。**

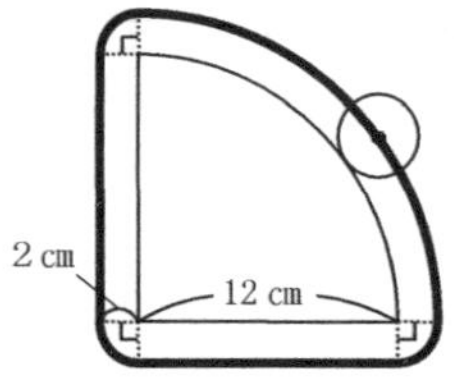

円の中心が動いた長さは，半径 12＋２＝14(cm)，中心角 90° のおうぎ形の曲線部分の長さ１つ分と，半径２cm，中心角 90° のおうぎ形の曲線部分の長さ３つ分と，12×２＝24(cm)の和だから，$14\times2\times3.14\times\frac{90°}{360°}+(2\times2\times3.14\times\frac{90°}{360°})\times3+24=$ **55.4(cm)**

(4)　この立体の表面積は，１辺の長さが 10 cmの立方体の表面積と，くり抜いた円柱の側面積の和である。
柱体の側面積は(底面の周の長さ)×(高さ)で求められるから，この立体の表面積は，
10×10×６＋(３×２×3.14)×５＝**694.2(cm²)**である。この立体の体積は，１辺の長さが 10 cmの立方体の体積からくり抜いた円柱の体積を引いた値《あたい》だから，10×10×10－３×３×3.14×５＝**858.7(cm³)**である。

4　(1)　**【解き方】ＡとＢがそれぞれＰと重なった後，再び重ならない部分ができるのにかかる時間を求める。**
０秒後のＳの値は 12 cm²だから，Ａ，Ｂの面積はそれぞれ 12÷２＝６(cm²)である。よって，ア＝６÷１＝**６**(cm)
Ｓの値が２回目に減少し始めるのは動き始めて７秒後だから，イ＝２×７＝**14**(cm)である。ＡがＰを抜け始めるのは動き始めて 16÷１＝16(秒後)，ＢがＰを抜け始めるのは動き始めて７＋16÷２＝15(秒後)であり，16 秒後のＳの値は２×１＝２(cm²)だから，ウ＝**16** とわかる。

(2)　**【解き方】Ａの右側の辺と，Ｂの左側の辺は毎秒１＋２＝３(cm)だけ近づく。**
【図】において，Ａの右側の辺と，Ｂの左側の辺の間の距離《きょり》は 16＋14＝30(cm)だから，ＡとＢがはじめて出会うのは動き始めてから 30÷３＝**10**(秒後)である。

(3)　**【解き方】ＢがＰを完全に抜けるのは動き始めてから 15＋６÷２＝18(秒後)，ＡがＰを完全に抜けるのは動き始めてから 16＋６÷１＝22(秒後)である。**
16 秒後から 18 秒後までは１秒間に２＋１×１＝３(cm²)の割合でＳの値は大きくなり，18 秒後から 22 秒後までは１秒間に１cm²の割合でＳの値は大きくなる。

(4)　**【解き方】(3)のグラフより，Ｓが３cm²となるのは右図の２回ある。**

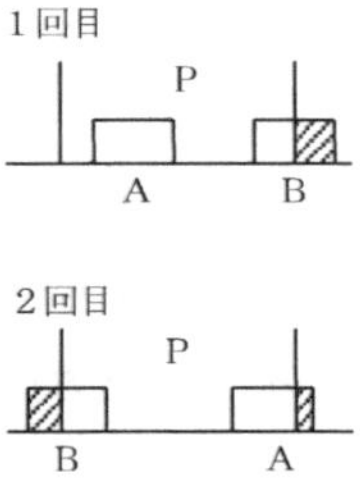

１回目は，７秒後にＢがＰと重なり始めてから，６－３＝３(cm²)だけ重なったときだから，Ｂの半分がＰと重なっている。よって，７＋(６÷２)÷２＝**8.5(秒後)**である。
２回目は，16 秒後から 18 秒後までの間である。16 秒後のＳは２cm²だから，Ｓが３cm²となるのはさらに３－２＝１(cm²)だけ大きくなったときである。このとき，Ｓは１秒間に３cm²の割合で大きくなるから，$16+\frac{1}{3}=$ **$16\frac{1}{3}$(秒後)**である。

(5)　**【解き方】(2)より，ＡとＢがはじめて出会うのは動き始めてから 10 秒後であり，このときＢは２×10＝20(cm)だけ動いたから，右図のようにちょうどすべての部分がＰと重なり，Ｓが０cm²になったところである。**

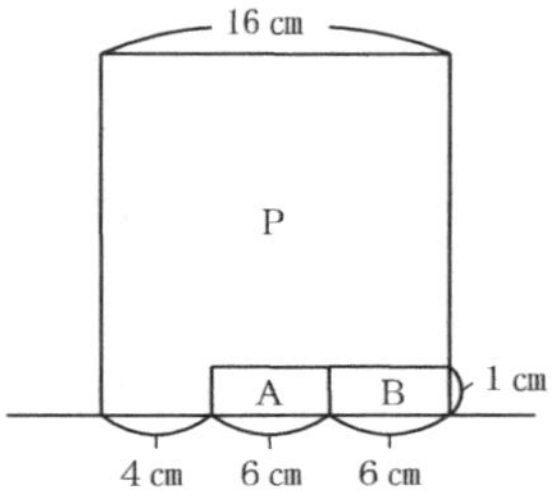

動き始めて 10 秒後，Ａの左側の辺とＰの左側の辺の間の距離は４cmだから，さらに４÷１＝４(秒後)の 14 秒後からＡはＰを抜け始める。また，Ｂの左側の辺とＰの左側の辺の間の距離は４＋６＝10(cm)だから，さらに 10÷２＝５(秒後)の 15 秒後からＢはＰを抜け始める。
動き始めて 15 秒後のＳは１×(15－14)＝１(cm²)だから，さらに６－１＝５(cm²)大きくなればよい。ここから，Ｓは１秒間に３cm²の割合で大きくなり，$15+\frac{5}{3}=16\frac{2}{3}$(秒後)に６cm²となるので，ＡとＢがはじめて出会ってから $16\frac{2}{3}-10=$ **$6\frac{2}{3}$**(秒後)である。

5　(1)(i)　7段目の左から4番目の数は，6段目の左から3番目と4番目の数の和だから，10＋10＝**20**である。

(ii)　**【解き方】n段目の左から2番目の数は，n－1で表される。**

8段目の左から2番目の数は8－1＝**7**

(2)　10段目の左から3番目の数は，9段目の左から2番目と3番目の数の和だから，10段目と9段目の左から3番目の数の差は，9段目の左から2番目の数に等しい。よって，求める差は9－1＝**8**である。

(3)　**【解き方】(2)より，15段目の左から3番目の数は，14段目の左から2番目と3番目の数の和であり，これをくり返して考えると，2段目の左から2番目(左から3番目は存在しないので考えなくてよい)から，14段目の左から2番目の数までの和を求めればよい。**

14段目の左から2番目の数は14－1＝13だから，15段目の左から3番目の数は，$1+2+\cdots+13=\frac{(13+1)\times 13}{2}=$**91**である。

(4)　**【解き方】実際に1段目から6段目までの数の和を求めると，右表のようになる。よって，mが2以上のときのm段目の数の和は，2をm－1(回)だけかけた数になる。**

m(段目)	1	2	3	4	5	6
数の和	1	2	4	8	16	32

10段目の数の和は，2を10－1＝9(回)かけた数になるから，32×2×2×2×2＝**512**である。

(5)　2048÷2＝1024，1024÷2＝512だから，10段目の数の和の512に，さらに2を2回かけると2048になる。よって，和が2048となるのは10＋2＝**12**(段目)である。

(6)　119－116＝3だから，119段目の和は116段目の和に2を3回かけた数なので，2×2×2＝**8**(倍)である。

《2024　社会　解説》

1　(2)　普段から少し多めに食べ物や日用品を購入《こうにゅう》し，古い物から順に消費しながら買い足すことで，常に新しいものが少し多めにある状態を保っておく方法をローリングストックという。

(3)　①正しい。2000年については，海面養殖業19.3%，内水面養殖業1.0%を合わせると，全体の2割を超える。②正しい。世界各国が排他的経済水域を設定したことと，石油危機の影響で燃料費が高騰したことから，大きな打撃を受けた。

(4)問1　資料5より，2020年の収穫量は，みかん＞りんご＞(なし)＞ぶどう＞ももの順に多い。資料4より，全国の収穫量はE＞F＞G＞Dの順に多い。

問3　解答例以外にも，ビニールハウスで栽培される場合，温度調節のための燃料として原油が用いられることも，価格上昇の要因として挙げられる。

2　(1)問1　直前に「稲の代わりに」とあることから，租と判断する。律令の時代の税については右表参照。

名称		内容	納める場所
租		収穫した稲の約3%	国府
調		布または特産物	都
庸		10日間の労役に代わる布	都
雑徭		年間60日以内の労役	
兵役	衛士	1年間の都の警備	
兵役	防人	3年間の九州北部の警備	

問2　②誤り。『土佐日記』は，平安時代に紀貫之が女性になりすまして書いた日記である。④誤り。資料2に「穀物が不作」「穀物が少なくなり」とある。

(2)問1　①平安時代→③鎌倉時代→②安土桃山時代　**問2**　「ご恩」は将軍が御家人らの以前からの領地を保護したり，新たな領地を与えたりすること，「奉公」は御家人が京都や幕府の警備についたり，命をかけて戦ったりすることである。

(3)問1　資料5を見ると，資料4の北条氏の各当主が当主の地位を息子に譲った年に，「冷夏・長雨」「長雨」などを原因とする飢きんが起こっていたことが読み取れる。また，資料6に「自然災害や天変地異によって厳しくなった生活の責任を，支配者に追及した」とある。　**問2**　豊臣秀吉は，1590 年に小田原の北条氏政を滅ぼし(小田原攻め)，また伊達政宗ら東北地方の諸大名をも服属させて，天下統一を果たした。

(4)**問1**　2011 年の東日本大震災により，福島第一原子力発電所で事故が起きた。　**問2**　②誤り。元禄地震では，火災による被害の有無は読み取れない。③誤り。大塩平八郎は，1837 年，天保の飢きんに苦しむ民衆を助けるために，大阪で挙兵した。

(5)**問1**　ラジオ放送の開始には，関東大震災の発生により情報伝達メディアとしてラジオの必要性が認識されるようになったことが関わっている。　**問2**　X．国家総動員法が制定され，戦争を優先する社会が形成されると，言論の統制と経済の統制が行われ，「欲しがりません勝つまでは」「ぜいたくは敵だ」などのスローガンがつくられた。Y．与謝野晶子が，日露戦争に出征した弟の無事を案じて発表した詩，「君死にたまふことなかれ」である。

問3　日本国憲法の三つの原則は，基本的人権の尊重，国民主権，平和主義である。

《2024　理科　解説》

1　(1)**問2**　北の空の星は，北極星を中心に反時計回りに動いて見える。

(2)　bはこいぬ座のプロキオン，cはおおいぬ座のシリウスである。

(3)　1等星は3等星より，数字が2つ減っているから，明るさは約 $2.5\times2.5=6.25$(倍)である。

2　(1)　台風は発達した熱帯低気圧であり，北半球において，地上付近では低気圧の中心に向かって反時計回りに風がふきこむ。また，台風の風の向きと台風の進行方向が同じになる位置(台風が進む方向に向かって右側)では，特に風が強くなる。

(2)　南半球で発生したサイクロンは，図2の③によって西に進んだあと，④の影響《えいきょう》で南東に進路を変えて動く。

3　(2)　メスシリンダーの目盛りは，液面のへこんだ面を真横から見て読む。

4　(1)　ものを水に限度まで溶《と》かした水溶液《すいようえき》において，溶けているものの重さは，水溶液の重さに比例する。40℃の水 100 g にミョウバンを最大量の 24 g 溶かすと，124 g のミョウバン水溶液ができるから，40℃のミョウバン水溶液 310 g には，$24\times\frac{310}{124}=60$(g)のミョウバンが $310-60=250$(g)の水に溶けている。

(2)　(エ)×…溶けるものの最大量は溶かす水の重さに比例する。40℃の水 50 g に，食塩は $38\times\frac{50}{100}=19$(g)，ミョウバンは $24\times\frac{50}{100}=12$(g)，硝酸《しょうさん》カリウムは $64\times\frac{50}{100}=32$(g)までそれぞれ溶けるから，すべて溶けるのは硝酸カリウムのみである。

(3)　濃《こ》さが 40%の硝酸カリウム水溶液 500 g には，$500\times0.4=200$(g)の硝酸カリウムが，$500-200=300$(g)の水に溶けている。20℃の水 300 g には $32\times\frac{300}{100}=96$(g)の硝酸カリウムが溶けるから，$200-96=104$(g)の硝酸カリウムが溶けきれなくなって出てくる。

(5)　表を参考に食塩と硝酸カリウムが水 100 g に溶ける量についてのグラフをかく。これらのグラフが交わるときの温度で硝酸カリウムと食塩が水 100 g に溶ける量が等しくなる。

5　(3)**問1**　ヨウ素液はデンプンに反応して青紫《あおむらさき》色になる。　**問2**　日が当たると，二酸化炭素と水を材料にして，デンプンと酸素をつくるはたらき(光合成)が行われる。　**問4**　ジャガイモが養分をたくわえている場所(食べる部分)はくき，タマネギが養分をたくわえている場所(食べる部分)は葉である。

(5)　65℃以上に加熱してやわらかくなったデンプンをアミラーゼが糖に変えるとあまくなるから，65℃以上に加熱している(ア)と(イ)のうち，65℃～70℃の温度になっている時間が長い(イ)が最もあまくなると考えられる。

6 ⑴ ふりこの長さは，支点からおもりの重心までの長さである。図２のようにおもりを２個つるすとき，⒠のようにたてにおもりをつなぐと，おもりの重心の位置が下に下がり（２個のおもりの真ん中が重心になり），ふりこの長さが長くなる。

⑶**問１**　(2.1＋２＋1.9＋1.8＋2.1＋２)÷６＝1.98…→2.0 秒　**問２**　C．図４と図５でふりこの周期は１秒である。図３より，周期が１秒のふりこの長さは 25 ㎝とわかる。　D．ふりこの長さが長いほど周期は長くなる。

⑷ あやめさんが乗ったことによって，重心の位置が上に移動して，ふりこの長さが短くなったと考えられる。

⑹ 温度が下がると，金属の体積は小さくなる。

2023 解答例 令和５年度　広島女学院中学校

《国　語》

一　問一．a．オ　b．ウ　c．イ　問二．⑴ア　⑵イ　問三．⑴A．ア　B．ウ　C．オ　D．エ　⑵エ
問四．イ　問五．⑴ア　⑵エ　問六．自分の社会的地位や立場を離れ、ひとりの人間として振る舞い、他者と向き合うこと。

二　問一．洋子に余命がわずかであることを意識させる　問二．イ，エ　問三．ウ，オ　問四．夫が病室に来ること。　問五．エ　問六．残りの人生を自分らしく自由に生きてほしい　問七．ウ　問八．幸福を感じる恵み深い〔別解〕夫への恩返しにしたい

三　①営む　②群がる　③貧しい　④標準　⑤簡潔　⑥逆境　⑦功績　⑧貯蔵　⑨油断　⑩警報　⑪はぶ　⑫ゆだ

四　①舌　②板　③低頭　④器晩

《算　数》

1　⑴5043　⑵102.8　⑶1　⑷120　⑸229

2　⑴13　⑵7500　⑶30　⑷18　※⑸12

3　⑴15　⑵104　⑶①右図　②151.4　⑷124

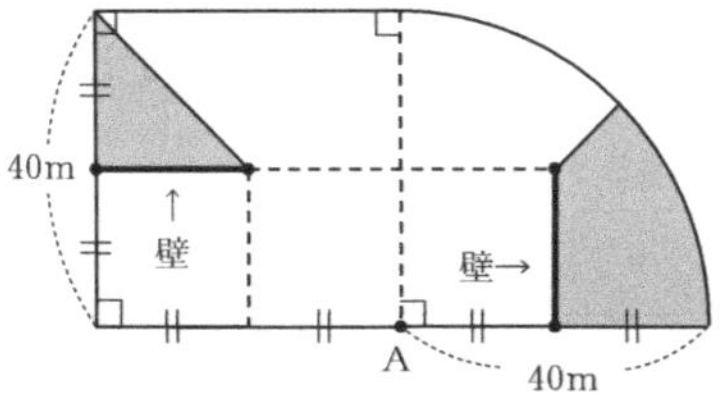

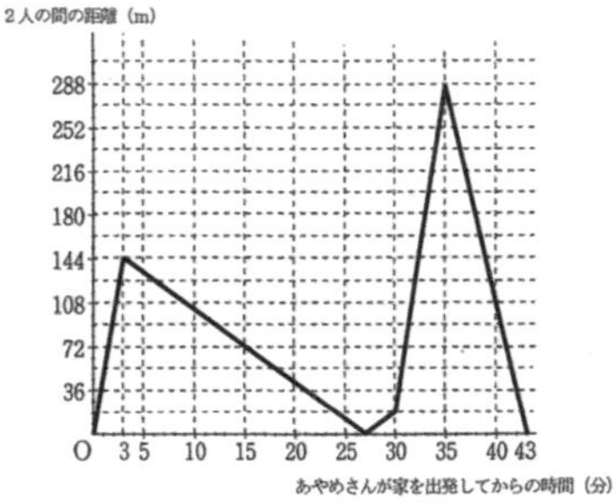

4　⑴7　⑵21　⑶$\frac{5}{3}$　⑷30　⑸1213

5　⑴ア．1440　イ．90　ウ．54　エ．27　オ．35
⑵右グラフ　⑶43，270

※の求める過程は解説を参照してください。

《社　会》

1　⑴（イ）　⑵（ア）　⑶温室効果　⑷①（ウ）　②（ア）　⑸（ウ）　⑹ハザードマップ　⑺（例文）照明・家電製品などからの二酸化炭素の排出割合が高い／使わない部屋や家電の電気をこまめに消すように

2　⑴ジェンダー　⑵（エ）　⑶問１．卑弥呼　問２．（ウ）　問３．（ア）　⑷問１．市川房枝　問２．（ア）生糸　（イ）大戦景気により，労働力需要が増加したから　（ウ）出征した男性のかわりに女性が働いたから　問３．（エ）　問４．男女雇用機会均等法　問５．（ア）

《理　科》

1　⑴（ウ）　⑵①A　②短くなる　③高くなる　⑶（イ）

2　⑴（エ），（オ）　⑵問１．（ア）　問２．記号…（ア）　現象…なぎ

3　⑴（イ）　⑵（ア），（エ）　⑶（ウ）　⑷だっぴ　⑸A．25000　B．0.4　C．2026　⑹食物連さ

4　⑴100　⑵（ウ）　⑶（ウ）　⑷（エ）　⑸（エ），（オ）　⑹（エ）　⑺1.1

5　⑴（ウ），（エ），（カ）　⑵①（イ）　②（エ）　⑶問１．電流の向き　問２．（カ）　問３．乾電池を１個にする。

6　⑴（エ）　⑵問１．（ウ）　問２．（イ）

2023 解説 広島女学院中学校

令和５年度

《2023　国語　解説》

一　問二(1)　最初の段落の内容から、筆者の考える「会話」とは、「背後にいかなる目的も隠《かく》されていない話し合いのこと」である。これは、お互《たが》いに何の意図も持たない話し合いだと言える。よって、アが適する。　(2)　──①をふくむ段落に、「対話とは、驚《おどろ》きから始まり、探求と思考によって進む会話のこと」とある。その後の「相手の経験や～驚いて、私たちは問いを発します～話を続けます」という部分からは、相手の話に驚いて問いを発し、その話題について考えが深まるという「対話」の特ちょうが読み取れる。よって、イが適する。

問三(1)A　Ｓ１の発言に「この先自分がどうなるのか分からないのが怖《こわ》い」とあるので、アが適する。　B　Ｓ２の発言に「私が考える怖いっていうのは、生きているうちに仲良かった人にもう会えないってこと」とあるので、ウが適する。　C　Ｓ10 の発言に「ここに『無』があるとしたって、そんなの誰《だれ》にも見えるわけがない」とある。「ここに『無』がある」という発言は、「無」は存在すると考えていることを示している。Ｓ10 の言う「無」とは、存在しているが見えないのである。よって、オが適する。　D　Ｓ11は、Ｓ10の「ここに『無』があるとしたって」という発言を受けて、「『無』があるんじゃなくて～そこ(＝死)で終わり」と発言している。これは、「無」は存在しないということ、さらには、「無」とは、存在しないことそのものだということを示している。この対話の後の段落で、「生徒 10 が～ある意味で無を実体化したのを受けて～生徒 11 は、無とは生の単なる否定、すなわち、実体ではないことを指摘《してき》しています～死んだときには～ただ存在がなくなるのだという趣旨《しゅし》の発言がなされます」と述べているのもヒントになる。よって、エが適する。　(2)　筆者は、「『人は死んだらどうなるか』をテーマにした中学一年生の対話」を紹介《しょうかい》した後、この議論は、死への恐怖《きょうふ》に関する「発言を経由して、死と無に関する議論へと進展していきます」「こどもたちは、互いの発言に刺激《しげき》を受け、より深い考えを展開していきます」と述べている。これが、筆者が注目している点である。よって、エが適する。

問四　直前に「こども哲学《てつがく》は対話によって思考を深める活動です」とある。アカデミズムの哲学が、「少数の知性人のもの」であるのに対し、「こども哲学」ではふつうのこどもたちが対話を行うので、みんなのものだと言える。また、アカデミズムの哲学が、「ひとりで考える」に対し、「こども哲学」では他の人たちと対話を行う。よって、イが適する。

問五(1)　この例は、「哲学史に詳《くわ》しくない一般《いっぱん》市民を」集め、哲学対話を行った結果、「どの著名な哲学者の定義よりも」すぐれた定義が出てきたという話なので、アが適する。　(2)　(1)の解説にあるように、ルー・マリノフが行った哲学対話では、多くの人が集まって対話を行った結果、すぐれたものが生まれた。このような意味を表す慣用句は、エの「三人寄れば文殊《もんじゅ》の知恵《ちえ》」である。

問六　外に出るというのは、今いる場所を離《はな》れるということである。筆者は、「哲学の対話」とは、「現実的に個々の人間を規定しているさまざまな立場や属性はさておいて、ひとりの人間として他の人間に向かって話しかけ、一《いっ》緒《しょ》に真理を追究すること」だと述べている。すると、「外に出る」というのは、今の自分の「立場や属性」から離れて、「ひとりの人間として(他者と)向き合う」ことだと考えられる。──⑤の直後の一文に、「こどもは、大人よりもひとりの人間として振《ふ》る舞《ま》うことが容易なのかもしれません」とある。また、これと同じ段落に「大人のなかには、自分の社会的地位や立場を離れて他者と向き合うことが難しくなってしまっているのではないか」ともある。大人になると実行するのが難しくなる下線部のようなことが、「外に出る」ことにあたる。

二　問一　５～６行後に「八月が終われば、当然、九月だ」とあり、その九月は、「洋子の人生に終止符《しゅうしふ》が打たれると宣告された月でもあった」とある。

問二　洋子は、「その辺のコンビニまで行く」という、英二にとっては何でもない買い物について、「きっと、最後のデートですから」と言った。英二は、その予想外の発言から、洋子の死への覚悟《かくご》が強いことに衝撃《しょうげき》を受け、何も言えなかった。また同時に、そんな洋子の気持ちを受け止め、応えるしかないと思い、自分もきちんとした服装に着替《きが》えたのである。よって、イとエが適する。

問三　「もしも、あの人（＝英二）が病院を設計したとしたら～気を遣《つか》ってくれるはずだと」という部分から、英二に対する厚い信頼《しんらい》が読み取れる。よって、ウは適する。また、「エビのように身体を丸くしたわたし」という比ゆは、苦しみをがまんする姿を表現したものなので、オは適する。

問四　「美しい暖色に染《そ》められる」という表現からは、洋子が何かよいことが起こるのを期待していることが読み取れる。――④の６行前に「もうすぐ、あの人が来てくれる」とあり、さらに後のほうに「世界はじわじわと蜜柑《みかん》色に染まりはじめていた。もうすぐ、あの人が来てしまう」とある。

問五　少し後に「あの人は、この十五年間に何度、わたしの名前を呼んでくれただろう」「あの人に『洋子』と呼ばれるたびに～幸福感が、わたしの内側に積み重なっていく～普通《ふつう》に名前を呼んでもらえるという、普通でない幸せ」などとあり、エに書かれている内容が読み取れる。

問六　羽は、空を飛ぶためのものであり、「自由」なイメージがある。ここより前で「わたしがいなくなっても、あの人にはまだ明日がある」「あの人はまだ、旅の途中を生きているのだ」とあり、この気づきをふまえて洋子は遺書を書いた。その遺書の中に「どうか、あなたは、あなたのこれからの人生を、自由に心ゆくまで生きてください～これからのあなたには、あなただけの『一歩』があると思うのです～どんどん素敵な人生を歩んでいってください」とある。洋子が英二にプレゼントする「羽」とは、自分が死んだあと、英二が「これからの人生を、自由に心ゆくまで」、自分らしく生きてもらうためのものである。

問七　ⓐ前の行に「鈴虫《すずむし》たちの恋歌《こいうた》と一緒に」とある。鈴虫が鳴くのは、少し涼しくなる夏の終わりから秋の初めにかけてである。鈴虫の鳴き声の直後に風鈴《ふうりん》の音を描くことで、夏の終わりの季節感をさりげなく表現している。よって、アはあてはまる。　ⓑこの直後、洋子は身体を起こし、英二と買い物に行こうとしている。よって、イはあてはまる。　ⓓ直後に「あの人と一緒に住み慣れた官舎で聞いていた風鈴の音色を思い出して、気持ちがだんだんと澄《す》んでいく気がする」とある。この場面で洋子がいるのは病室であり、官舎にある風鈴はここにはない。また、風鈴の音色を思い出すことで気持ちが澄んでいくということは、洋子にとって風鈴の音は心地よいものと結びついていると考えられる。洋子は、英二と二人で幸せに暮らしていたころのことをおもいながら、当時よく聞いていたであろう風鈴の音を思い出していると考えられる。よって、エはあてはまる。したがって、ウが正解。

問八　「あなた」という言葉を、洋子がどのようにとらえているかを読み取る。「あなた」という言葉は、「人生のいちばん幸福なときに、わたしがいちばんたくさん口にした」「空気のような単語」であり、「恵み深」いものである。そして、洋子にとっての「あなた」という言葉は、英二にとっての「洋子」という言葉である。ここより前で、洋子は自分の名前を英二に呼んでもらえるということが「普通でない幸せ」だと実感し、「こんなにも素敵なことに、どうしてもっと早く気づかなかったのだろう」と考えている。洋子にとって「あなた」という言葉は、「人生のいちばん幸福なとき」と結びついていて、空気のように当たり前でありながら、たくさんの幸せをくれる恵み深い言葉であり、この遺書に書く言葉として「英二」よりもふさわしいものなのである。また、洋子はこの遺書について「この人生で、あの人にしてもらったことにたいする恩返しになれたら、さらにいい」と考えている。洋子が死んでしまったら、英二に幸せをもたらしているであろう「あなた」という言葉を言う人がいなくなる。洋子は、自分に「洋子」と語りかけ、たくさんの幸せをもらった恩返しとして、遺書に「あなた」と書き、自分の死後も英二が遺書を読むたびに幸せな気持ちになってくれたらいいと考えたと推測できる。

《2023　算数　解説》

1　⑴　与式＝(172−131)×23＋(92＋8)×41＝41×23＋100×41＝(23＋100)×41＝123×41＝**5043**

⑵　与式＝32.896÷0.32＝**102.8**

⑶　与式＝$3\times\{4-\frac{5}{18}\div(\frac{10}{12}-\frac{9}{12})\}\times\frac{1}{2}=\frac{3}{2}\times(4-\frac{5}{18}\times\frac{12}{1})=\frac{3}{2}\times(4-\frac{10}{3})=\frac{3}{2}\times(\frac{12}{3}-\frac{10}{3})=\frac{3}{2}\times\frac{2}{3}=$ **1**

⑷　与式より，(180−□)÷4＝63−48　　180−□＝15×4　　□＝180−60＝**120**

⑸　10＊6＝10×6−10＋6＝56　　3＊2＝3×2−3＋2＝5　　56＊5＝56×5−56＋5＝**229**

2　⑴　**【解き方】つるかめ算で求める。**

3点の問題を20問正解したとすると3×20＝60(点)で，実際より86−60＝26(点)低くなる。正解した1問を3点から5点に置きかえると5−3＝2(点)高くなる。よって，あやめさんは5点の問題を26÷2＝**13**(問)正解したことになる。

⑵　売り値は5000＋1000＝6000(円)で，この金額が定価の2割引き，つまり定価の1−0.2＝0.8(倍)の金額である。よって，求める定価は，6000÷0.8＝**7500**(円)

⑶　**【解き方】絵と絵の間隔《かんかく》を1とすると，壁の両端は1.5あける。絵と絵の間は6−1＝5(か所)あるから，間隔の合計の長さは，1.5×2＋1×5＝8となる。**

間隔の合計の長さは6×100−60×6＝240(cm)であり，これが8にあたる。

よって，絵と絵の間隔は，240÷8＝**30**(cm)ずつにすればよい。

⑷　**【解き方】底面積は，同じ量の水を入れたときの水の高さに反比例する。**

AとBの容器の底面積の比は，30：20＝3：2の逆比の2：3である。BとCの容器の底面積の比は，20：12＝5：3の逆比の3：5である。したがって，AとBとCの容器の底面積の比は，2：3：5となる。

それぞれの容器の底面積を2㎠，3㎠，5㎠とし，それぞれの容器に入れた水の量を2×30＝3×20＝5×12＝60(㎤)とすると，入れた水の合計の量は60×3＝180(㎤)である。水の深さをすべて同じにすると，3つの容器の底面積を合わせた底面積をもつ大きな容器にすべての水を移したときの水の深さと等しくなる。よって，求める深さは，180÷(2＋3＋5)＝**18**(cm)

⑸　**【解き方】左から順に3か所席を選ぶとし，それぞれについて場合分けをして考える。**

最初にAを選んだ場合，3か所の席の選び方は，右図iのように，(A，F，C)(A，F，D)(A，F，H)(A，G，D)(A，C，H)の5通りある。最初にEを選んだ場合もAを選んだ場合の上下に対称な図を考えれば5通りあるとわかる。

図 i

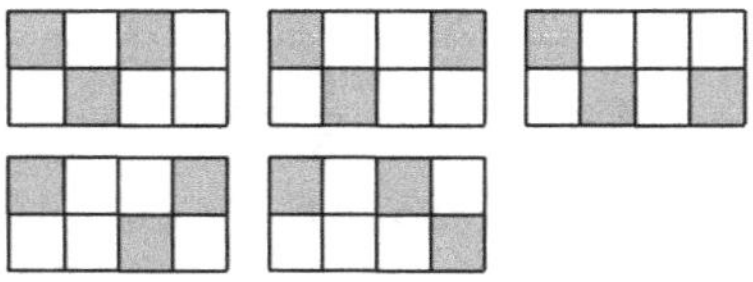

最初にBを選んだ場合，3か所の席の選び方は，図iiのように，(B，G，D)の1通りある。最初にFを選んだ場合も1通りある。

図 ii

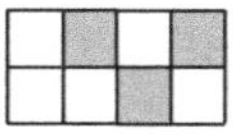

よって，3か所の席の選び方は，全部で5×2＋1×2＝**12**(通り)ある。

3　⑴　**【解き方】右図のように記号をおく。二等辺三角形の2つの角が等しいことを利用する。**

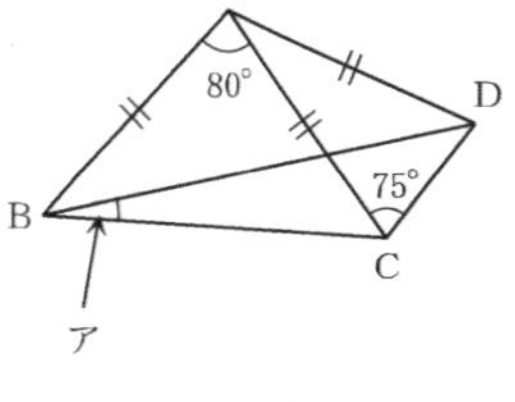

三角形ABCはAB＝ACの二等辺三角形だから，角ABC＝(180°−80°)÷2＝50°

三角形ＡＣＤはＡＣ＝ＡＤの二等辺三角形だから，角ＣＡＤ＝180°－75°×２＝30°
したがって，角ＢＡＤ＝80°＋30°＝110°　　三角形ＡＢＤはＡＢ＝ＡＤの二等辺三角形だから，角ＡＢＤ＝(180°－110°)÷２＝35°　　よって，ア＝50°－35°＝**15°**

⑵　**【解き方】ＡとＦを直線で結ぶ。三角形ＤＦＣと三角形ＡＦＣは，ともに底辺をＦＣとすると高さが等しいので，面積が等しい。**

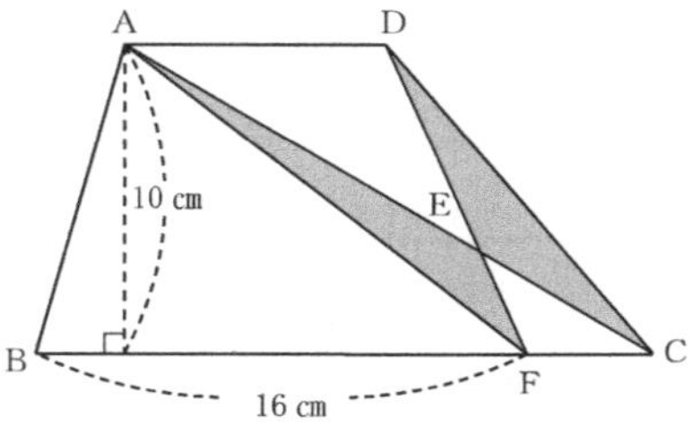

三角形ＡＦＣと三角形ＤＦＣは，ともに三角形ＥＦＣをふくむから，三角形ＡＥＦの面積は三角形ＤＥＣの面積と等しく，24 ㎠である。
よって，四角形ＡＢＦＥの面積は，三角形ＡＢＦと三角形ＡＥＦを合わせた面積だから，16×10÷２＋24＝**104**(㎠)

⑶①　点Ａから，上にある壁の右端を通るように直線を引いたとき，その直線より左側で壁よりも上側の部分は，見ることができない部分である。また，点Ａから，右側にある壁の一番上を通るように直線を引いたとき，その直線より下側で壁の右側の部分は，見ることができない部分である。

②　**【解き方】①で塗った部分の一部を右図のように移動させると，①で塗った部分の周の長さは，半径 40mで中心角 45°のおうぎ形の周の長さに，20mを２つ足した長さになることがわかる。**

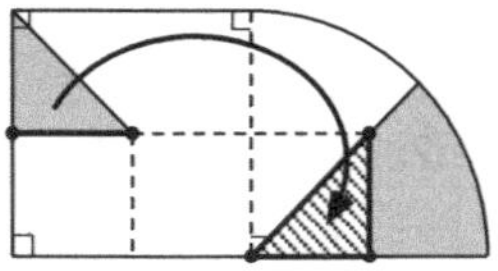

おうぎ形の直線部分の長さは 40×２＝80(m)，曲線部分の長さは，$40\times2\times3.14\times\frac{45°}{360°}$＝31.4(m)
よって，求める長さは，80＋31.4＋20×２＝**151.4**(m)

⑷　**【解き方】30 個の立方体の表面積の合計から塗られた部分の面積の和を引いて求める。**
立方体は全部で 30 個あり，その表面積は１個６㎠だから，30 個で６×30＝180(㎠)である。作った立体について，塗られた部分は，立体を上と前後左右から見える部分の面積の和である。上から見える部分の面積は４×４＝16(㎠)，前後左右から見える部分の面積はそれぞれ１＋２＋３＋４＝10(㎠)だから，塗られた部分の面積は，16＋10×４＝56(㎠)である。よって，求める面積は，180－56＝**124**(㎠)

4　**【解き方】分子は１，３，５，７，９の５個の数字をくり返し，分母は２，４，３，５の４個の数字をくり返す。５と４の最小公倍数が 20 だから，左から数えて１番目から 20 番目の分数がくり返し並ぶ。１番目から 20 番目は** $\frac{1}{2}$，$\frac{3}{4}$，$\frac{5}{3}$，$\frac{7}{5}$，$\frac{9}{2}$，$\frac{1}{4}$，$\frac{3}{3}$，$\frac{5}{5}$，$\frac{7}{2}$，$\frac{9}{4}$，$\frac{1}{3}$，$\frac{3}{5}$，$\frac{5}{2}$，$\frac{7}{4}$，$\frac{9}{3}$，$\frac{1}{5}$，$\frac{3}{2}$，$\frac{5}{4}$，$\frac{7}{3}$，$\frac{9}{5}$**となる。**

⑴　約分して１になる最初の分数は，７番目の$\frac{3}{3}$である。

⑵　１番目が$\frac{1}{2}$であり，20 番目のあと１番目と同じ分数になるので，２回目の$\frac{1}{2}$が出るのは **21** 番目である。

⑶　2023÷20＝101 余り３だから，2023 番目は１番目から 20 番目のくり返しの 102 周目の３番目である。よって，３番目と同じく，$\frac{5}{3}$である。

⑷　１番目から 20 番目までに，１より小さい分数は，$\frac{1}{2}$，$\frac{3}{4}$，$\frac{1}{4}$，$\frac{1}{3}$，$\frac{3}{5}$，$\frac{1}{5}$の６個ある。100 番目は１番目から 20 番目のくり返しの 100÷20＝５(周目)の最後だから，求める個数は，６×５＝**30**(個)

⑸　１番目から 20 番目までに，１になる分数は$\frac{3}{3}$と$\frac{5}{5}$の２個だから，１より大きい分数は 20－６－２＝12(個)ある。2023 番目は１番目から 20 番目のくり返しの 102 周目の３番目で，１番目から３番目までに１より大きい分数は$\frac{5}{3}$の１個あるから，求める個数は，12×101＋１＝**1213**(個)

5　⑴①　分速 48mで 30 分歩いたところだから，48×30＝**1440**(m)

②　2160－1440＝720(m)を 43－35＝８(分間)で走ったから，分速(720÷８)m＝分速 **90**m

③　2160mを 43－３＝40(分)で歩いたから，分速(2160÷40)m＝分速 **54**m

④　あやめさんが家を出発してから３分後，あやめさんはお姉さんより 48×３＝144(m)先を進んでいる。お姉さんが家を出発してから２人の間の距離《きょり》は毎分(54－48)ｍ＝毎分６ｍ短くなるので，144÷６＝24 より，あやめさんが家を出発してから３＋24＝**27**(分後)にお姉さんがあやめさんを追い抜く。これはあやめさんが休憩《きゅうけい》する前だから，適する。

⑤　あやめさんが休憩し終わって走り出すのは，あやめさんが家を出発してから 30＋５＝35(分後)であり，その後は２人の間の距離は短くなる。あやめさんが家を出発してから 35 分後の２人の間の距離は 54×(35－３)－1440＝288(m)で，これは，あやめさんが家を出発してから３分後の２人の間の距離である 144mより長いので，求める時間は **35** 分後である。

⑵　**【解き方】グラフは折れ線グラフになるので，グラフが折れる位置の点の時間と距離を求めていく。**

あやめさんが出発した３分後，２人の間の距離は 144mで，27 分後に０mになる。そのあとあやめさんが休憩するまでの３分間で２人の間の距離は６×３＝18(m)開くから，30 分後に 18mになる。あやめさんが休憩している５分間でお姉さんは 54×５＝270(m)進むから，35 分後に２人の間の距離は 18＋270＝288(m)になる。そして，43 分後にあやめさんがお姉さんに追いつき，再び２人の間の距離は０mになる。

よって，(０分，０m)，(３分，144m)，(27 分，０m)，(30 分，18m)，(35 分，288m)，(43 分，０m)の点を順に直線で結んだグラフになる。

⑶　**【解き方】お姉さんが家を出発する前に２人の間の距離が最大になるのは，３分後の 144mである。お姉さんはあやめさんが家を出発してから 30＋３＝33(分後)にあやめさんよりも先の地点で休憩する。あやめさんは家を出発してから 35 分後に走り出して 43 分後までにお姉さんを追い抜く。あやめさんが走り出してからは，つねにあやめさんの方が速いので，２人の間の距離が最大となるのは，３分後か 35 分後か 43 分後である。**

あやめさんが家を出発してから 33～35 分後の２人の間の距離は 54×30－1440＝180(m)である。

あやめさんが家を出発してから 43 分後の２人の間の距離は，2160－54×(43－３－５)＝270(m)である。

よって，２人の間の距離が最大となるのは，あやめさんが家を出発してから **43** 分後で，その距離は **270**mである。

《2023　社会　解説》

1　⑴　(イ)　　(ア)個人が作成したホームページには，正しくない情報が載っている危険性がある。(ウ)資料などは更新されることもあるので，発行年などは気にするべきである。(エ)多くの人に話を聞けば，さまざまな意見を取り入れることができる。

⑵　(ア)　　広島市は，１年を通して降水量が少なく，比較的温暖な瀬戸内の気候である。(イ)は夏の降水量が多い太平洋側の気候の高知市，(ウ)は１年を通して降水量が少なく，冬に冷え込む内陸の気候の長野市，(エ)は冬の降水量が多い日本海側の気候の富山市の雨温図である。

⑶　温室効果　　地球の表面から放出される赤外線が，二酸化炭素などの温室効果ガスに吸収され，大気に蓄積された熱が再び地球に戻ってくることで，地表の温度が上がる。このことを温室効果という。

⑷　①(ウ)　②(ア)　　(イ)は風力発電などの長所である。(エ)は原子力発電の短所である。

⑸　(ウ)　　2000 年代に国内生産・輸出が減少したのは，2008 年から 2009 年にかけてであり，アメリカで起きたリーマンショックの影響による世界金融危機が原因である。

⑹　ハザードマップ　　災害の種類によってさまざまなハザードマップがつくられる。

2　⑵　(エ)　　①ＯＤＡ(政府開発援助)は，先進国が発展途上国に行う援助である。③国際連合の設立は1945年，日本の国際連合加盟は1956年だから誤り。

⑶問1　卑弥呼　邪馬台国の女王卑弥呼が朝貢し，親魏倭王の称号・金印・銅鏡などが授けられたことが，『魏志』倭人伝に記されている。　問2　(ウ)　②(奈良時代)→①(鎌倉時代)→③(江戸時代)

⑷問1　市川房枝　市川房枝は，太平洋戦争後に初めて公職追放を受けた女性であり，公職追放が解けた後に，参議院議員となって，女性の地位向上に尽力した。　問2　(ア)生糸　富岡製糸場に集められた工女の多くは，地方の有力者の娘たちであり，彼女たちは富岡製糸場で技術を学んだ後，地元に戻り，地元につくられた製糸工場で指導者として働いた。　(イ)　1914年にヨーロッパで第一次世界大戦が始まると，ヨーロッパの各国の生産力が衰え，アジアへの影響力が小さくなった。そのため，日本は，ヨーロッパに軍需品を，アジアに生活に必要な物資を輸出するようになり，輸出量が輸入量を上回る大戦景気となった。　(ウ)　日中戦争が長期化すると，働き手の男性が戦争にとられ，女性が軍需工場などで働くようになった。　問3　(エ)　④の資料を見ると，1975年頃からサラリーマンの平均年収が急激に上昇していることが読み取れる。男性の平均年収が増えたことで，女性が働く必要がなくなり，「十分な収入がある会社員の夫と専業主婦の妻」という家族のかたちが主流になったと考えられる。

問4　男女雇用機会均等法　1985年，女子差別撤廃条約を批准するために，男女雇用機会均等法が制定された。1999年に制定された男女共同参画社会基本法と合わせて覚えておきたい。

問5　(ア)　女子の就業率・合計特殊出生率ともに日本よりも高い国は，右図の斜線をつけたところにある国である。

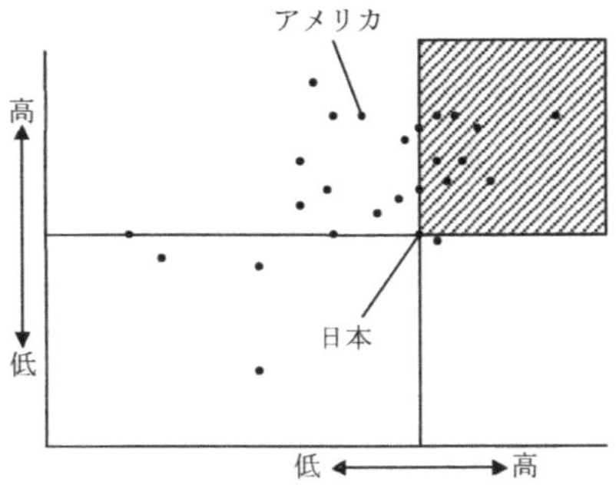

《2023　理科　解説》

1　⑴　方位磁針の針の色のついた方が北を指すので，厚紙を回して，厚紙の北を合わせる。

⑵　かげは太陽と反対の方向にでき，太陽の高度が高くなるほど，かげは短くなる。太陽は東の地平線からのぼり，南の空を通って，西の地平線にしずむので，棒のかげは西，北，東の順に動いていく。

⑶　正午には太陽が南の方角にあり，その後西に動いていくので，木のかげは北向きにできていて，夕方にかけて西に動いていく。よって，図3の上が北，右が東だとわかるので，正午から夕方にかけて，木のかげは(イ)の向きにできる。

2　⑴　(ア)×…雲量が0～8のときは晴れ(0，1を特に快晴)，9，10のときはくもりだから，4月20日は1日中晴れである。　(イ)×…4月20日の気温の変化のように，雲が出ていない時間でも，午後2時ごろに最高気温に達してからは気温が下がり続ける。　(ウ)×…くもりか雨だと考えられる4月21日の翌朝は，4月20日，4月21日の朝と比べて気温が高くなっている。　(エ)○…太陽からの熱が地面をあたため，地面からの熱が空気をあたためるので，太陽の高度が最も高くなるのは正午ごろだが，気温が最も高くなるのは14時ごろである。　(オ)○…4月21日は1日中雲量が10だから空全体が雲でおおわれているが，気温と雲量だけでは雨が降っているかどうかは判断できない。

⑵問1　温められた空気は，まわりの空気よりも軽くなって上に動く。図3より，水の上の空気に比べて砂の上の空気の方が温まりやすいことがわかるので，水に比べて砂の方が温まりやすいことがわかる。

問2　問題文より，砂(陸)は水(海)よりも温度が下がりやすいことがわかるので，夜間は陸よりも海の方が温かい。図3より，風は気温が低い方から高い方へ向かってふくことがわかるので，夜間は陸から海に向かって風がふく。

3　⑴　ゲンジボタルの成虫の観察に最も適している時期は，６月ごろである。

⑵　こん虫のからだは頭，胸，腹の３つの部分に分かれており，６本のあしはすべて胸から出ているので，胸にあたる部分はあしが出ている部分をすべてふくむ(ア)から(エ)である。

⑸　A．100匹《ぴき》いるゲンジボタルのオスとメスの数の比は１：１だから，メスは50匹いる。すべてのメスが500個の卵を産むと，500×50＝25000(個)の卵が産まれる。　B．毎年，ゲンジボタルの成虫が100匹いるので，25000個の卵のうち成虫になることができるのはわずか100÷25000×100＝0.4(％)である。　C．2022年に卵が成虫になる割合が0.2％になると，2023年の成虫は25000×0.002＝50(匹)になり，500×25＝12500(個)の卵が産まれる。2024年には卵から成虫になるのは12500×0.002＝25(匹)になる。このように，１年ごとに成虫の数が半分に減っていくと考えられるので，10匹以下になるのは2024年の２年後の2026年である。

4　⑴　氷をゆっくりと加熱していくと，氷(固体)が水(液体)に変化する０℃と，水が水蒸気(気体)に変化する100℃で温度が一定になるので，aは100℃である。

⑵　(ア)×…Xでは蒸発が起こっている。　(イ)×…Yでは水と水蒸気が混ざっている。　(エ)×…氷がとけ始めるのが２分後，すべてとけ終わるのが８分後だから，６分かかる。

⑶　氷の量を２倍にしても，氷が水に変化したり，水が水蒸気に変化したりする温度は変わらないが，変化にかかる時間は長くなる。

⑷　水蒸気は目に見えない。湯気は，水蒸気が冷やされて小さな水てきのつぶになって目に見えるようになったものである。

⑸　水蒸気が水になると体積が約1700分の１になるので，水蒸気が水に変化してふくろがしぼんだと考えられる。(ア)，(ウ)では水が水蒸気に，(イ)では氷が水蒸気に変化している。

⑹　ポリエチレンのふくろに入る空気が十分に冷やされていると考えると，ふくろは空気が入ってくることでふくらむが，水蒸気が水てきに変化してくもることはなく，ほとんどしぼまない。

⑺　１÷0.92＝1.08…→1.1倍

5　⑴　金属でできている(ウ)，(エ)，(カ)は電気を通す。

⑵　アイロンは電気を熱に，光電池は光を電気に変えるはたらきをもつ。

⑶問１　電流の向きを変えると，電磁石の極の向きも変わる。　**問２**　電磁石のような磁石につくのは，鉄，コバルト，ニッケルなど，一部の金属だけである。１円玉はアルミニウム，10円玉は主に銅でできているので，磁石に引きつけられない。　**問３**　エナメル線の巻き数と電磁石の強さとの関係について調べたいので，乾電池《かんでんち》の条件を同じにする。

6　⑴　表１より，体積の値が重さの値よりも大きいものは浮《う》き，小さいものは沈《しず》むことがわかる。

⑵問１　①直方体は水から浮かせようとする力を受けるので，ばねばかりの値は小さくなる。　②表２より，水面と底面の距離《きょり》が５㎝になるまでは，水面と底面の距離が大きくなるほど，ばねばかりの値が小さくなっているので，①の力が大きくなっていることがわかる。　③表２より，水面と底面の距離が５㎝と６㎝のときのばねばかりの値が変わらないことがわかるので，全体が水の中に入っていると①の力の大きさが変わらないことがわかる。

問２　表２より，水に沈める前と全体が水に入っているときのばねばかりの値の差はEが54－34＝20(ｇ)，Fが40－35＝５(ｇ)で，Eの体積は４×５＝20(㎤)，Fの体積は１×５＝５(㎤)だから，ばねばかりの値の差は，それぞれの体積と等しいことがわかる。

★広島女学院中学校

《国　語》

一　問一．(1)オ　(2)イ　(3)ウ　問二．単純明快　問三．ア　問四．エ　問五．ウ　問六．らせん形の細菌は強酸性の胃液の中でも生きられるピロリ菌で、胃かいようを引き起こす　問七．ア　問八．(1)水が言葉を理解する　(2)論文の形で実験手法が紹介されていない　問九．エ　問十．イ　問十一．ウ

二　問一．A．ア　B．イ　C．ウ　問二．(1)首　(2)胸　問三．ア　問四．ウ　問五．イ，オ　問六．ウ　問七．イ　問八．ア，ウ　問九．エ　問十．ウ　問十一．イ　問十二．エ

三　①炭鉱　②遊覧船　③縦列　④税務署　⑤磁石　⑥絹　⑦修める　⑧救護　⑨けんぶん〔別解〕けんもん　⑩まいきょ

《算　数》

1　(1)18　(2)54　(3)21　(4)ア．14　イ．6

2　(1)46　(2)1120　(3)$21\frac{9}{11}$　(4)①２　②250　※(5)９

3　(1)56　(2)211.95　(3)24　(4)17

4　(1)ＡＢ…12　ＣＤ…10　毎秒…２　(2)ア．６　イ．15　ウ．48　(3)①72　②12.5　(4)Ｑ…２　Ｒ…４　(5)①右図　②78

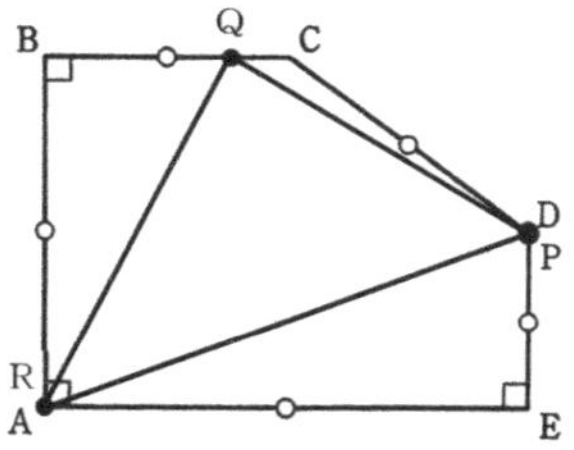

5　(1)A．２　B．５　C．５　D．１　(2)51　(3)０　(4)45　(5)(ア)，(ウ)，(エ)

※の求める過程は解説を参照してください。

《社　会》

1　(1)問１．茨城　問２．大消費地の東京に向けて，春と秋に出荷が集中し，夏や冬には出荷されていない。問３．(イ)　(2)問１．■…(ウ)　●…(エ)　問２．(エ)　(3)少子高齢化　(4)(ア)

2　(1)問１．(ウ)　問２．(イ)　問３．日米修好通商　問４．沖縄　(2)問１．(ア)　問２．(イ)　(3)(あ)ドイツ　(い)ソ連　(4)問１．調　問２．武器が江戸に運ばれたり，大名の妻子が江戸から出たりすることを防ぐことで，大名に反乱を起こさせないようにするため。　問３．(エ)

《理　科》

1　(1)(オ)　(2)①(エ)　②(ア)　(3)(ウ)　(4)(オ)

2　(1)(オ)　(2)(イ)　(3)(ウ)　(4)白色と紫色を見分けることができ，よく訪れる花のにおいを覚えている。

3　(1)①(A)，(C)，(D)　②(B)，(C)　(2)問１．(カ)→(オ)→(ウ)→(キ)→(コ)　問２．(ウ)→(ア)　(3)(B)，(D)　(4)問１．水素　問２．①0.24　②(ウ)

4　(1)(イ)　(2)(エ)　(3)(イ)　(4)(イ)，15

5　(1)(カ)　(2)(エ)　(3)(ウ)　(4)(ア)

6　(1)(エ)　(2)(ウ)　(3)(ア)　(4)地層…(エ)　理由…(キ)　(5)(イ)　(6)問１．断層　問２．(ウ)

←解答例は前のページにありますので，そちらをご覧ください。

《2022　国語　解説》

一　**問一**(1)　「『ばかやろう』とか『ムカツク』(中略)といった (1) な言葉」なので、オが適する。「否定的な言葉」とは、相手を認めないような言葉。　(2)　筆者は、「疑似《ぎじ》科学」の具体例として『水からの伝言』という写真集を挙げているので、イが適する。「典型的」とは、ものごとの特徴《とくちょう》をよく示しているさま。　(3)「万有《ばんゆう》引力の法則」は、「その後の科学の発展を支え」たと言えるほどの発見である。よってウが適する。「画期的」とは、着想などが、これまでには見られないほど独特で、すぐれているさま。

問二　直前の段落で取り上げたオッカムの言葉「必要以上に多くを仮定すべきではない」ということに、「くり返し検証され確からしさを増した科学の法則」があてはまるということ。つまり、たくさんの仮定など必要としない「単純明快」な(＝すっきりしていて分かりやすい)ものであるということ。

問三　「お墨《すみ》付き」とは、権威《けんい》者からもらった保証という意味なので、「誤った部分をごまかしている」のではなく、疑似科学の「あやしい仮説」も認めてしまっているという意味を持たせていると言える。よってアが正解。

問四　第一段落で「疑似科学」についてとりあげ、『水からの伝言』をその具体例として、どのような点が「疑似」と言えるのかをわかりやすく説明している。よってエが適する。

問五　ニュートンの「万有引力の法則」について説明した後、「このように観察から仮説を導き、その仮説を第三者によって検証し、正しさを確かめる。仮説通りにならなければ再考を重ねてより確かなものへと鍛《きた》えていく、それが科学です」と述べている。よってウが適する。

問六　「ヒトやウシの胃の中に、らせん形の細菌《さいきん》が見つかること」は知られていたが、それが強酸性の胃液の中でも生きられる細菌(ピロリ菌)で、胃かいようを引き起こすという新発見は、「一〇〇年以上の常識」(＝「強酸性の胃液の中で細菌は生きられるはずがない」という「医学界の常識」)を覆《くつがえ》すものであった。

問七　「きれい」であるかどうかの判断は、個人の感じ方によるものなので、「誰《だれ》がやっても～同じ結果が出る」というう科学のプロセスにおける判断にはそもそも適さない基準ではあるが、ということを断っているのである。よってアが適する。

問十　「『心配だな』と思った」理由は、直後の「学校の道徳の授業でこの仮説が紹介《しょうかい》されたと聞いたから」である。その問題点は「『水は言葉を理解する』という、実証されていない仮説が、科学的な事実のように先生から生徒に伝えられれば、誤解される恐《おそ》れがあります」という点である。よってイが適する。

問十一　筆者は最後から４段落目に「正しく疑い、反論する知恵《ちえ》＝カガク力《りょく》」と表現している。例えば「疑似科学に出会っても、胸を張って『いいえ、私は信じません』と言える」というように、「世の中の事象を正しく判断していく力」である。よってウが適する。

二　**問三**　２～３行前に「工場長は～加茂《かも》の頭から足先までを眺《なが》めおろした。まだ若いくせに人を瀬《せ》ぶみするな、と加茂はちょっと腹立たしかったが」とある。しかし、「勉強させて貰《もら》います」と、「ひかえめな態度を取ることでうまくその場をしのいでいる」。よってアが適する。「瀬ぶみ」とは、物事をする前にまず、ちょっと試《ため》すこと。

問四　５行前から直前までの「図面を見て～一瞬《いっしゅん》ひるんだ」「ほとんど徹夜《てつや》でプログラムをし～試しに削《けず》ったものとは、較《くら》べようもなく複雑な機械部品だった」「これまでに、その程度の部品なら手動の旋盤《せんばん》で削ったことはある。しかしそれを、まったく新しい、コンピュータ制御《せいぎょ》の機械で削らなければならない～まだ机上《きじょう》で習ったばかりで、実際に機械に触《さわ》ったのは～十分間ほどの経験しかない。それでいきなりこれを削れか」より、ウが適する。

問五　「矢部ちゃんは、もうすっかり人まかせ」で、「加茂のまわりをうろつくだけ」だが、加茂はプログラムを作る工程に矢部ちゃんを参加させようとしてはいない。「(矢部ちゃんは)加茂を唸《うな》らせるような工夫《くふう》をした。～やがてみごとな治具《じぐ》を作ってきた。その素早さと出来映《できば》えのよさは～威張《いば》ったのが、嘘《うそ》ではないことを物語っていた。『いい腕《うで》してるよ。さすが職人だよ』」と加茂は矢部ちゃんの技術の高さを認めている。よってイとオが正解。

問六　その後も「講習から帰って、いったいなにをしているんだよ。～ぶらぶらしているだけじゃないか。目障《めざ》わりなんだよな」「自分で恥《は》ずかしくないのか」「もうすこし身を入れて働いてもらわないとね」「なんとか言いなよ」などと続いた。「矢部ちゃんがみんなから吊《つる》し上《あ》げられているのが、それでわかった」とあるように、――④は、他人任せでまじめに働く様子の見受けられない矢部ちゃんに対する、工場で働く人たちのいらだちが読み取れる。よってウが適する。

問七　加茂は、みんなから問いつめられて土下座までした矢部ちゃんの弱い立場を知った。「加茂は安全靴《あんぜんぐつ》を突《つ》っかけて脱衣場《だついじょう》を出た」というやや乱暴《らんぼう》な態度から、「そりゃあないよ」と思いながらも矢部ちゃんを「かばってあげることもできない自分自身に」対するいらだちが読み取れる。よってイが適する。

問八　「軌道《きどう》に乗ってしまえば、あとは矢部ちゃんにまかせておけばよかった」から、「プログラム通りに機械が動きはじめ」たことが分かる。「矢部ちゃんの目が、輝《かがや》きをとり戻《もど》していた」「削り終えた機械部品を取りはずし、新しい材料を取り付ける。それだけの動作にも、いきいきとしたリズムがあって、矢部ちゃんは十歳《さい》も若返ったように加茂には思えた」とあるように、「職人としての自信を取り戻しつつある」ことが分かる。よってアとウが適する。「大手《おおで》を振《ふ》る」とは、遠慮《えんりょ》せずに、堂々とふるまうこと。

問九　「矢部ちゃんは～ああいう古いタイプの職人ですから」「もう必要ないとでも」という工場長と加茂のやりとりと、「他人《ひと》ごとのような工場長の口振《くちぶ》りに、加茂は、心に刺《とげ》の立つのを感じた。みんな時代のせいにする」より、矢部ちゃんを時代のせいにしてやめさせようとしている工場長への反感が読み取れる。よってエが適する。

問十　「大手企業《きぎょう》が、コンピュータではじき出した数字」よりも作業時間を短縮できたのは、矢部ちゃんの高い技術があったからこそだということを、矢部ちゃんを正しく評価していない工場長に伝えておきたいと思ったのだ。よってウが適する。

問十一　――⑨の２～３行後に「加茂は、就職をすすめられたことを、女房《にょうぼう》には話さなかった。かわりにそっと、指を折って数えた。失業保険が打ち切られるまでには、まだ間があった(＝まだ仕事を探す時間がある)」とあることから、「この工場で働く誘《さそ》いを断る決心が」ついていることが読み取れる。よってイが適する。

問十二　ア．矢部ちゃんは工場内で厳しい状況《じょうきょう》に追いこまれてはいるが、この後「職場を追われ」たかどうかは、本文からは確定できない。　イ．加茂は一つのプログラムを完成させたが、「新時代の技術者として、少しずつ成長していく」のはこれからである。　ウ．「加茂と『矢部ちゃん』が協力し、職人としての誇《ほこ》りを取り戻していく様子が、淡々《たんたん》と描《えが》かれている」とあるが、「職人としての誇りを取り戻し」たのは矢部ちゃんである。また、それぞれの登場人物の感情が言動に細やかに描かれているので、「淡々と」は適さない。　エ．加茂が工場長に「十分を切ったのは、矢部ちゃんのおかげですよ～矢部ちゃんがひと工夫してくれなかったら、あんな無理な削りかたはできなかったんです」と言ったように、加茂は「ベテラン職人の持つすぐれた技術とコンピュータ制御の機械が融合《ゆうごう》してはじめて、最新の機器の持つ力を最大限引き出せるのだ」と確信している。そして、「手ではなくことばで、機械に心を通わせることができた瞬間《しゅんかん》を、加茂は心ゆくまで味わっていた」とあるように、「技術者としての喜びを知って」、これから技術者として歩んでいこうと決心している様子が描かれている。　よってエが適する。

《2022　算数　解説》

1　(1)　与式＝(118−112)＋(134−128)＋(152−146)＝6＋6＋6＝18

(2)　与式＝10×6.42−2×2−6.2＝64.2−4−6.2＝64.2−10.2＝54

(3)　与式より，$(15-\square\div 3)\times\frac{1}{16}=\frac{2}{3}-\frac{1}{6}$　　$(15-\square\div 3)\times\frac{1}{16}=\frac{1}{2}$　　$15-\square\div 3=\frac{1}{2}\times 16$

15−□÷3＝8　　□÷3＝15−8　　□÷3＝7　　□＝7×3＝21

(4)　42：(42＋ア)＝3：4より，42×3＋ア×3＝42×4　　ア×3＝168−126　　ア＝42÷3＝14

(42−イ)：(42＋イ)＝3：4より，42×3＋イ×3＝42×4−イ×4　　イ×7＝42　　イ＝42÷7＝6

2　(1)　**【解き方】(平均点)×(人数)＝(合計点)を利用する。**

A，B，Cの合計点は43×3＝129(点)，C，D，Eの合計点は43×3＝129(点)，5人全員の合計点は42.4×5＝212(点)だから，Cの点数は，129＋129−212＝46(点)

(2)　**【解き方】はじめに，あやめさんと妹の持っている金額を⑦，④とする。**

(⑦−400)：(④−400)＝3：1より，④×3−400×3＝⑦−400が成り立つので，⑫−⑦＝⑤が，1200−400＝800(円)にあたる。よって，はじめのあやめさんの所持金は，$800\times\frac{7}{5}$＝1120(円)

(3)　**【解き方】1時ちょうどのとき，短針は1，長針は12のところにあるから，360°÷12＝30°はなれている。長針と短針が作る角の大きさがはじめて直角になるのは，長針が短針より30°＋90°＝120°多く進んだときである。**

短針は1分間に0.5°，長針は1分間に6°進むから，120°多く進むのに，120°÷(6°−0.5°)＝$\frac{240}{11}=21\frac{9}{11}$(分)かかる。よって，求める時刻は，1時$21\frac{9}{11}$分

(4)①　全体の生徒を1とすると，バスを利用している生徒は，1×0.4＝0.4になる。バスと電車の両方を利用している生徒は，バスを利用している生徒の5％だから，全体の生徒の，0.4×0.05＝0.02，つまり2％にあたる。

②　**【解き方】わかっていることのうち，割合を％に直して表にすると右のようになる。ア＝100−40＝60(％)だから，イ＝60−10＝50(％)になる。**

電車を利用している生徒は，全体の2＋50＝52(％)にあたるから，

中学1年生全体の人数は，130÷0.52＝250(人)

		電車		計
		○	×	
バス	○	2％		40％
	×	イ	10％	ア
計		130人		100％

(5)　**【解き方】A，B，C，Dのそれぞれが持ち寄ったプレゼントをa，b，c，dとして，樹形図をかくと右のようになる。**

右の樹形図より，9通りの交換の仕方がある。

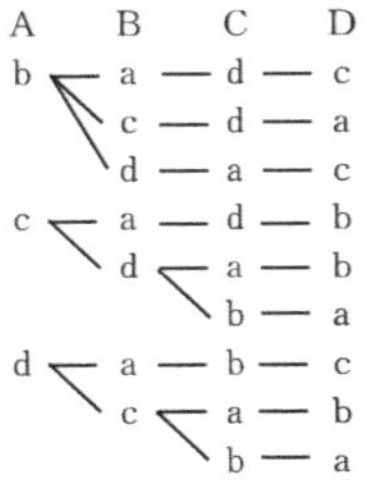

3　(1)　**【解き方】右のように作図すると，四角形GICFは平行四辺形になる。**

平行線の錯角は等しいから，角ICH＝角CIF＝角IFG＝角FGD＝47°，

角CIH＝角ア，角BIH＝角IBE＝30°

三角形IBCは，IB＝ICの二等辺三角形だから，角IBC＝角ICB＝47°

よって，三角形IBCの内角の和より，角ア＝180°−47°−47°−30°＝56°

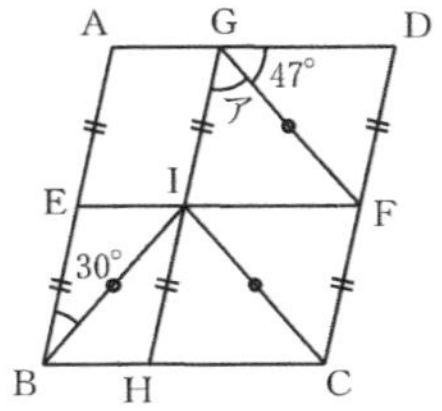

⑵　**【解き方】牛は，右図の太線で囲んだ図形の内部を動く。**

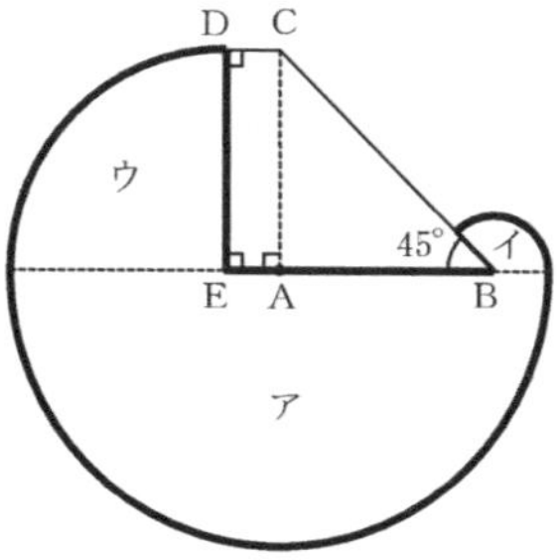

四角形ＡＣＤＥは長方形だから，ＡＣ＝ＥＤ＝８ｍ，ＡＥ＝ＣＤ＝２ｍ
三角形ＡＢＣは，直角二等辺三角形になるから，ＡＢ＝ＡＣ＝８ｍ
アは，半径が10ｍの半円，イは半径が10－８＝２(ｍ)，中心角が180°－45°＝135°のおうぎ形，ウは半径が10－２＝８(ｍ)，中心角が90°のおうぎ形になる。
よって，求める面積は，
$10\times10\times3.14\div2+2\times2\times3.14\times\frac{135^\circ}{360^\circ}+8\times8\times3.14\times\frac{90^\circ}{360^\circ}=50\times3.14+1.5\times3.14+16\times3.14=$
$(50+1.5+16)\times3.14=67.5\times3.14=211.95$(㎡)

⑶　**【解き方】三角柱を，底面と垂直な３本の辺を通るように切断してできる立体の体積は，(底面積)×(底面と垂直な辺の長さの平均)で求めることができる。**
底面積は６㎠，底面と垂直な辺の長さの平均は，(６＋２＋４)÷３＝４(㎝)だから，体積は，６×４＝24(㎤)

⑷　**【解き方】右の図は，真上から見た図に，正面と右側から見た立方体の個数を記入したものである。最も多くの立方体を使う場合，正面と右側から見える立方体の個数の小さい方の数まで積み上げることができる。**

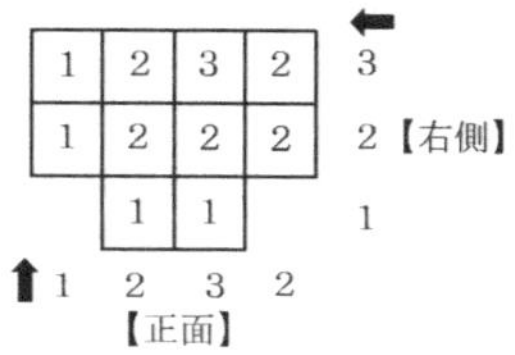

真上から見て右図のように積み上げたとき，立方体の個数は最大になる。
その個数は17個である。

4　⑴　**【解き方】点Ｐが辺ＢＣ上にあるとき，三角形ＡＰＥの面積は最大になる。**
ＡＢの長さは，底辺がＡＥで面積が96㎠である三角形の高さに等しく，96×２÷16＝12(㎝)

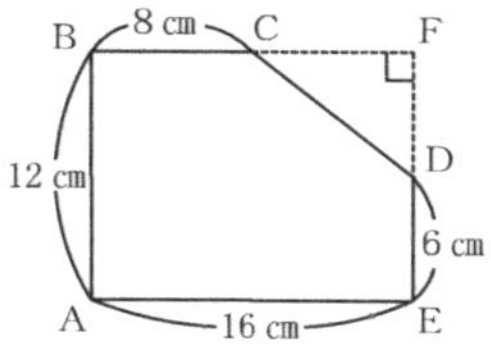

右のように作図すると，三角形ＦＣＤは，直角をはさむ２辺の長さの比が，
(12－６)：(16－８)＝６：８＝３：４の直角三角形になるから，３：４：５の直角三角形になるので，ＣＤ＝$6\times\frac{5}{3}$＝10(㎝)
点Ｐは，10秒間で，ＡＢ＋ＢＣ＝12＋８＝20(㎝)を進んだから，その速さは，
毎秒(20÷10)㎝＝毎秒２㎝

⑵　**【解き方】⑴をふまえる。**
点Ｐは，毎秒２㎝の速さでＡＢ＝12㎝を進むから，ア＝12÷２＝６(秒)
点Ｐは，ＤＥ間を６÷２＝３(秒)で進むから，イ＝18－３＝15(秒)
点ＰがＤにあるときの三角形ＡＰＥの面積は，三角形ＡＤＥの面積に等しく，ウ＝16×６÷２＝48(㎠)

⑶①　**【解き方】4.5秒後，ＡＰ＝２×4.5＝９(㎝)である。**
4.5秒後の面積は，16×９÷２＝72(㎠)

②　**【解き方】①のＰからＢＣに平行な直線を引き，ＣＤと交わる点をＧとすると，三角形ＡＧＥの面積と①の三角形ＡＰＥの面積は等しくなる。**

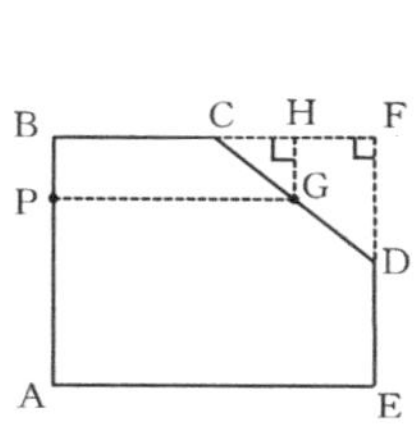

右図で，四角形ＢＰＧＨは長方形だから，ＨＧ＝ＢＰ＝12－９＝３(㎝)
三角形ＦＣＤと三角形ＨＣＧは同じ形の直角三角形になるから，
ＣＧ＝ＨＧ×$\frac{5}{3}$＝３×$\frac{5}{3}$＝５(㎝)
点ＰはＣＧ間を５÷２＝2.5(秒)で進むから，①で求めた値と等しくなるのは，
頂点Ａを出発した，10＋2.5＝12.5(秒後)

⑷　**【解き方】点Ｐと点Ｒが４秒間に進んだ道のりの和は，ＢＣ＋ＣＤ＋ＤＥ＝８＋10＋６＝24(cm)である。**

点Ｐと点Ｒの速さの和は，毎秒(24÷４)cm＝毎秒６cmだから，点Ｒの速さは，毎秒(６－２)cm＝毎秒４cm

点Ｑと点Ｒが４＋２＝６(秒間)に進んだ道のりの和は，ＡＢ＋ＢＣ＋ＣＤ＋ＤＥ＝12＋８＋10＋６＝36(cm)である。点Ｑと点Ｒの速さの和は，毎秒(36÷６)cm＝毎秒６cmだから，点Ｑの速さは，毎秒(６－４)cm＝毎秒２cm

⑸　**【解き方】点ＰはＢＣ＋ＣＤ＝８＋10＝18(cm)を18÷２＝９(秒)で進むから，Ｑは２×９＝18(cm)進んでＢＣ上に，Ｒは４×９＝36(cm)進んでＡの位置にある。**

三角形ＰＱＲの面積は，五角形ＡＢＱＰＥの面積から，三角形ＡＱＢと三角形ＰＡＥの面積を引けばよい。

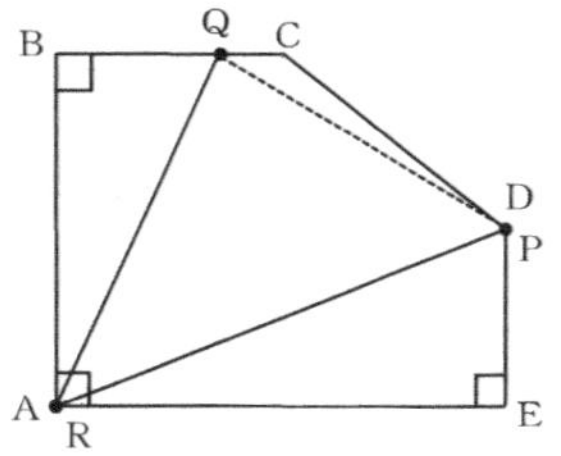

ＣＱ＝12＋８－18＝２(cm)だから，五角形ＡＢＱＰＥの面積は，

12×16－(８＋２)×６÷２＝162(cm²)

三角形ＡＢＱの面積は(８－２)×12÷２＝36(cm²)，三角形ＡＰＥの面積はウ＝48cm²だから，

三角形ＡＰＱの面積は，162－36－48＝78(cm²)

5　⑴　8765÷３＝2921余り２だから，計算機Ａは２を表示する。

8765÷10＝876余り５だから，計算機Ｂは５を表示する。

8765÷６＝1460余り５だから，計算機Ｃは５を表示する。

8765÷７＝1252余り１だから，計算機Ｄは１を表示する。

⑵　**【解き方】３で割ったときの余りは０，１，２の３つであり，余りは１，２，０，１，２，０，…と３つの数をくり返す。**

50÷３＝16余り２より，50を計算機Ａに入れると２になる。１つの周期における和は１＋２＋０＝３だから，

表示されるすべての数の和は，３×16＋１＋２＝51

⑶　733÷10＝73余り３より，733を計算機Ｂに入れると３を表示する。

３÷３＝１余り０より，３を計算機Ａに入れると０を表示する。

⑷　**【解き方】10で割ったときの余りは，０～９の10通りあり，余りは１，２，３，４，５，６，７，８，９，０の10個の数をくり返す。**

計算機Ｂに１から50を入れると，１，２，３，…，９，０の10個の数字が５回くり返される。

計算機Ａに１，２，３，…，９，０を入れると，１，２，０，１，２，０，１，２，０，０が表示される。

この10個の数字の和は３×３＝９だから，記録されるすべての数の和は，９×５＝45

⑸　**【解き方】実際に計算してみる。**

(ア)　操作②－１を行うと，１，２，３，４，５，０が８回くり返され，最後に２が表示される。

操作②－２を行うと，１，２，０，１，２，０が８回くり返され，最後に１，２が表示されるから，

操作②－３で記録された数の和は，(１＋２＋０＋１＋２＋０)×８＋１＋２＝51と，⑵の値に等しい。

(イ)　操作③－１を行うと，１，２，３，４，５，６，０が７回くり返され，最後に１が表示される。

操作③－２を行うと，１，２，０，１，２，０，０が７回くり返され，最後に１が表示されるから，

操作③－３で記録された数の和は，(１＋２＋０＋１＋２＋０＋０)×７＋１＝43と，⑵の値と異なる。

(ウ)　⑷をふまえると，９×５－０＝45になるから，⑷の値に等しい。

(エ)　10で割ったときの余りは割られる数の一の位に等しいから，51から100までに操作①－１を行うと，

１，２，３，４，５，６，７，８，９，０が５回くり返される。

操作①－２を行うと，１，２，０，１，２，０，１，２，０，０が５回くり返される。

操作①－３で記録された数の和は，（１＋２＋０＋１＋２＋０＋１＋２＋０＋０）×５＝45 と，⑷の値に等しい。

（オ）　１から 100 までの奇数に操作①－１を行うと，１，３，５，７，９が 10 回くり返される。

操作①－２を行うと，１，０，２，１，０が 10 回くり返される。

操作①－３で記録された数の和は，（１＋０＋２＋１＋０）×10＝40 と，⑷の値と異なる。

よって，正しいものは，（ア），（ウ），（エ）である。

《2022　社会　解説》

１　⑴問１　茨城県では大消費地にレタスなどを出荷する近郊農業が盛んである。一方，長野県や群馬県では，夏の涼しい気候をいかして，レタスの時期をずらして栽培する方法（高冷地農業による抑制栽培）が盛んである。

問２　【図２】より，茨城県の出荷は３～４月，10～11 月に集中する。茨城県では気温が高くなる６月～９月の時期をさけて，平均気温が 20 度を下回る時期にレタスを生産する。一方，長野県では気温が高くなる６月～９月の時期でも平均気温が 20 度を下回るので，レタスの出荷がその時期に集中する。　**問３**　（イ）が誤り。【図３】より，都内だから大農場は見当たらない。

⑵問１　■は，神奈川県横浜市に日産，群馬県太田市と大泉町にスバルの自動車工場が多いので（ウ）と判断する。●は，千葉県市原市（京葉工業地域）に石油化学コンビナートがあるので（エ）と判断する。　**問２**　（エ）大田区はものづくりのまちとして有名であり，約 3500 の中小企業（工場）がある。

⑶　1985 年以降，０～14 歳の年少人口が減少している一方，65 歳以上の高齢者が増加しており，高齢人口割合が上昇し続けているので，少子高齢化が進んでいると分かる。

⑷　両方とも正しいので（ア）を選ぶ。　①【図５】より，韓国の美容室，ベトナム料理・ハラール，韓国語教室がある。　②【図６】より，ルビ付きの日本語，ネパール語，ベトナム語，ミャンマー語で表記されている。

２　⑴問１　（ウ）が正しい。平清盛は，娘の徳子を高倉天皇にとつがせ，その子を安徳天皇とした。　（ア）「平氏でなければ，人ではない」という意味で，平氏は大きな権力を持っていた。また，平清盛は貴族の最高地位である太政大臣に就いた。　（イ）壇ノ浦の戦いでは源氏が平氏を滅亡させた。　（エ）「征夷大将軍」ではなく，武士として初めて「太政大臣」に就任した。　**問２**　（イ）【図２】関ケ原は現在の岐阜県の位置にあたるので①である。

【図３】「東海道五十三次（歌川広重筆）」であり，絵の中に富士山が見えることから④と判断する。

問３　1858 年の日米修好通商条約で横浜（神奈川）・函館（箱館）・長崎・新潟・神戸（兵庫）の５港が開かれた。

問４　沖縄県がアメリカから日本に返還されたのは 1972 年である。それまでの沖縄ではドル紙幣が流通するなど，日本本土とは異なったルールが適用されていた。

⑵問１　（ア）が正しい。水俣病は，八代海沿岸（熊本県・鹿児島県）で多発した，手足が震えたりしびれたりする病気である。工場廃水中の有機水銀が原因であった。　（イ）龍安寺の庭園は枯山水の石庭として知られる。

（ウ）「東郷平八郎」ではなく「田中正造」である。　（エ）縄文時代の人々は魚をとって食料にしていた。

問２　（イ）①勘合貿易（室町時代前半）→③キリスト教の伝来（室町時代後半）→②岩倉使節団の派遣（明治時代）

⑶問１（い）　1945 年８月の終戦直前にソ連が日本に対し宣戦布告（日ソ中立条約の破棄）をして侵攻してきた。

⑷問１　税は，稲の収穫高の３％を地方の国府に納める「租」・絹，麻や地方の特産物などを都に納める「調」・都での 10 日間の労役に代えて，都に布を納める「庸」からなり，地方からもたらされる調を役人が木簡に記録していた。　**問２**　【資料３】より，全国支配の妨げになっていた豊臣氏が大坂夏の陣で滅ぼされたことに着目する。３代将軍徳川家光が武家諸法度に追加した参勤交代では，大名が領地に帰るときに妻子を人質として江戸に残さな

ければならなかった。関所では，江戸を出る女性(出女)のほか，治安維持のために江戸に持ち込まれる鉄砲(入鉄砲)の取り締まりも厳しく行った(入鉄砲出女)。　**問３**　両方とも誤りだから(エ)を選ぶ。　①納税による制限がなくなったのは1925年の男子普通選挙制度制定(大正時代)なので，太平洋戦争終結(昭和時代)よりも前だった。②女性の選挙権が保障されたのは1946年の衆議院議員総選挙(昭和時代)以降である。

《2022　理科　解説》

1　(1)　細胞《さいぼう》の中に緑色の粒《つぶ》(葉緑体)をもつ生き物は，太陽の光を受けて，水と二酸化炭素からでんぷんと酸素をつくり出す光合成を行う。

(2)　①スズメバチ(主に幼虫)は肉食である。　②(ア)は卵→幼虫→成虫の順に育つ不完全変態の昆虫《こんちゅう》である。(オ)もさなぎにはならないが，昆虫ではない。

2　(4)　白色の(W)よりも紫《むらさき》色の(Y)の方が，巻いた口をのばす行動が多くみられたことから，白色と紫色を見分けることができると考えられる。また，においをつけていない紫色の(Y)よりもにおいをつけた紫色の(Z)の方が，巻いた口をのばす行動が多くみられたことから，よく訪れる花のにおいを覚えていると考えられる。

3　(1)　①アルカリ性の水溶液《すいようえき》を選べばよいから，(A)(C)(D)である。なお，(B)は酸性，(E)は中性である。②気体が溶《と》けている水溶液を選べばよいから，塩化水素が溶けている(B)とアンモニアが溶けている(C)である。なお，(A)は水酸化カルシウム，(D)は水酸化ナトリウム，(E)は食塩が溶けている。

(2)問２　Xが空気調節ねじ，Yがガス調節ねじである。開くときには，どちらも上から見て反時計回りに回す。Yを開けて炎《ほのお》の大きさを大きくしたら，Yをおさえながら X を開けて炎を青色にする。

(3)　酸性の塩酸とアルカリ性の水酸化ナトリウム水溶液を混ぜると，たがいの性質を打ち消し合う反応(中和)が起こり，中性の食塩水ができる。

(4)問１　酸性やアルカリ性の水溶液とアルミニウムなどの金属が反応するとき，発生する気体は水素である。

問２①　図１のグラフの折れ曲がった点に着目すると，うすい塩酸20mLとアルミニウム0.45gが過不足なく反応し，このとき560mLの気体が発生するとわかる。よって，300mLの気体を発生させるのに必要なアルミニウムは$0.45\times\frac{300}{560}=0.241\cdots\rightarrow0.24$gである。　②　濃《こ》さが２倍の塩酸20mLでは，反応するアルミニウムの重さも発生する気体の体積も図２のときの２倍になる。

4　(1)　(イ)×…光は真空中でも伝わる。

(2)　音は物体がふるえることで出る。ふるえるものが少ないときほどふるえやすく，高い音になる。びんに入れる水の量が多くなると，びんの中の空気の量が少なくなるので，高い音が出る。

(3)　光は，直進の他に反射と屈折《くっせつ》(折れ曲がること)という性質をもつ。(ア)は反射，(ウ)は屈折と反射，(エ)は屈折によるものである。

(4)　図３のとき，光とリンゴの間の角度は90－60＝30(度)だから，鏡に入る光の角度とはね返る光の角度がそれぞれ30÷２＝15(度)になればよい。このとき，はね返る光と鏡の間の角度は90－15＝75(度)になるから，(イ)の向きに75－60＝15(度)回転させればよい。

5　(1)　空気は押《お》し縮められるが，水は押し縮められない。空気が押し縮められて体積が小さくなるほど，元にもどろうとする力が大きくなり，ピストンを押し返す力が大きくなる。

(2)　(ア)×…空気の体積が大きくなり，同じ体積での重さがまわりの空気と比べて軽くなるため，上に移動する。(イ)×…ふりこの往復する時間は，おもりの重さやふれはばには関係がなく，ふりこの長さによって決まっている。

ふりこの長さが短いほど，往復する時間は短くなる。　(ウ)×…てこの原理によるものである。

⑶　空気だけが押し縮められることで，空気の体積が25mLから25《おもりをのせた後の目盛り》－5《水の体積》＝20(mL)になったので，表1より，1.5kgのおもりをのせたとわかる。

⑷　(ア)×…ペットボトルに水を半分くらい入れたから，空気の体積は残りの半分で，空気入れで空気を入れていったとしても，(水は押し縮められないので)空気の体積が大きくなることはない。空気を押し縮めて入れていくことで，空気が元にもどろうとする力を大きくしている。

6　⑷　火山灰は風にのって広い範囲《はんい》に運ばれるから，離《はな》れた地点で同じ噴火《ふんか》による火山灰がみつかれば，地層の広がりを知るよい手がかりとなる。このような地層を鍵《かぎ》層という。

⑸　図1と2より，Aの火山灰の層とBの下の火山灰の層の下面の標高は24mだから，同じ噴火によるものだと考えられる。また，地層の上下のつながりから，Bの上の火山灰の層とCの火山灰の層は同じ噴火によるものだと考えられる。よって，火山の噴火は2回あったと考えられる。

⑹　Bの上の火山灰の層は標高約26.5mにあり，Cの火山灰の層は標高約27.5mにある。よって，断層面の上にのっている方(断層面の右側のCがある方)が1mほど上にずれたことになる。このようなずれができるのは，左右から押す力がはたらいたときで，このような断層をとくに逆断層という。

★広島女学院中学校

《国　語》

一　問一．a．イ　b．ア　c．エ　d．オ　問二．イ　問三．ウ　問四．エ　問五．美　問六．⑴イ，オ　⑵ア　問七．「後ろ」を想像することがまた優しさを生む　問八．ウ　問九．⑧イ　⑨ア　⑩ア　問十．⑴イ　⑵エ

二　問一．ウ　問二．のけもの扱いにされる　問三．ア　問四．イ　問五．ウ　問六．ウ　問七．エ　問八．一種の敵意　問九．エ　問十．鼻　問十一．イ

三　①暖める　②専門　③提案　④非難　⑤体勢　⑥画一　⑦一覧　⑧均等　⑨策　⑩延びる

四　①前代　②東風　③一／乱

五　①仏　②良薬

《算　数》

1　⑴20　⑵14　⑶$1\frac{1}{4}$　⑷16

2　⑴360　⑵800　⑶①20　②15　③30　※⑷A．7　B．2　C．5　D．14

3　⑴75　⑵18.28　⑶900　⑷77

4　⑴ア．5　イ．18　ウ．25　エ．30　オ．50　⑵右グラフ　⑶6　⑷48　⑸45

5　ア．1，3，5，7，9，11，13，15　イ．2，6，10，14　ウ．4，12　エ．16　オ．8　カ．5　キ．2

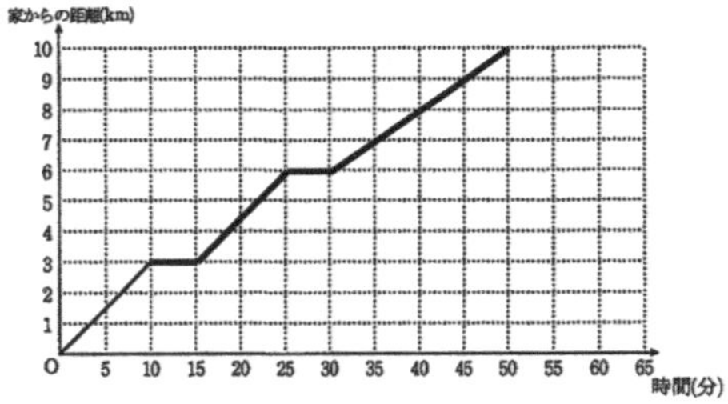

※の求める過程は解説を参照してください。

《社　会》

1　⑴岐阜県／長野県　⑵キー局／キー放送局／キーステーション のうち１つ　⑶標高が高い内陸に位置するために，１年を通して降水量が少なく，夏でも冷涼であること。　⑷問１．(ア)　問２．B　⑸(イ)　⑹ライフライン　⑺9　⑻(エ)

2　⑴問１．鑑真　問２．(イ)　⑵(エ)　⑶問１．前野良沢〔別解〕杉田玄白　問２．(カ)　⑷問１．北里柴三郎　問２．パンデミック　問３．(ⅰ)イギリスは日本に多くの商品を輸出し，船も多いので，コレラ対策に多くの時間と費用がかかるから。　(ⅱ)日本／ドイツ／領事裁判権　問４．(エ)　問５．1945年８月６日午前８時15分　(下線部は昭和20でも可)　問６．(イ)

《理　科》

1　⑴(エ)　⑵問1．(ウ)　問2．アメダス　⑶問1．(ア)　問2．(イ)　⑷結ろ

⑸問1．25　問2．16.2　問3．大きくなって，水てきが水蒸気に変化するから。

2　⑴①酸素　②呼吸　⑵問1．(ウ)　問2．(ア)　問3．(ウ)

⑶問1．トンボ　問2．[足の形／昆虫の名前]　(Ⅰ)[(イ)／(キ)]　(Ⅱ)[(エ)／(オ)]

問3．(サバクトビ)バッタ

3　⑴(ア)，(エ)　⑵扇風機…(イ)　エレベーター…(オ)　⑶(イ)

⑷問1．右図　問2．(ウ)　⑸(ウ)，(オ)

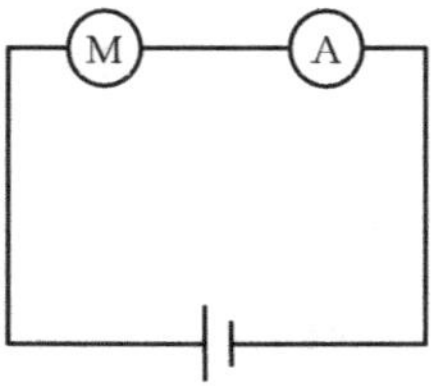

4　⑴問1．メスシリンダー　問2．目線の角度…(イ)　読み取る位置…(カ)　⑵7.8

⑶(イ)，(オ)　⑷液面の高さ…(ア)　理由…(オ)　⑸(エ)　⑹(イ)

2021 解説 広島女学院中学校

令和３年度

←解答例は前のページにありますので，そちらをご覧ください。

《2021　国語　解説》

一　**問二**　ここでの「奴隷《どれい》」は、ある事に心をうばわれ、行動を支配されているもの、という意味。便利さや快適さばかりを追い求めて、他をかえりみなくなっているということ。この内容に、イが適する。

問三　直前の「友情や礼儀《れいぎ》を忘れてしまう～争いすらおきてしまう」ということの延長線上にあること。「凶器《きょうき》」は、人を殺したり傷つけたりするために使われる道具。つまり、橋の存在が、人を傷つけるきっかけにもなるということを言っているので、ウが適する。

問四　③のある一文の最初にある「渡《わた》りにくい橋」のこと。よって、エの「不便な」が適する。この渡りにくくて美しい橋の話を受けて、③の１～２行後で「芸術作品の美を生む力とは、便利である～ということではなく、不便が多いことの中からこそ～生まれてくる」とまとめている。

問五　先生は、便利さを当たり前だと思うようになった人間が「おろかに間違《まちが》いを犯《おか》すことがないために～この橋は渡りにくく(＝不便に)できているんだよ」と言い、「だからこの橋はこんなに美しいだろう」と言っている。また、「美を生む力とは、便利である～ということではなく」というつながりであることからも、④には「美」が入ると読みとれる。

問六(1)　「いつでもより古く、より深く、従って効率はより悪く、不便や我慢《がまん》がいっぱいある。でもそれを知恵《ちえ》と工夫《くふう》で乗り越《こ》えていくから人間は賢《かしこ》くもなる、心が豊かにもなる。これが文化である」と述べていることに、イとオが適する。　**(2)**　「文明と文化が常に共存しているということが大切だ。便利である～不便であるということの素晴らしさ。効率が良い～効率が悪いということの幸福が共にある。これが大事なことである。効率が良い方～新しいものの方(＝文明)がいいではないか、と僕《ぼく》たちは考えるかもしれないが、実はそれが間違いなのだ」と述べていることから、アのような考えが読みとれる。

問七　――⑥の直後の段落で、「語りかけられない後ろ、聞こえない後ろ、それは観察することはできないが想像することはできる。どんなものがあるんだろう～と、僕たちは一所懸命《けんめい》想像する。その想像することがまた優しさを生む」と考察している。この部分からまとめる。

問八　――⑦の直後で「小指の先に目があれば、後ろだけではなく、例えばポケットの中でも耳の穴の中でも覗《のぞ》き込《こ》むことができる。世界をすべて情報化することができる」と述べていることから、ウのような理由が読みとれる。

問九⑧　前行に「行き過ぎた科学文明は凶器となり」とあるから、イが適する。　**⑨・⑩**　〔　　　〕⑤の段落に「文化と文明は全く反対の性格を持っている」とあるのを参照。「いつでもより古く、より深く、従って効率はより悪く、不便や我慢がいっぱいある」という「文化」が、「行き過ぎた科学文明」に歯止めをかけるということ。よって、アが適する。

問十(1)　引用文の１～３行目に着目する。馬での旅について、「たしかに時間はかかる。不便も多い」ということを認めたうえで、「けれども」以降で、より言いたいことを述べている。「人と出会って話をしたり～星の輝《かがや》きを見たり～そういういろいろなことが～心の中にどれだけ豊かな幸福感をもたらしてくれただろうか」より、時間のかかる不便な旅だからこそ、心が豊かになるような経験ができるのだと読みとれる。よって、イが適する。

(2)　引用文の後ろから２～３行目で、「芸術の力は～どんどん便利快適ということに流されていく、僕たちの暮らしを制御《せいぎょ》する、そういう力にもなる」と述べていることに、エが適する。

二　**問一**　「軍人あがりの収入役の子だということで私をのけものにしがちであった」とあることから、「私」が同級生たちから仲間はずれにされがちであったことがわかる。よって、ウの「孤独感《こどく》」が適する。

問二　「私」と京子の「共通点」を読みとる。京子については「まだこの村の女の子たちとしっくりしていなかった。女の子たちは京子(＝町からの転校生)をのけて～仲間だけで目を見交《か》わしたりしている～村の女の子たちが町の子をのけもの扱《あつか》いにする」とある。「私」については「私が村で育った子なのに、漁夫でも農家でもない軍人あがりの収入役の子だということで私をのけものにしがちであった」とある。つまり、二人には、「のけもの扱い」にされるという共通点があると言える。

問四　直前にある「房太郎《ふさたろう》が女の子に悪戯《いたずら》したり、先生たちの内緒《ないしょ》ごとをあばいたり、店の金を持ち出して～饅《まん》頭《じゅう》や羊羹《ようかん》の買い食いをして私を仲間に入れる」ということを、「私」が楽しんでいたということ。そのようなことは、「私」は自分では出来ないのだが、「彼《かれ》(＝房太郎)が、彼の責任でやる」のを利用していた。そして、その楽しさに「溺《おぼ》れていた」(＝夢中になっていた、心をうばわれていた)のである。よって、イが適する。

問五　――⑤の後に「自分が～罪人になったような気がした～この秘密は私の胸をおしつけた～弟や妹たちにも自分の顔を見られるのはいやであった」とあることから、罪悪感が読みとれる。そのような気持ちで「ゆすぶられていた」、つまり、不安で気持ちがゆれ動いていたということ。よって、ウが適する。

問六　「私」はこの日、房太郎から京子に渡すようたのまれた手紙を、ちりぢりに破って川の上に投げ捨てた。そのときの気持ちを、直後の段落で「あの子はあの子が好きだ、とか、あの子とあの子は何々だ、とかいうこと～私ははじめて、身近にその実際のことにぶつかり、途方《とほう》に暮れて破いてしまったのだった」と説明している。勉強よりも、そのことが気になっているということ。この内容に、ウが適する。

問七　「あれ渡したかい？」と聞く房太郎を見ずに答えたということ。ちりぢりに破って捨てたのに、「うん(＝京子に渡した)」とうそをついたことがやましくて、まともに見られないのである。よって、エが適する。

問八　――③の次行の「一種の敵意のある、それでいて親しみのある目つきを、私は京子と交わすのであった」に、無言のやりとりの様子がえがかれている。

問九　「私」が京子に手紙を渡したと言うと、房太郎は「何とか言ったかい？」と聞いてきた。それに対する返事として、「西川(＝京子)は、手紙を小さく裂《さ》いて川の上へ投げていたよ」と、さらにうそを言ったのである。それに対する反応を見るために「房太郎の顔をちらっと見た」ときの視線に表れた心情なので、エが適する。

問十一　――⑪の直前に「房太郎をそそのかしては、店の売り上げで羊羹の買い食い～たりすることは、私にとってぼんやりと楽しいことであった」とある。これは、問四で読みとった「房太郎の悪事を利用して楽しみ、そんな自分に満足している」という心境である。それとは違う、「もっとはらはらする、危なっかしいことで、怖《おそ》ろしいが、何となく新しい張り合いも」あると感じられる心境とは、⑩【　】のある段落の後半に書かれた、「房太郎の混乱が私にすぐ感染《かんせん》した。私も彼と同罪だという考えが、ちらと心に浮《う》かんだ～彼と一緒《いっしょ》になって、あの手紙のことで、先生や親たちに叱《しか》られそうな怖れを感じなければならないような気持ちが去らなかった」というものである。つまり、房太郎と同じことに関わっていながら、自分には責任がないという立場から、自分が直接関係していて責任があるという立場になったということ。この内容に、イが適する。

四　①　「前代未聞《ぜんだいみもん》」は、今までに一度も聞いたことがないような、めずらしいこと。　②　「馬耳東風《ばじとうふう》」は、人の意見を心にとめず、聞き流すこと。　③　「一心不乱《いっしんふらん》」は、他の事に気をとられず、一つの事に集中しているさま。

―《2021　算数　解説》―

1　(1)　与式 $=(24-23)+(22-21)+(20-19)+(18-17)+16=1+1+1+1+16=20$

(2)　与式 $=(6+3)\times4-\{36-(18-4)\}=9\times4-(36-14)=36-22=14$

(3)　与式 $=(\frac{12}{5}-\frac{3}{5})\div(\frac{24}{100}+\frac{4}{3}\times\frac{9}{10})=\frac{9}{5}\div(\frac{6}{25}+\frac{6}{5})=\frac{9}{5}\div(\frac{6}{25}+\frac{30}{25})=\frac{9}{5}\times\frac{25}{36}=\frac{5}{4}=1\frac{1}{4}$

(4)　与式より，56－□×1.5＝20×1.6　　□×1.5＝56－32　　□＝24÷1.5＝16

2　(1)　定価は，$506\div\left(1+\frac{10}{100}\right)$＝460(円)だから，仕入れ値は，460－100＝360(円)である。

(2)　予定の本数だけ120円のジュースを買うと，120＋80＝200(円)余る。１本あたり160－120＝40(円)値下げされたことによって200円余ったのだから，買う予定だったジュースは200÷40＝５(本)であり，持って行ったお金は，160×５＝800(円)である。

(3)　１～60までの整数のうち，３の倍数は，60÷３＝①20(個)ある。３が使われている数は，３，13，23，30～39，43，53の②15個ある。②のうち，３の倍数は，３，30，33，36，39の５個ある。よって，３の倍数でもなく，３も使われていない数は，(１～60までの整数の個数)－①－②＋(３の倍数であり，３が使われている数)＝60－20－15＋５＝③30(個)である。

(4)　**【解き方】たすと奇数になるのは，(偶数)＋(奇数)のときであり，かけると偶数になるのは，(偶数)×(偶数)または(偶数)×(奇数)のときである。**

４つの数のうち，割り切れる組み合わせは14÷２＝７，14÷７＝２だけなので，D＝14であり，Aは２か７である。AとBの和が奇数だから，AとBどちらかが偶数であり，BとCの積が偶数だから，BとCのうち少なくとも１つは偶数である。残りの３つの数２，５，７のうち，偶数は２のみなので，B＝２とわかる。

よって，A＝７，C＝５である。

3　(1)　右のように記号をおく。三角形ＯＡＢ，ＯＢＣ，ＯＣＤ，ＯＤＡは二等辺三角形だから，四角形ＡＢＣＤの内角について，(角ア)×２＝360°－(45°×２＋35°×２＋25°×２)＝150°

よって，角ア＝150°÷２＝75°

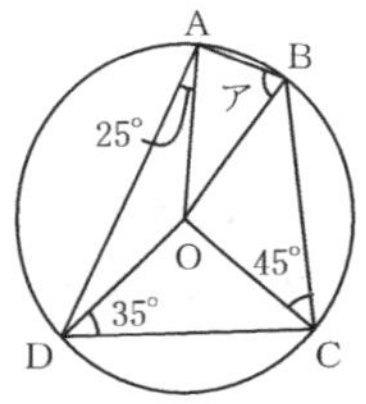

(2)　**【解き方】右図のようにＣＤをひくと，三角形ＡＣＤは正三角形であり，角ＤＣＢ＝90°－60°＝30°なので，三角形ＢＣＤは30°，60°，90°の直角三角形である。三角形ＢＣＤと三角形ＢＣＥは合同だから，三角形ＣＤＥは正三角形である。**

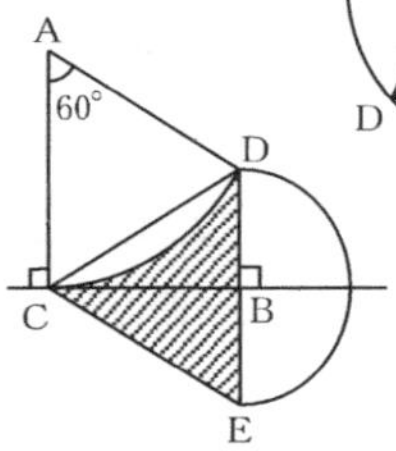

斜線《しゃせん》部分の周の長さは，半径が６㎝，中心角が60°のおうぎ形の曲線部分と，ＣＥ，ＤＥの長さの和である。ＣＥ＝ＤＥ＝ＣＤ＝６㎝だから，求める長さは，

$6\times2\times3.14\times\frac{60}{360}$＋６＋６＝２×3.14＋12＝6.28＋12＝18.28(㎝)

(3)　**【解き方】面積が等しい２つの長方形の横の長さの比は，縦の長さの比の逆比に等しいことを利用する。**

右のように２つの長方形に記号をおく。長方形ＡとＢの縦の長さの比は10：15＝２：３だから，横の長さの比は３：２である。この比の数の３－２＝１が10㎝となるから，ＡとＢの横の長さはそれぞれ，$10\times\frac{3}{1}$＝30(㎝)，$10\times\frac{2}{1}$＝20(㎝)となる。

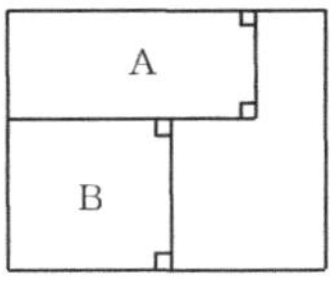

長方形Ａの面積は10×30＝300(㎠)だから，もとの長方形の面積は300×３＝900(㎠)

(4)　**【解き方】くりぬかれた部分の体積を，段ごとに立体を真上から見た図で考える。**

上から数えて，１段目にくりぬかれた部分はない。２，４，５段目でくりぬかれた部分は，図ⅰの色つき部分である。３段目でくりぬかれた部分は，図ⅱの色つき部分である。色つき部分１マス分の体積は１㎤だから，くりぬかれた体積は，９×３＋21＝48(㎤)である。

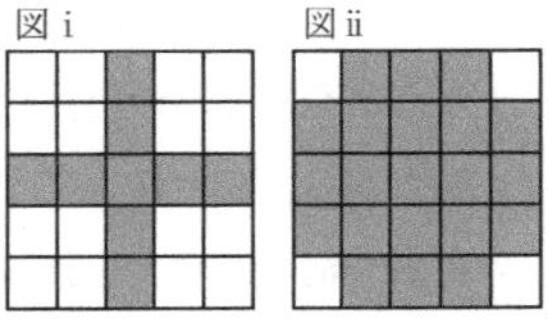

もとの立方体の体積は５×５×５＝125(㎤)だから，求める体積は，125－48＝77(㎤)

4　(1)　グラフの時速(㎞)が０になっている間は休んでいるから，家から３㎞の場所で15－10＝ア5(分間)休んだ。

家を出発してから10分間$=\frac{10}{60}$時間$=\frac{1}{6}$時間で3kmを走ったから，速さは時速$(3\div\frac{1}{6})$km＝時速イ18kmである。
10分間進んで5分間休んでからは，同じように10分間進んで5分間休んだので，2回目に休んだ場所に着いたのは，家を出発してから15＋10＝ウ25(分後)であり，そこを出発したのは，家を出発してから25＋5＝エ30(分後)である。ここまでで残り10－3－3＝4(km)であり，ここからは時速12kmで走り続けたから，さらに
$4\div12=\frac{1}{3}$(時間)，つまり，$\frac{1}{3}\times60=20$(分)で学校に着いた。よって，学校に着いたのは，家を出発してから
30＋20＝オ50(分後)である。

⑵　Aさんの家を出発してからの時間と，家からの距離《きょり》の関係は，右表のようになる。Aさんが進んでから休む(または学校に着く)までの間，進む速さが変わることはないので，グラフは，点(0分，0km)(10分，3km)(15分，3km)(25分，6km)(30分，6km)(50分，10km)を直線で結べばよい。

時間(分)	0	10	15	25	30	50
家からの距離(km)	0	3	3	6	6	10

⑶　**【解き方】(距離)＝(速さ)×(時間)だから，速さの比と時間の比をかけあわせることで，距離の比を求めることができる。**
お兄さんが時速10kmで走ったときと時速20kmで走ったときについて，速さの比は10：20＝1：2，走った時間の比は3：1だから，進んだ距離の比は，(1×3)：(2×1)＝3：2である。よって，速さを変えたのは家から$10\times\frac{3}{3+2}=6$(km)の場所である。

⑷　お兄さんは6kmの道のりを時速10km，10－6＝4(km)の道のりを時速20kmで進んだのだから，求める時間は，6÷10＋4÷20＝0.6＋0.2＝0.8(時間後)，つまり，0.8×60＝48(分後)である。

⑸　**【解き方】⑵の表をふまえ，お兄さんが速さを変えたときのAさんの位置から，お兄さんがAさんを追いぬいたときの家からの距離を考える。**
お兄さんは家を出発してから60×0.6＝36(分後)に6km進んでいる。⑵の表より，Aさんは30分後に家から6kmの位置を出発し，時速12kmで進むから，36分後は家から$6+12\times\frac{36-30}{60}=7.2$(km)の位置にいる。
よって，36分後の2人の間の距離は7.2－6＝1.2(km)であり，ここから2人の間の距離は，1時間で20－12＝8(km)縮まるから，1分で$8\div60=\frac{2}{15}$(km)縮まる。したがって，お兄さんがAさんを追いぬいたのは，36分後からさらに$1.2\div\frac{2}{15}=9$(分後)の，36＋9＝45(分後)である。

5　「ある整数」が16のとき，1周目は奇数がすべて消えるので，ア1，3，5，7，9，11，13，15の順に消える。
2周目は2，4，6，8，10，12，14，16が残っているので，イ2，6，10，14の順に消える。
3周目は4，8，12，16が残っているので，ウ4，12の順に消える。
4周目は8，16が残っているので8が消える。よって，最後に残る整数は，エ16である。
このようなルールで消していくと，「ある整数」がどのような数であっても，1周目，2周目，3周目，4周目，…の後に残る整数は，2の倍数，4の倍数，8の倍数，16の倍数，…となる。
よって，「ある整数」が32のとき，1周目の後は32÷2＝16(個)，2周目の後は32÷4＝8(個)の整数がそれぞれ残るから，2周目に消す整数は16－8＝オ8(個)である。
また，あやめさんの発言から，「ある整数」が16のときに1周目と2周目に消した整数の個数がそれぞれ8個，4個だから，32＝16×2より，「ある整数」が32のときは，1周目に8×2＝16(個)，2周目に4×2＝8(個)の整数を消すと考えられる。しかし，この考えは「ある整数」が2を何回かかけ合わせてできた数のときしか使えないので，気を付ける。
「ある整数」が64のとき，48は2，4，8，16の倍数であり，32の倍数でないので，4周目の後までは残り，5周目で消える。4周目の後は16，32，48，64が残り，5周目で16，48が順に消える。
よって，48はカ5周目のキ2番目に消す整数である。

《2021　社会　解説》

1　(2)　キー局が制作した番組は，系列のローカル局から全国放送されている。

(3)　長野県では，夏の冷涼な気候を生かした高冷地農業による抑制栽培が行われている。出荷量の少ない時期に高原野菜を出荷することで，安定した収入を得るための試みである。

(4)**問１**　(ア)が誤り。人口に対する工業で働く人の割合が最も小さいのはＤである。　**問２**　愛知県は自動車製造業が盛んだから，工業で働く人の数が最も多いＢである。Ａは島根県，Ｃは大阪府，Ｄは東京都。

(5)　②のみ誤りだから(イ)を選ぶ。国土全体に占める森林率は７割である。また，日本の森林面積は過去40年間ほとんど増減がない。

(7)　憲法９条には「戦争放棄」「戦力不保持」「交戦権の否認」について規定している。

(8)　(エ)が誤り。「地方裁判所」ではなく「地方議会」である。また，市政における請願には１人以上の議会議員の紹介(署名又は記名押印)が必要である。

2　(1)**問１**　鑑真は，正式な僧になるために必要な戒律を授けるための戒壇を東大寺に設けた。　**問２**　(イ)が正しい。聖武天皇は，仏教の力で世の中を安定させせようとして国分寺や国分尼寺を全国につくり，奈良の都に東大寺と大仏をつくった。　(ア)奈良時代は遣唐使を派遣していた。　(ウ)「紫式部」ではなく「清少納言」である。紫式部は長編物語の『源氏物語』などを書いた。　(エ)藤原道長は平安時代，行基は奈良時代に活躍した。

(2)　両方とも誤りだから(エ)を選ぶ。　①江戸時代についての記述である。　②応仁の乱の開始は1467年。

(3)**問１**　『解体新書』は，オランダ語で書かれた「ターヘル・アナトミア」を杉田玄白・前野良沢らが翻訳して，1774年に出版したものである。　**問２**　(カ)③の徳川家光は３代将軍，②の徳川吉宗は８代将軍であり，徳川吉宗の享保の改革は18世紀前半，天保の大ききんは19世紀前半だから，③→②→①となる。

(4)**問１**　北里柴三郎は，ペスト菌を発見したことでも知られている。　**問２**　歴史的なパンデミックには，14世紀のペスト(黒死病)，19～20世紀のコレラ，1919～1920年のスペインかぜなどがある。　**問３**(ⅰ)　世界で最初に産業革命が起こり工場制機械工業の盛んになったイギリスは，安く良質な綿織物などの工業製品を大量に輸出したので，世界の工場と呼ばれた。　(ⅱ)　「検疫を無視することができる」→「逮捕されない」ことから，領事裁判権を導く。　**問４**　(エ)が正しい。　(ア)日清戦争の戦場となったのは朝鮮半島であった。　(イ)日露戦争後のポーツマス条約では，賠償金が得られなかった。　(ウ)「満州」ではなく「南京」である。また，長期戦の背景には，ＡＢＣＤ包囲網で日本への石油の供給がストップしたこと，イギリス・アメリカが中国に物資を供給していたことがある。　**問５**　原爆は，広島に1945年８月６日午前８時15分，長崎に８月９日午前11時２分に投下された。　**問６**　(イ)が正しい。東京オリンピック・パラリンピックの開催は1964年。　(ア)内閣総理大臣は国会の議決によって国会議員の中から指名される。　(ウ)「コンピュータ」ではなく「カラーテレビ」である。また，パソコンは1990年後半から急速に普及した。　(エ)阪神・淡路大震災は1995年，東日本大震災は2011年。

《2021　理科　解説》

1　(1)　(エ)○…最高気温が25℃以上の日を夏日，最高気温が30℃以上の日を真夏日，最高気温が35℃以上の日を猛暑日《もうしょび》という。

(2)**問１**　2020年の中国地方の梅雨明けは７月30日ごろで，平年よりも10日ほど遅《おそ》かった。

(3)**問１**　(ア)○…日本の天気は，上空にふくへん西風の影響で，西から東に移り変わっていく。

問２　(ア)×…空気中の水蒸気の量がふえて雨が降りやすくなると，ツバメのえさのこん虫のはねが重くなって低いところを飛ぶので，ツバメも低く飛ぶ。　(イ)○…夕焼けが見えるということは，西の空に雲がないということである。天気は西から東へ移り変わるので，夕方西の空に雲がないと，次の日に晴れることが多い。　(ウ)×…煙はまわりの空気よりもあたたかいので，まっすぐ上にあがろうとするが，低気圧が近づいていると上空に風がふきやすく煙が横になびきやすい。低気圧が近づいているときは，雨が降りやすい。　(エ)×…富士山にかさのような形の雲がかかるときは，しめった風が富士山に向かってふいている。このように上空の風が強く，しつ度が高い空気があるときには，天気がくずれやすい。

(5)問１　表１より，15℃での飽和水蒸気量は12.8ｇである。問題文の式より，$\frac{3.2}{12.8}\times100=25(\%)$となる。

問２　湿度を90－20＝70(%)下げる。25℃での飽和水蒸気量は23.1ｇだから，23.1×0.7＝16.17→16.2ｇとなる。

問３　表１より，気温が高くなると飽和水蒸気量が大きくなるので，空気中に含むことができる水蒸気量が大きくなり，霧の細かい水てきが目に見えない水蒸気に変化して，霧が消える。

2　**(1)**　①水草は，光があたると光合成を行って酸素を出す。　②水草やメダカは酸素を取りこんで呼吸を行い，二酸化炭素を出す。

(2)問１　(ウ)○…ある条件について調べたいときは，その条件だけが異なる２つの実験の結果を比べる。肥料の条件だけが異なるＤとＦを比べる。　**問２**　(ア)○…ＤとＦの10日後の葉の数では，肥料によって10日後の葉の数は３倍になっている。したがって，Ｘにあてはまる数は10未満が最も適当である。　**問３**　(ウ)○…肥料や水温の条件が異なるにも関わらず，全ての容器で水面全体をおおうほど増えたので，肥料や水温の条件を変えても，これ以上葉の数は増えない。ここからさらに葉の数を増やすには，容器を大きくして，葉が水面全体をおおう状態を変化させる。

(3)問２　カマキリの足(イ)はえものをとらえるのに，セミ(幼虫)の足(エ)は土をほるのに適した形をしている。なお，(ア)はコオロギ，(ウ)はカブトムシの足である。

3　**(1)**　(ア)，(エ)○…回転する動きをする電気製品を選ぶ。

(2)　扇風機では，モーターに流れる電流の大きさを変えられる回路を選ぶ。(イ)では，切りかえスイッチによって，電池が１個の回路と直列に２個の回路を選択できる。また，エレベーターでは，モーターに流れる電流の向きを変えられる回路を選ぶ。(オ)では，切りかえスイッチによって，モーターに流れる電流の向きを変えられる。

(3)　(イ)○…モーターの中には磁石とコイルが入っていて，コイルに電流が流れることで電磁石になり，電磁石と磁石の間で力がはたらくことでモーターについた軸が回転する。一方，磁石をコイルのまわりで動かすと，コイルに電流が流れ，電気をつくることができる。この装置を発電機という。

(4)問１　電流計は測定したい部分に直列に接続する。　**問２**　(ウ)○…電流計の＋端子は乾電池の＋極側につなぐ。流れる電流の大きさが予想できないときは，－端子を最も大きい５Ａの端子につなぐ。

(5)　(ア)○…④～⑥の電流の値より，電流の大きさが等しい。(イ)○…④～⑥の電流の値が①，②の値よりも小さいことから正しい。(ウ)×…⑩～⑬の電流の値より，それぞれの道を流れる電流の和は，分かれる前の電流と等しい。(エ)○…①と⑪の電流の値が等しいことから正しい。(オ)×…１本道の回路にモーターとＬＥＤをどちらも入れると，⑦～⑨のように電池をつなぐ向きによっては回路に電流が流れない。(カ)○…⑪と⑮の電流の値は等しいが，モーターの回転の向きは反対である。

4　**(1)問２**　メスシリンダーでは，真横から見て(イ)，液面の中央部分の値(カ)を読み取る。

(2)　問題文の式より，$\frac{18.0}{2.3}=7.82\cdots\to7.8$ｇ/㎤となる。

(3)　(イ)，(オ)○…固体の密度が液体よりも大きいとき，固体は液体にしずみ，液体よりも小さいとき，固体は液体にうく。水の密度は1.0ｇ/㎤だから，密度が1.0ｇ/㎤より小さいもの(重さの値が体積の値より小さいもの)を選ぶ。

(4)　水の密度は氷の密度より大きいので，氷が全てとけて水になると体積が小さくなり，液面の高さが下がる。

(5)　(エ)○…金属をあたためると体積が大きくなるので，温度が高くなると密度は小さくなる。

(6)　(イ)○…表１より，卵１個の密度は$\frac{55.0}{50.0}=1.1$(ｇ/㎤)である。したがって，食塩水の密度が1.1ｇ/㎤より大きくなると卵が浮かぶので，水溶液が1.1×300＝330(ｇ)より重くなるように，食塩を330－300＝30(ｇ)より多く溶かす。

■ ご使用にあたってのお願い・ご注意

（1）問題文等の非掲載

著作権上の都合により，問題文や図表などの一部を掲載できない場合があります。

誠に申し訳ございませんが，ご了承くださいますようお願いいたします。

（2）過去問における時事性

過去問題集は，学習指導要領の改訂や社会状況の変化，新たな発見などにより，現在とは異なる表記や解説になっている場合があります。過去問の特性上，出題当時のままで出版していますので，あらかじめご了承ください。

（3）配点

学校等から配点が公表されている場合は，記載しています。公表されていない場合は，記載していません。

独自の予想配点は，出題者の意図と異なる場合があり，お客様が学習するうえで誤った判断をしてしまう恐れがあるため記載していません。

（4）無断複製等の禁止

購入された個人のお客様が，ご家庭でご自身またはご家族の学習のためにコピーをすることは可能ですが，それ以外の目的でコピー，スキャン，転載（ブログ，ＳＮＳなどでの公開を含みます）などをすることは法律により禁止されています。学校や学習塾などで，児童生徒のためにコピーをして使用することも法律により禁止されています。

ご不明な点や，違法な疑いのある行為を確認された場合は，弊社までご連絡ください。

（5）けがに注意

この問題集は針を外して使用します。針を外すときは，けがをしないように注意してください。また，表紙カバーや問題用紙の端で手指を傷つけないように十分注意してください。

（6）正誤

制作には万全を期しておりますが，万が一誤りなどがございましたら，弊社までご連絡ください。

なお，誤りが判明した場合は，弊社ウェブサイトの「ご購入者様のページ」に掲載しておりますので，そちらもご確認ください。

■ お問い合わせ

解答例，解説，印刷，製本など，問題集発行におけるすべての責任は弊社にあります。

ご不明な点がございましたら，弊社ウェブサイトの「お問い合わせ」フォームよりご連絡ください。迅速に対応いたしますが，営業日の都合で回答に数日を要する場合があります。

ご入力いただいたメールアドレス宛に自動返信メールをお送りしています。自動返信メールが届かない場合は，「よくある質問」の「メールの問い合わせに対し返信がありません。」の項目をご確認ください。

また弊社営業日（平日）は，午前９時から午後５時まで，電話でのお問い合わせも受け付けています。

2025春

株式会社教英出版

〒422-8054　静岡県静岡市駿河区南安倍３丁目 12-28

TEL　054-288-2131　　FAX　054-288-2133

URL　https://kyoei-syuppan.net/

MAIL siteform@kyoei-syuppan.net

教英出版の中学受験対策

中学受験面接の基本がここに！
知っておくべき面接試問の要領

面接試験に，落ち着いて自信をもってのぞむためには，あらかじめ十分な準備をしておく必要があります。面接の心得や，受験生と保護者それぞれへの試問例など，面接対策に必要な知識を１冊にまとめました。

- 面接の形式や評価のポイント，マナー，当日までの準備など，面接の基本をていねいに指南「面接はこわくない！」
- 書き込み式なので，質問例に対する自分の答えを整理して本番直前まで使える
- ウェブサイトで質問音声による面接のシミュレーションができる

定価：770円(本体700円+税)

入試テクニックシリーズ

必修編

基本をおさえて実力アップ！
1冊で入試の全範囲を学べる！
基礎力養成に最適！

こんな受験生には必修編がおすすめ！

- 入試レベルの問題を解きたい
- 学校の勉強とのちがいを知りたい
- 入試問題を解く基礎力を固めたい

定価：1,100円(本体1,000+税)

発展編

応用力強化で合格をつかむ！
有名私立中の問題で
最適な解き方を学べる！

こんな受験生には発展編がおすすめ！

- もっと難しい問題を解きたい
- 難関中学校をめざしている
- 子どもに難問の解法を教えたい

定価：1,760円(本体1,600+税)

絶賛販売中！

詳しくは教英出版で検索

教英出版　検索

URL https://kyoei-syuppan.net/

神奈川県

①[県立]相模原中等教育学校
　　　　平塚中等教育学校
②[市立]南高等学校附属中学校
③[市立]横浜サイエンスフロンティア高等学校附属中学校
④[市立]川崎高等学校附属中学校
✿⑤聖光学院中学校
✿⑥浅野中学校
⑦洗足学園中学校
⑧法政大学第二中学校
⑨逗子開成中学校（1次）
⑩逗子開成中学校（2·3次）
⑪神奈川大学附属中学校（第1回）
⑫神奈川大学附属中学校（第2·3回）
⑬栄光学園中学校
⑭フェリス女学院中学校

新潟県

①[県立]村上中等教育学校
　　　　柏崎翔洋中等教育学校
　　　　燕中等教育学校
　　　　津南中等教育学校
　　　　直江津中等教育学校
　　　　佐渡中等教育学校
②[市立]高志中等教育学校
③新潟第一中学校
④新潟明訓中学校

石川県

①[県立]金沢錦丘中学校
②星稜中学校

福井県

①[県立]高志中学校

山梨県

①山梨英和中学校
②山梨学院中学校
③駿台甲府中学校

長野県

①[県立]屋代高等学校附属中学校
　　　　諏訪清陵高等学校附属中学校
②[市立]長野中学校

岐阜県

①岐阜東中学校
②鶯谷中学校
③岐阜聖徳学園大学附属中学校

静岡県

①[国立]静岡大学教育学部附属中学校（静岡·島田·浜松）
②[県立]清水南高等学校中等部
　[県立]浜松西高等学校中等部
　[市立]沼津高等学校中等部
③不二聖心女子学院中学校
④日本大学三島中学校
⑤加藤学園暁秀中学校
⑥星陵中学校
⑦東海大学付属静岡翔洋高等学校中等部
⑧静岡サレジオ中学校
⑨静岡英和女学院中学校
⑩静岡雙葉中学校
⑪静岡聖光学院中学校
⑫静岡学園中学校
⑬静岡大成中学校
⑭城南静岡中学校
⑮静岡北中学校
⑯常葉大学附属常葉中学校
　常葉大学附属橘中学校
　常葉大学附属菊川中学校
⑰藤枝明誠中学校
⑱浜松開誠館中学校
⑲静岡県西遠女子学園中学校
⑳浜松日体中学校
㉑浜松学芸中学校

愛知県

①[国立]愛知教育大学附属名古屋中学校
②愛知淑徳中学校
③名古屋経済大学市邨中学校
　名古屋経済大学高蔵中学校
④金城学院中学校
⑤椙山女学園中学校
⑥東海中学校
⑦南山中学校男子部
⑧南山中学校女子部
⑨聖霊中学校
⑩滝中学校
⑪名古屋中学校
⑫大成中学校
⑬愛知中学校
⑭星城中学校
⑮名古屋葵大学中学校
（名古屋女子大学中学校）
⑯愛知工業大学名電中学校
⑰海陽中等教育学校（特別給費生）
⑱海陽中等教育学校（Ⅰ·Ⅱ）
⑲中部大学春日丘中学校
新刊⑳名古屋国際中学校

三重県

①[国立]三重大学教育学部附属中学校
②暁中学校
③海星中学校
④四日市メリノール学院中学校
⑤高田中学校
⑥セントヨゼフ女子学園中学校
⑦三重中学校
⑧皇學館中学校
⑨鈴鹿中等教育学校
⑩津田学園中学校

滋賀県

①[国立]滋賀大学教育学部附属中学校
②[県立]河瀬中学校
　　　　守山中学校
　　　　水口東中学校

京都府

①[国立]京都教育大学附属桃山中学校
②[府立]洛北高等学校附属中学校
③[府立]園部高等学校附属中学校
④[府立]福知山高等学校附属中学校
⑤[府立]南陽高等学校附属中学校
⑥[市立]西京高等学校附属中学校
⑦同志社中学校
⑧洛星中学校
⑨洛南高等学校附属中学校
⑩立命館中学校
⑪同志社国際中学校
⑫同志社女子中学校（前期日程）
⑬同志社女子中学校（後期日程）

大阪府

①[国立]大阪教育大学附属天王寺中学校
②[国立]大阪教育大学附属平野中学校
③[国立]大阪教育大学附属池田中学校

④[府立]富田林中学校
⑤[府立]咲くやこの花中学校
⑥[府立]水都国際中学校
⑦清風中学校
⑧高槻中学校（A日程）
⑨高槻中学校（B日程）
⑩明星中学校
⑪大阪女学院中学校
⑫大谷中学校
⑬四天王寺中学校
⑭帝塚山学院中学校
⑮大阪国際中学校
⑯大阪桐蔭中学校
⑰開明中学校
⑱関西大学第一中学校
⑲近畿大学附属中学校
⑳金蘭千里中学校
㉑金光八尾中学校
㉒清風南海中学校
㉓帝塚山学院泉ヶ丘中学校
㉔同志社香里中学校
㉕初芝立命館中学校
㉖関西大学中等部
㉗大阪星光学院中学校

兵庫県

①[国立]神戸大学附属中等教育学校
②[県立]兵庫県立大学附属中学校
③雲雀丘学園中学校
④関西学院中学部
⑤神戸女学院中学部
⑥甲陽学院中学校
⑦甲南中学校
⑧甲南女子中学校
⑨灘中学校
⑩親和中学校
⑪神戸海星女子学院中学校
⑫滝川中学校
⑬啓明学院中学校
⑭三田学園中学校
⑮淳心学院中学校
⑯仁川学院中学校
⑰六甲学院中学校
⑱須磨学園中学校(第1回入試)
⑲須磨学園中学校(第2回入試)
⑳須磨学園中学校(第3回入試)
㉑白陵中学校
㉒夙川中学校

奈良県

①[国立]奈良女子大学附属中等教育学校
②[国立]奈良教育大学附属中学校
③[県立]
- 国際中学校
- 青翔中学校

④[市立]一条高等学校附属中学校
⑤帝塚山中学校
⑥東大寺学園中学校
⑦奈良学園中学校
⑧西大和学園中学校

和歌山県

①[県立]
- 古佐田丘中学校
- 向陽中学校
- 桐蔭中学校
- 日高高等学校附属中学校
- 田辺中学校

②智辯学園和歌山中学校
③近畿大学附属和歌山中学校
④開智中学校

岡山県

①[県立]岡山操山中学校
②[県立]倉敷天城中学校
③[県立]岡山大安寺中等教育学校
④[県立]津山中学校
⑤岡山中学校
⑥清心中学校
⑦岡山白陵中学校
⑧金光学園中学校
⑨就実中学校
⑩岡山理科大学附属中学校
⑪山陽学園中学校

広島県

①[国立]広島大学附属中学校
②[国立]広島大学附属福山中学校
③[県立]広島中学校
④[県立]三次中学校
⑤[県立]広島叡智学園中学校
⑥[市立]広島中等教育学校
⑦[市立]福山中学校
⑧広島学院中学校
⑨広島女学院中学校
⑩修道中学校
⑪崇徳中学校
⑫比治山女子中学校
⑬福山暁の星女子中学校
⑭安田女子中学校
⑮広島なぎさ中学校
⑯広島城北中学校
⑰近畿大学附属広島中学校福山校
⑱盈進中学校
⑲如水館中学校
⑳ノートルダム清心中学校
㉑銀河学院中学校
㉒近畿大学附属広島中学校東広島校
㉓AICJ中学校
㉔広島国際学院中学校
㉕広島修道大学ひろしま協創中学校

山口県

①[県立]
- 下関中等教育学校
- 高森みどり中学校

②野田学園中学校

徳島県

①[県立]
- 富岡東中学校
- 川島中学校
- 城ノ内中等教育学校

②徳島文理中学校

香川県

①大手前丸亀中学校
②香川誠陵中学校

愛媛県

①[県立]
- 今治東中等教育学校
- 松山西中等教育学校

②愛光中学校
③済美平成中等教育学校
④新田青雲中等教育学校

高知県

①[県立]
- 安芸中学校
- 高知国際中学校
- 中村中学校

福岡県

①[国立]福岡教育大学附属中学校（福岡·小倉·久留米）

②[県立]
- 育徳館中学校
- 門司学園中学校
- 宗像中学校
- 嘉穂高等学校附属中学校
- 輝翔館中等教育学校

③西南学院中学校
④上智福岡中学校
⑤福岡女学院中学校
⑥福岡雙葉中学校
⑦照曜館中学校
⑧筑紫女学園中学校
⑨敬愛中学校
⑩久留米大学附設中学校
⑪飯塚日新館中学校
⑫明治学園中学校
⑬小倉日新館中学校
⑭久留米信愛中学校
⑮中村学園女子中学校
⑯福岡大学附属大濠中学校
⑰筑陽学園中学校
⑱九州国際大学付属中学校
⑲博多女子中学校
⑳東福岡自彊館中学校
㉑八女学院中学校

佐賀県

①[県立]
- 香楠中学校
- 致遠館中学校
- 唐津東中学校
- 武雄青陵中学校

②弘学館中学校
③東明館中学校
④佐賀清和中学校
⑤成穎中学校
⑥早稲田佐賀中学校

長崎県

①[県立]
- 長崎東中学校
- 佐世保北中学校
- 諫早高等学校附属中学校

②青雲中学校
③長崎南山中学校
④長崎日本大学中学校
⑤海星中学校

熊本県

①[県立]
- 玉名高等学校附属中学校
- 宇土中学校
- 八代中学校

②真和中学校
③九州学院中学校
④ルーテル学院中学校
⑤熊本信愛女学院中学校
⑥熊本マリスト学園中学校
⑦熊本学園大学付属中学校

大分県

①[県立]大分豊府中学校
②岩田中学校

宮崎県

①[県立]五ヶ瀬中等教育学校

②[県立]
- 宮崎西高等学校附属中学校
- 都城泉ヶ丘高等学校附属中学校

③宮崎日本大学中学校
④日向学院中学校
⑤宮崎第一中学校

鹿児島県

①[県立]楠隼中学校
②[市立]鹿児島玉龍中学校
③鹿児島修学館中学校
④ラ・サール中学校
⑤志學館中等部

沖縄県

①[県立]
- 与勝緑が丘中学校
- 開邦中学校
- 球陽中学校
- 名護高等学校附属桜中学校

もっと過去問シリーズ

北海道

北嶺中学校
7年分(算数・理科・社会)

静岡県

静岡大学教育学部附属中学校
(静岡·島田·浜松)
10年分(算数)

愛知県

愛知淑徳中学校
7年分(算数・理科・社会)
東海中学校
7年分(算数・理科・社会)
南山中学校男子部
7年分(算数・理科・社会)
南山中学校女子部
7年分(算数・理科・社会)
滝中学校
7年分(算数・理科・社会)
名古屋中学校
7年分(算数・理科・社会)

岡山県

岡山白陵中学校
7年分(算数・理科)

広島県

広島大学附属中学校
7年分(算数・理科・社会)
広島大学附属福山中学校
7年分(算数・理科・社会)
広島学院中学校
7年分(算数・理科・社会)
広島女学院中学校
7年分(算数・理科・社会)
修道中学校
7年分(算数・理科・社会)
ノートルダム清心中学校
7年分(算数・理科・社会)

愛媛県

愛光中学校
7年分(算数・理科・社会)

福岡県

福岡教育大学附属中学校
(福岡·小倉·久留米)
7年分(算数・理科・社会)
西南学院中学校
7年分(算数・理科・社会)
久留米大学附設中学校
7年分(算数・理科・社会)
福岡大学附属大濠中学校
7年分(算数・理科・社会)

佐賀県

早稲田佐賀中学校
7年分(算数・理科・社会)

長崎県

青雲中学校
7年分(算数・理科・社会)

鹿児島県

ラ·サール中学校
7年分(算数・理科・社会)

※もっと過去問シリーズは
国語の収録はありません。

教英出版
〒422-8054
静岡県静岡市駿河区南安倍3丁目12-28
TEL 054-288-2131
FAX 054-288-2133
詳しくは教英出版で検索
教英出版 検索
URL https://kyoei-syuppan.net/

二〇二四年度　広島女学院中学校入学試験

国語

五〇分／一二〇点満点

受験上の注意

一、試験開始の合図があるまで、この問題冊子の中を見てはいけません。
二、解答用紙は、この冊子の間にはさんであります。
三、問題は一ページから二十一ページまであります。試験開始の合図があったら、ページ数および解答用紙を確認《かくにん》し、受験番号、名前を解答用紙に記入し、解答を始めなさい。
四、解答はすべて解答用紙に記入しなさい。

一、次の文章は、辻信一《つじしんいち》の『ナマケモノ教授のムダのてつがく ―― 「役に立つ」を超《こ》える生き方とは』の一部です。本文の[1]～[4]は意味段落を示します。これを読んで、後の問いに答えなさい。（問題の都合上、一部省略した部分があります。句読点や記号はすべて一字に数えます。）

[1]　ムダをわざわざつくったり、増やしたり、ムダを求めたりする人はまずいない。ムダを探すことはあっても、それは、見つかったムダを減らす、なくす、はぶく、カットする、削減《さくげん》するためにちがいない。つまり、ムダははぶき、はぶかれるものである、と言えそうだ。

この「省《はぶ》く」という言葉で思い出すことがある。

ぼくの娘《むすめ》たちが小・中学生だった頃《ころ》、何よりも恐《おそ》れていたのが、友だちから「はぶかれる」ことだった。ある日突然《とつぜん》、何の前触《まえぶ》れもなく、友だちだと思って頼《たよ》りにしていた子たちに、そっぽを向かれる。無視される。まるでそこに私がいないかのように。そしてそれはどうやら、仕組まれた仕打ちなのだという。ある日、はぶかれたと思ったら、翌日はまた何事もなかったかのように、友だちどうしの輪に迎《むか》えられる。誰《だれ》がいつはぶかれるかはわからない……。

「はぶかれる」（いまでは「ハブられる」）という言葉がこのように使われるのを知ったのはそれが最初だった。友だちを無視するとか、逆に無視されるとかいうのは誰にでも身に覚えのあることだろう。しかし、はぶかれる可能性をいつも不安として抱《かか》えつづけている娘たちの窮状《きゅうじょう》に、ぼくは背筋の寒くなる思いがしたものだ。

「気にするなよ」と言ってはみても、それがどんなにつらい状況《じょうきょう》か、ぼくにも想像できた。いじめの一種にはちがいないにしても、これには何か、独特の残酷《ざんこく》さがある。

そしてふと思ったものだ。これは、①大人たちの世界の戯画《ぎが》ではないか、と。生身の人間が「人材」と見なされ、いじめられたり、疎《うと》まれて窓際《まどぎわ》に置かれたり。ポストを外されて左遷《させん》されたり、果てはリストラされたりする不安に駆《か》られて大人たちは生きている。

それにしても、こうした大人の世界にもない「はぶき」の怖《こわ》さは、ふだんは仲良くしている友だちの輪から、何の前触れもなく外され、また何の前触れもなくそこに戻《もど》されるということだ。「はぶく」という人間関係の力学を駆使《くし》することで、「はぶかれる」不安という慢性的《まんせいてき》な心理状態をつくりだす。それが、ある秩序《ちつじょ》の維持《いじ》と強化に活《い》かされる。

はぶかれた子は、このはぶかれた状態がいずれは、もしかしたら明日にでも、終わるものだと自分に言い聞かせて、傷ついた心を慰《なぐさ》めようとする。しかし、問題なのは、ある思いが自分のなかにいついてしまうことだ。その思いとは「自分をはぶいた友だちにとって、私はかけがえのない存在ではなく、取《と》り替《か》え可能な存在にすぎない」ということだ。ある日、私が突然消えてしまったとしても、この子たちは、何事もなかったかのように生きていくだろう。まるで私など最初からいなかったかのように。

「はぶく」は怖い言葉なのだろうか。そうかもしれない。辞書によれば、それは「全体から一部を取り除いて減らす」という意味であり、その際、取り除かれるのは「不要」と見なされたものなのだ。不要なものをはぶくことで、「手間をはぶく」「時間をはぶく」こともできる。つまり、時間を「節約する」こともできるのである。

取り除かれるものの身になって考えてみると、どうだろう。はぶかれるのは、いままで全体を構成していたはずの、全体が全体であるためにはかけがえのない一部分なのだ。それがなきものにされる。するともう、全体もまたなくなる。新しい全体が生まれるからそれでよいといってすませられるだろうか。はぶかれた一部分は、どのような論理で、不要なものとされたのだろうか。

ぼくたち現代人は、「はぶく」ということに、あまりに無頓着《むとんちゃく》になりすぎているのではないだろうか。いつでも、何でも、誰でも、はぶくことができるという思いこみがあるような気がする。でも、何らかの経緯《けいい》と縁《えん》とでこの世に存在しているものに、一方的に、何の言い訳もなくはぶかれて、「なかったこと」にされていいものなど、はたしてあるのだろうか。

問題は、要と不要という、まるで死刑《しけい》宣告のような区別である。

〈中略〉

2 ムダをはぶくことが重要視されている。経済の世界では当然のこととして、いまではそれが、個々人のシンプルな生き方の*枢要《すうよう》であると考えられている。*断捨離《だんしゃり》、*ミニマリズム……。しかし、②それが本当のシンプル・ライフを意味しているのだろうか。ぼくにはそうは思えない。

断捨離派もミニマリストも、ムダをはぶけるだけはぶいて、時間やスペースを節約し、自分の自立度や自由度を高めることを目指しているように見える。しかし、どうだろう。まず、彼《かれ》らが暮らしているのはたぶん都会のなかだろう。彼らがはぶいたはずのムダはしかし、魔法《まほう》のように消えてなくなってしまったわけではない。

例えばミニマリストたちはキッチンという、かつては多数の道具というモノたちから成り立っていた空間をはぶいたかもしれないが、だからといって彼らが食べることまではぶいてしまったわけではない。モノを少なくして、そのモノにまつわる時間と空間を節約する。その節約を可能にするのは、ＩＴをたっぷり駆使した都市的なライフスタイル。ぼくはときどき断食《だんじき》をするのが好きなのだが、それは食べることから自由になるためではなく、逆に、食べることの意味を考え直し、食べものへの感謝の思いを更新《こうしん》するためだ。一方、ミニマリストのなかにいるキッチンをはぶいてしまった人たちは、キッチンというスペースとともに、キッチンというものに縛《しば》りつけられる時間を節約したいからだろう。でも食べていかねばならない。それで彼らは外食する。あるいは、デリバリーで届けられるものを家のなかで食べる。そういう食生活はすぐそこにレストランがあったり、迅速《じんそく》な宅配サービスがある場所、つまり、都会でこそ成り立つだろう。

食べものについて見ただけでも、すでに、食べるという単純な行動が、複雑な*インフラ網《もう》や、その上に栄えたさまざまなサービス、そしてそれらすべてを含《ふく》む巨大《きょだい》な*グローバル・システム――そのチャンピオンが*GAFAをはじめとするグローバル大企業《だいきぎょう》――によって可能になっているのだ。とすれば、それってどれだけ自立して、自由で、シンプルなライフスタイルなのだろう？

〈中略〉

問題はどうやら、「ムダをはぶく」ことにあまりに性急に傾《かたむ》いてしまった社会なのである。そんな社会が、かえって物事を増殖《ぞうしょく》させ、この世界をこんなにも煩雑《はんざつ》なものにしてしまったのではないか。人と人、人と自然のあいだにあるべき緊密《きんみつ》な関係を分断し、人間を人類史上もっとも寂《さび》しく孤立《こりつ》した存在にしてしまったのではないか。だとすれば、それはなんと皮肉なことだろう。そして、あれがムダ、これもムダと、〝ムダはぶき〟に励《はげ》んでいるうちに、自分自身が何よりムダな存在になっていた、なんてことはもう、何もめずらしいことではないのだと思う。

3

7、8年前のことだったと思う。ぼくと仲間たちは、思想家の*サティシュ・クマールを日本に招いて講演ツアーを行っていた。鎌倉《かまくら》での、彼を囲む会も終わりに近づいた頃、ぼくと同じようにサティシュ（彼はいつでもどこでも、誰からも、ファーストネームで呼ばれることを望んでいる）を敬愛する友人が、こう質問した。

「無駄《むだ》のないシンプルな生活を大切にすべきだと思いますが、たとえば、サイコロジー（心理学）という言葉のスペルは、発音されないPで始まりますよね。辻信一さんの造語スロソフィー（スロー学）という言葉にも、いちばん前に、発音しないPがつけてある。簡素な生活を送ることももちろん大事ですが、一方では、読まないPのような無駄を楽しむことも重要なのではないでしょうか」

一瞬《いっしゅん》、ぼくにはこれがその場にふさわしい質問とは思えなかった。ムダとまでは言わないが、それほど価値のある質問には思えなかった、というのが正直なところだ。だから、サティシュが身を乗り出すようにして反応したのには驚《おどろ》いた。彼は言った。

「それは非常に大事な指摘《してき》です。一見、何の目的もないものをもつことは大事なことなのです。逆に問題なのは、すべてのものを目的と結びつけて、目的からすべてを正当化するようなやり方なのです。それこそが、人生を、世界を、非常に硬直《こうちょく》させたものにしてしまいます」

ぼくはガツーンとやられたような、でも同時に、ウキウキするような気分だった。ぼくは質問をした友人をチラッと見ながら、謝《あやま》りたいような、同時に、感謝したいような気持ちだった。なんとぼくは彼の質問を、ムダなものとして心のうちではぶこうとしていたのだ！

「一見、役に立ちそうにない、なんの意味もないモノやコトを近くに置いて、それを楽しむ。これは一種のユーモアです。すべてのものが目的へと連結し、効率性に裏打ちされなければならないという社会の風潮への、一種の批判であり、*諧謔《かいぎゃく》、皮肉、風刺《ふうし》でもある。詩もそうですね。何か目的があるわけではないし、何らかの役に立つというわけでもない。一見、それがなければ生きていけないというものでもない。ある意味ではムダです。これといった効用があるわけではないのですから」

そして、サティシュは質問への応答をこう締《し》めくくった。

「同じことが芸術全般《ぜんぱん》についても言えるでしょう。つまり、不必要なものが必要なのです」

4 コロナ禍《か》が始まって間もない2020年の5月、尊敬する音楽家、坂本龍一《さかもとりゅういち》のインタビュー記事を読んで、心洗われる思いがした。それは、「〝無駄〟を愛《め》でよ、そして災禍《さいか》を変革の好機に」（朝日デジタル）と題されていた。

坂本はまず「今回のコロナ禍で、まさにグローバル化の負の側面、リスクが顕在化《けんざいか》した」と指摘する。生産拠点《きょてん》を海外に移してグローバルな*サプライチェーンを築く。国外の安い労働力に依存《いぞん》する一方では、国内の労働力の非正規化を進める。こうしたやり方がうちに抱《かか》えこんだ矛盾《むじゅん》が、*パンデミックのなかで、顕《あら》わになったというのだ。坂本はそれを「グローバル化のしっぺ返し」と呼ぶ。

そしてこれに対処するには、「もう少しゆとりというか遊びを持った、効率とは違《ちが》う原理をもつ社会の分野を、もっと厚くしないといけない」と言う。

③〈社会保障を充実《じゅうじつ》させることはもちろん、医療《いりょう》で言えば、人員も病床《びょうしょう》ももっと*バッファを持った体制をつくるべきだし、経済で言えば、国内の雇用《こよう》を安定化させ、生産も、より自国に戻していくべきです〉

「ゆとり」や「遊び」は、効率を第一義とする経済合理主義にとって、ムダなものとしか見えない。逆に、そうしたゆとりや遊びという「ムダ」をどれだけ抱えているかが、少なくとも社会の成熟度の指標となる、と坂本は考える。

今回のコロナ禍であらためて顕わになったのは、国による音楽や芸術への理解度の違いだ。文化相《ぶんかしょう》が「アーティストは必要不可欠であるだけでなく、我々の生命維持に必要」だという考え方に基《もと》づいて、文化施設《しせつ》と芸術文化従事者の支援に手厚い予算を組んだドイツとは対照的に、日本の政府や行政による支援《しえん》は乏《とぼ》しい。草の根で、*クラウドファンディングなどでアーティストやミュージシャンを支援する「動きが広がっているのは、本当にうれしい」と坂本。

でもその一方で、彼はこうも言う。

④〈根本的には人間にとって必要だからとか、役に立つから保護するという発想ではダメです。芸術なんてものは、おなかを満たしてくれるわけではない。お金を生み出すかどうかも分からない。誰かに勇気を与《あた》えるためにあるわけでもない。例えば音楽の感動なんてものは、ある意味では個々人の誤解の産物です。（中略）何に感動するかなんて人によって違うし、同じ曲を別の機会に聴《き》いたらま

ったく気持ちが動かないことだってある〉

坂本は、「役に立つアート」という考え方そのものに危《あや》うさを感じる。かつてナチス・ドイツがワーグナーの音楽を国民総動員に利用するとともに、役立つアートと役立たずのアートを峻別《しゅんべつ》した。アートを政治目的に利用したのは、戦時中の日本や旧社会主義圏の国々も同様だ。自分自身の音楽についても、「何かの役に立つこともない」し、「役に立ってたまるか、とすら思います」と言う。

⑤〈芸術なんていうものは、何の目的もないんですよ。ただ好きだから、やりたいからやってるんです。ホモサピエンスは、そうやって何万年も芸術を愛でてきたんです。それでいいじゃないですか〉

グローバル化がもたらした危機を、さらなるグローバル化によって、さらなる効率化や合理化によって切《き》り抜《ぬ》けようとするのか、はたまた、「役に立つ」という発想そのものを超《こ》えて、遊びやゆとりといった「ムダ」をあえて取りこんでいくのか。社会は曲がり角に立っているように見える。坂本のインタビュー記事の見出しに、こんな言葉があった。

「芸術なんて役に立たない」　そうですけど、それが何か？

*枢要……物事を動かす中心になるところ。
*断捨離……不必要なものを捨てること。
*ミニマリズム……ここでは簡素な生き方をめざすことを意味し、それを実践《じっせん》する人をミニマリストという。
*インフラ網……社会生活に必要不可欠な施設《しせつ》やサービスなどのこと。
*グローバル・システム……世界規模の流通やサービスを可能にするシステムのこと。
*ＧＡＦＡ……米国のＩＴ企業《きぎょう》の大手である Google（グーグル）、Apple（アップル）、Facebook（フェイスブック）、Amazon.com（アマゾン・ドット・コム）の頭文字《かしらもじ》をつないだ造語。「ガーファ」と読む。
*サティシュ・クマール……イギリスの思想家。
*諧謔……おもしろくて気のきいた冗談《じょうだん》。
*サプライチェーン……製品の材料の調達から販売《はんばい》にいたるまでの一連の流れ。
*パンデミック……感染症《かんせんしょう》が世界規模で大流行すること。
*バッファ……時間や資源的な余裕《よゆう》。
*クラウドファンディング……活動のために資金を集める仕組み。

問一 ――①「大人たちの世界の戯画《ぎが》ではないか」とありますが、子供たちがどのような状況《じょうきょう》にあると知って、筆者はこのように感じたのですか。次の文の【　】にあてはまる部分を、本文中から二十五字以内でぬき出しなさい。

子供たちが【　　　　　　　】という状況。

問二 [1] において、筆者は「はぶかれた子」がどのようになることを問題だと考えていますか。次の文の【　】にあてはまるように、本文の言葉を使って十五字以内で答えなさい。

はぶかれた子が【　　　　　　　】と思うようになること。

問三 ――②「それが本当のシンプル・ライフを意味しているのだろうか。ぼくにはそうは思えない」について、後の問いに答えなさい。

(1) 「それ」が指し示す内容を、本文中の言葉を使って二十字以内でわかりやすく答えなさい。

(2) 筆者はなぜ「そうは思えない」と言っているのですか。最もふさわしいものを次から一つ選び、記号で答えなさい。

ア 人々は他にしわよせがいくことに気づいていながら、自立度と自由度の高い簡素な生活を求めているから。
イ 人々は食べ物への感謝の気持ちを失くしたことに気づかないまま、簡素で便利な生活にこだわっているから。
ウ 人々は豊富なモノに囲まれた暮らしを捨てていないのに、簡素な生活を送っているように見せかけているから。
エ 人々は都会でこそ成立する社会の複雑な仕組みの上で、簡素な生活を送ることができているに過ぎないから。

問四　[3]におけるサティシュの発言から、現代社会の風潮と問題点を次のようにまとめました。それについて後の問いに答えなさい。

［現代社会の風潮］

すべてのものが【 a 】へと結びつけられ、
かならず【 b 】がともなわなければならない。
↓
【 c 】のないことばかりが目指される。

⇩

［問題点］

社会を【 d 】にしてしまう。

⑴　【a】～【c】にあてはまる言葉の組み合わせとして最もふさわしいものを次から一つ選び、記号で答えなさい。

ア…a 意味　b 正当化　c 価値
イ…a 目的　b 効率性　c ムダ
ウ…a ムダ　b 正当化　c 目的
エ…a 価値　b 効率性　c 意味

⑵　サティシュは、［現代社会の風潮］が最終的には社会をどのようにしてしまうと述べていますか。【d】にあてはまるように、本文中から十字以内でぬき出しなさい。

問五　＝＝「草の根で」とありますが、ここではどのような意味で使われていますか。最も ふさわしいものを次から一つ選び、記号で答えなさい。

ア　人々の協力で
イ　短期間のうちに
ウ　わずかな金額で
エ　政府の知らないうちに

問六　[4]の③〈　〉～⑤〈　〉から読み取れる「芸術」についての説明として最もふさわしいものを次から一つ選び、記号で答えなさい。

ア　芸術家が情熱を注いで自分の好きな作品を作るからこそ、それが多くの人々に感動を与《あた》える。
イ　さまざまな分野の芸術を、何万年にもわたって愛《め》でてきた人間の活動は認められるべきだ。
ウ　芸術はそもそも目的を持たないものであり、役立つかどうかという評価とは無関係に存在する。
エ　「遊びやゆとり」という要素を持つ芸術を、社会保障の充実《じゅうじつ》のために活用する必要がある。

問七　本文から読み取れる筆者の考えとして最もふさわしいものを次から一つ選び、記号で答えなさい。

ア　「ムダ」をはぶき続けて他との関係を断《た》ち切《き》っていくと、人間自身が孤立化《こりつか》するおそれがある。
イ　現代社会における「読まないＰ」のような存在は、これといった効用がないのだから不要である。
ウ　政治的に利用されないためにも、芸術が必要か不必要かを明確にしていかなければならない。
エ　芸術のような一見なんの役に立ちそうもないものに、新しい価値を見出《みいだ》すことが重要である。

二、次の文章は、戦後間もない時期を舞台《ぶたい》にした、井上ひさしの「あくる朝の蟬《せみ》」の一節です。**【場面１】**～**【場面５】**を読んで、後の問いに答えなさい。（問題の都合上、一部省略した部分があります。句読点や記号はすべて一字に数えます。）

（主人公の「ぼく」は高校一年生で、普段《ふだん》は小学四年生の弟とともに孤児院《こじいん》で暮らしています。三年ぶりに、亡《な》き父の実家である祖母と叔父《おじ》〈＝「ぼく」の父の弟〉の暮らす家に泊《と》まりにきています。）

【場面１】

「さあ、夕餉《ゆうげ》の支度《したく》が出来るまで縁側《えんがわ》ででも涼《すず》んでいなさい」

祖母に背中を軽く叩《たた》かれて、ぼくと弟は縁側へ出た。

縁側に腰《こし》を下《おろ》し、足をぶらぶらさせながらぼくと弟はいろんな音を聞いていた。表を通り過ぎて行く馬の蹄《ひづめ》の音、その馬の曳《ひ》く荷車の鉄輪が小石をきしきしと砕《くだ》く音、道の向《むこ》うの川で啼《な》く＊河鹿《かじか》の声、軒《のき》に揺《ゆ》れる風鈴《ふうりん》の可憐《かれん》な音色、ときおり通《とお》り抜《ぬ》けて行く夕風にさやさやと鳴る松の枝、台所で祖母の使う包丁の音、それから、赤松の幹にしがみついてもの悲しく啼くカナカナ。

弟は庭下駄《げた》を突《つ》っかけて赤松の方へそっと近づいて行く。彼《かれ》は昆虫《こんちゅう》を捕《つかま》えるのが好きなのだ。

（……いまごろ孤児院ではなにをしているだろう）

ぼくは縁側の板の間の上に寝《ね》そべって肘枕《ひじまくら》をついた。

（……六時。お聖堂《みどう》で夕べの祈《いの》りをしているころだな。お祈りは六時二十五分まで、六時半から六時四十五分までが夕食。七時から一時間はハーモニカ・バンドの練習。八時から四十五分間は＊公教要理。八時四十五分から十五分間は就寝《しゅうしん》のお祈り……）

孤児院の日課を暗誦《あんしょう》しているうちに、ぼくはだんだん落ちつかなくなっていった。しみじみとして優《やさ》しい田舎《いなか》のさまざまな音に囲まれているのだからのんびりできそうなものなのに、かえっていらいらしてくるのだった。生《うま》れたときから檻《おり》の中で育ったライオンかなにかがいきなり外に放たれてかえってうろたえるように、①ぼくも時間の檻の中から急に外へ連れ出され戸惑《とまど》っていたのだ。

立ってみたり坐《すわ》ってみたり、表へ出たり裏へまわったりしながら、夕餉の出来上がるのを待った。

店の網戸《あみど》を引く音がして、それと同時に＊蚊《か》やりの匂《にお》いが家中に漂《ただよ》い出した。

「さあ、台所のお膳《ぜん》の前に坐って」

祖母がぼくらに声をかけながら店の方へ歩いて行った。叔父にも食事を知らせに行ったのだろう。店と台所はぼくの歩幅《ほはば》にしてたっぷり三十歩は離《はな》れている。しかも店と台所との間には、茶の間に仏間に座敷《ざしき》に納戸《なんど》といくつも部屋があって台所から店を見通すことはできない。だから叔父は食事のときは一旦《いったん》店を閉めなければならなかった。

　店を閉めるのに三分や四分はかかりそうだった。ぼくと弟は台所の囲炉裏《いろり》の横の板の間に並べられた箱膳の前に坐って叔父のくるのを待っていた。蚊やりの匂いが強《きつ》くなった。見ると囲炉裏に蚊やりがくべてある。

　すぐに祖母が戻《もど》ってきた。

「叔父さんを待たなくてもいいよ」

　祖母が茶碗《ちゃわん》に御飯《ごはん》をよそいだした。

「叔父さんは後でたべるっていっているから」

「どうかしたの？」

「どうもしないよ。店をいちいち閉めたりするのが面倒《めんどう》なんだろうねえ。それにいまはあんまりたべたくないそうだよ」

【場面2】

　お菜は冷《ひや》し汁《じる》だった。凍豆腐《こおりどうふ》や青豆や茄子《なす》などの澄《すま》し汁《じる》を常時穴倉に貯蔵してある氷で冷《ひや》した食物《たべもの》で町の名物だった。

「おや、変な茶碗の持ち方だこと」

　しばらく弟の手許《てもと》を見ていた祖母が言った。弟は茶碗を左手の親指、人さし指、中指の三本で摘《つま》むように持っていた。もっと詳《くわ》しくいうと、親指の先と中指の先で茶碗を挟《はさ》み、人さし指の先を茶碗の内側に引っかけて、内と外から茶碗を支えているわけである。

②「それも孤児院流なんだ」

　忙《いそが》しく口を動かしている弟に代《かわ》ってぼくが説明した。

「孤児院では御飯茶碗も御汁《おつけ》茶碗も、それからお菜を盛る皿も、とにかく食器はみんな金物《かなもの》なんだ。だから熱い御飯やお汁を盛ると、食器も熱くなって持てなくなる。でも、弟のようにすればなんとか持てる。つまり生活の智恵《ちえ》……」

「どうして食器は金物なの？」

「瀬戸物《せともの》はこわれるからだよ」

　祖母はしばらく箸《はし》を宙に止めたまま、なにか考えていた。それから溜息《ためいき》をひとつついて、

「孤児院の先生方もご苦労さまだけど、子どもたちも大変だねえ」

　と漬物《つけもの》の小茄子を噛《か》んだ。

「……ごちそうさま」

弟がお櫃《ひつ》を横目で睨《にら》みながら小声で箸を置いた。
「もうおしまい？　お腹《なか》がいっぱいになったの」
弟は黙《だま》ったままである。ぼくは時間の＊箍《たが》が外れたので面喰《くら》ったが、弟は孤児院の箍を外せないで困っているようだった。ぼくは弟に手本を示すつもりで大声で、おかわりと言い、茶碗を祖母に差し出した。弟は一度置いた箸をまた取って、小声で、ぼくもと言った。孤児院の飯は盛切りだった。弟はその流儀《りゅうぎ》が祖母のところでも行われていると考えて一膳だけで箸を置いたのにちがいなかった。食事の後に西瓜《すいか》が出た。そのときも弟は孤児院流を使った。どの一切れが最も容積のある一切れか、一瞬《いっしゅん》のうちに見較《みくら》べ判断しそれを手で掴《つか》むのがあそこでの流儀なのだ。
弟の素速《すばや》い手の動きを見ていた③祖母が悲しそうな声で言った。
「ばっちゃのところは薬屋さんなんだよ。腹痛《はらいた》の薬は山ほどある。だからお腹の痛くなるほど食べてごらん」
弟はその通りにした。そしてお腹が痛くなって仏間の隣《となり》の座敷に横になった。祖母は弟に＊蚊帳《かや》をかぶせ、吊手《つりて》を四隅《よすみ》の鉤《かぎ》に掛《か》けていった。ぼくは蚊帳をひろげるのを手伝った。蚊帳の、＊ナフタリンと線香《せんこう》と蚊やりの混《まじ》ったような匂いを嗅《か》いだとき、ぼくは不意に、ああ、これは孤児院にない匂いだ、これが家庭の匂いだったのだな、と思った。思ったときから、夕方以来の妙《みょう》にいらついていた気分が消《き》え失《う》せて、どこか知らないがおさまるべきところへ気持《きもち》が無事におさまったという感じがした。

【場面３】

前の川の河鹿の啼き声がふっと跡切《とぎ》れた。夜突《よづ》きに出ている子どもがいるらしい。＊簎《やす》で眠《ねむ》っている魚を突いて獲《と》るのだ。河鹿と申し合《あわ》せでもしたように、すぐ後を引き継《つ》いでドドンコドンドコドンと太鼓《たいこ》の音が聞《きこ》えてきた。途中《とちゅう》のどこかで風の渡《わた》るところがあるのか、太鼓の音はときどき震《ふる》えたり弱くなったりしていた。
④ぼくは座敷の隅《すみ》の机の前にどっかりと坐ってトランクを縛《しば》っていた細紐《ほそひも》をほどいた。持ってきた本を机に並べて、座敷を自分の部屋らしくしようと思ったのだ。
「そのトランクは死んだ父さんのだろう」
祖母がトランクの横に坐った。
「よく憶《おぼ》えているんだなあ」
「わたしが買ってやったんだもの」
祖母はトランクを指で撫《な》でていた。
「死んだ父さんが東京の学校へ出かけて行ったときだから、三十年ぐらい前のことかしらね」

トランクを撫でていた指を、祖母はこんどは折りはじめた。
「正しくは三十一年前だねえ」
「もうすぐお祭《まつり》だね」
ぼくは太鼓の聞《きこ》えてくる方を指さした。
「あれは獅子《しし》舞いの太鼓だな」
「そう、あと七日でお祭」
「ぼくたち、祭までいていい？」
ほんの僅《わず》かの間だが祖母は返事をためらっていた。
「駄目《だめ》かな、やっぱり」
「いいよ」
返事をためらったことを恥《は》じているような強い口調だった。
「おまえたちはわたしの長男の子どもたちだもの、本当ならおまえがこの家を継ぐべきなのだよ。大威張《おおいば》りでいていいよ」
この祖母の言葉で勇気がついて、当分言わないでおこうと思っていたあのことを口に出す決心が出た。
「ばっちゃ、お願いがあります」
急にぼくが正坐《せいざ》したので祖母が愕《おどろ》いた眼《め》をした。
「母が立ち直ってぼくと弟を引き取ることができるようになるまで、ぼくたちをここへ置いてください」
「……でも高校はどうするの」
「この町の農業高校でいいんだ。店の手伝いでもなんでもするから」
祖母はぼくと弟をかわるがわる眺《なが》め、やがて膝《ひざ》に腕《うで》を載《の》せて前屈《まえかが》みになった。
「孤児院はいやなのかね、やはり」
「あそこに居るしかないと思えばちっともいやなところじゃないよ。先生もよくしてくれるし、学校へも行けるし、友だちもいるしね」
「そりゃそうだねえ。文句を言ったら罰《ばち》が当《あた》るものねえ」
「で、でも、他に行くあてが少しでもあったら一秒でも我慢《がまん》できるようなところでもないんだ。ばっちゃ、考えといてください。お願いします」
店で戸締《とじま》りをする音がし始めた。祖母はトランクの傍《そば》から腰を上げた。

「叔父さんの食事の支度をしなくっちゃ。今のおまえの話はよく考えておくよ」

祖母が出て行った後、ぼくはしばらく机の前に、ぼんやり坐っていた。この話をいつ切り出そうかとじつはぼくは迷っていたのに、それが思いがけなくすらすらと口から出たので自分でも驚《おどろ》いてしまったのだ。気が軽くなって、ひとりで笑い出したくなった。ぼくはその場に仰向《あおむ》けに寝転《ねころ》んで、ひょっとしたらぼくと弟が長い間寝起《ねお》きすることになるかもしれない部屋をぐるりと眺《なが》め廻《まわ》した。そして何日ぐらいで、弟の孤児院流の茶碗の持ち方が直るだろうかと考えた。弟は蚊帳の中で規則正しい寝息《ねいき》を立てている……。ぼくは蚊帳の中に這《は》っていって、出来るだけ大きく手足を伸《の》ばして、あくびをした。A縁側から小さな光がひとつ入ってきて、蚊帳の上に停《とま》った。それは螢《ほたる》だった。

〽行手《ゆくて》示す　明けの星
　船路示す　愛の星
　空の彼方《かなた》で　我等《われら》守る……

孤児院で習った聖歌を呟《つぶや》いているうちに、光が暗くなって行き、ぼくは眠ってしまった。

【場面４】

どれくらい経《た》ってからかわからないが、叔父の声で目を覚《さま》した。B螢がまだ蚊帳の上で光っていたから、どっちにしてもそう長い間ではなかったことはたしかだった。

「……いいかい、母さん、おれは母さんが、親父《おやじ》が借金を残して死んだから学資が送れない、と言うから学校を中途《ちゅうと》で止《よ》してここへ戻ってきたんだ……」

⑤叔父の声は震えていた。

「店を継いでくれないと食べては行かれないと母さんが頼《たの》むから薬種業の試験を受けて店も継いだ。借金をどうにかしておくれと母さんが泣きつくから必死で働いている。これだけ言うことをきけば充分《じゅうぶん》じゃないか。これ以上おれにどうしろというんだよ」

「大きな声を出さないでおくれ。あの子たちに聞《き》こえるよ」

「とにかく母さんの頼みはもう願いさげだよ」

叔父の声がすこし低まった。

「今年の暮《くれ》は裏の畑を手離《てばな》さなくちゃ年が越《こ》せそうもないっていうのに、どうしてあの二人を引き取る余裕《よゆう》なんかあるんだ」

〈中略〉（祖母と叔父の言い合いがしばらく続く）

「でもあの子たちはおまえの甥《おい》だろうが……」
箱膳のひっくり返る音がした。
「そんなにいうなんなら、なにもかも叩《たた》き売《う》って借金を払《はら》い、余った金で母さんが養老院にでも入って、そこへあの二人を引き取ればいいんだ。おれはおれでひとりで勉強をやり直す」
叔父の廊下《ろうか》を蹴《け》る音が近づき、座敷の前を通ってその足音は店の二階へ消えた。叔父は赤松が目の前に見える、店の二階のいちばん端《はし》の部屋で寝起きしているのだろう。
いまの話を弟が聞いていなければいいな、と思いながら、弟の様子を窺《うかが》うと、彼は大きく目を見開いて天井《てんじょう》を睨《にら》んでいた。
「……ぼくたちは孤児院に慣れてるけど、ばっちゃは養老院は初めてだよね」
弟はぼそぼそと口を動かした。
「そんなら慣れてる方が孤児院に戻ったほうがいいよ」
「そうだな」
とぼくも答えた。
「⑥他に行くあてがないとわかれば、あそこはいいところなんだ」
C蚊帳に貼《は》りついていた螢はいつの間にか見えなくなっていた。つい今《いま》し方《がた》の叔父の荒《あら》い足音に驚いて逃《に》げ出《だ》したのだろうとぼくは思った。
ぼくはそれから朝方まで天井を眺めて過《す》ごした。これからは祖母がきっと一番辛《つら》いだろう。「じつはそろそろ帰ってもらわなくちゃ……」といういやな言葉をいつ口に出したらいいかとそればかり考えていなくてはならないからだ。店の大時計が五時を打つのをしおに起き上《あが》って、ぼくは祖母あてに⑦書き置きを記した。ごく簡単な文面だった。
「大事なことを忘れていました。今夜、ぼくら孤児院のハーモニカ・バンドは米軍キャンプで慰問《いもん》演奏をしなくてはならないのです。そのために急いで出発することになりました。ばっちゃ、お元気で」
書き置きを机の上にのせてから、ぼくは弟を揺《ゆ》り起《おこ》した。
「これから孤児院に帰るんだ」
弟は頷《うなず》いた。
「ばっちゃや叔父さんが目を覚ますとまずい。どんなことがあっても大声を出すなよ」

「いいよ」
弟は小声で言って起き上《あが》った。

【場面５】

ぼくらはトランクとボストンバッグを持って裏口から外へ出た。裏の畑にはもう朝日がかっと照りつけていた。足音を忍《しの》ばせて庭先へ廻った。
ギーッ！　ギーッ！
と大きな声で蟬が鳴いている。あまり大きな声なので思わず足が停《と》まった。蟬の声は赤松の幹のあたりでしていた。近づいて見ると、透明《とうめい》なハネを持った赤褐色《せきかっしょく》の大蟬だった。幹に頭を下に向けてしがみついている。
「でかいなあ」
弟が嘆声《たんせい》をあげた。
「あんなにでかいのは油蟬《あぶらぜみ》かな。ちがう、熊蟬《くまぜみ》だ……」
「大きな声を出すんじゃない」
ぼくは唇《くちびる》に右の人さし指を当ててみせて、
「それからあいつは油蟬でも熊蟬でもないぜ」
「じゃなに？」
「エゾ蟬。＊とんまな蟬さ」
「とんま？　どうして？」
「いきなり大声を出すとびっくりして飛び出す。そこまではいいけど、さかさにとまっているから、地面に衝突《しょうとつ》してしまうんだ」
「……それで？」
「脳震盪《のうしんとう》を起《おこ》して気絶しているところを捕《つかま》える。それだけのことさ。ぼくなんか前にずいぶん捕えたな。おまえにもずいぶん呉《く》れてやったじゃないか」
「憶えてないや」
「たいてい山の松林にいるんだけどね、あいつ珍《めずら》しく降りてきたんだぜ」
弟はボストンバッグを地面に置いた。
「よし、捕えちゃおう。大きな声をあげればいいんだね？」

そうさ、と頷《うなず》きかけて、ぼくは慌《あわ》てて弟の口を手で塞《ふさ》いだ。

「ばっちゃや叔父さんが目を覚《さま》しちまう」

弟はなにかもごもごと口を動かした。きっと不平を言っているのにちがいなかった。そこでぼくは弟の耳に口を寄せて囁《ささや》いた。

「たしか今度の日曜日に、市の昆虫採集同好会とかいうところの小父《おじ》さんたちが孤児院に慰問《いもん》に来ることになってたろう。あの小父さんたちがきっとこのとんまな蟬のいるところへ連れてってくれると思うよ。だからこいつは見逃《みのが》してやろう」

弟がかすかにうんと首を振《ふ》ったのでぼくは彼の口から手を離した。それからぼくらはエゾ蟬の鳴き声にせきたてられるようにして通用門の方へ歩いて行った。

（井上ひさし「あくる朝の蟬」『四十一番の少年』所収　文春文庫刊）

*河鹿　　……カジカガエル。鳴き声が鹿《しか》に似ている。
*公教要理……キリスト教の教えが書かれた教材。
*蚊やり　……蚊を追い払うために木をいぶしてたく香《こう》。
*箍が外れた……当初あった緊張感《きんちょうかん》がなくなったということ。
*蚊帳　　……寝るときに、蚊を防ぐためにつり下げて寝床《ねどこ》をおおうもの。
*ナフタリン……衣服などの防虫剤《ぼうちゅうざい》として使用される化学薬品。
*簎　　　……するどい金具を棒の先につけた道具。
*とんま　……間がぬけて、おろかなさま。

問一 ——①「ぼくも時間の檻の中から急に外へ連れ出され戸惑っていたのだ」とありますが、これはどのようなことをいっていますか。最もふさわしいものを次から一つ選び、記号で答えなさい。

ア　規律にしばられる生活をしていたので、自分の意志で行動することが苦痛になっていたということ。
イ　久々に「祖母」と再会したばかりで、短い時間ではぎこちなさや固さがぬぐい切れていなかったということ。
ウ　孤児院での充実《じゅうじつ》した暮らしを思い出し、友人や先生たちと過ごした時間が恋《こい》しくなっていたということ。
エ　時間で区切られた孤児院の生活からときはなたれ、どう過ごしていいかわからなくなっていたということ。

問二 ——②『それも孤児院流なんだ』／忙しく口を動かしている弟に代ってぼくが説明した」とありますが、ここで「ぼく」は、「祖母」と「弟」の間を取り持とうとしています。これと同様の「ぼく」の行動を**【場面２】**から一文でぬき出し、はじめの五字を答えなさい。

問三 ——③「祖母が悲しそうな声で言った」とありますが、ここでの「祖母」の心情を説明したものとして最もふさわしいものを次から一つ選び、記号で答えなさい。

ア　自分の孫だけでなく、孤児院の先生方も苦労していたと知り、気の毒に思っている。
イ　どちらも自分の孫なのに、兄弟二人の性格の違《ちが》いを目《ま》の当《あ》たりにし、戸惑《とまど》っている。
ウ　自分の孫が、孤児院で食べることにも不自由していたとわかり、ふびんに感じている。
エ　自分の孫を、しつけの不十分な孤児院にあずけていたと気づき、不安を覚えている。

問四 ——④「ぼくは座敷の隅の机の前にどっかりと坐ってトランクを縛っていた細紐をほどいた」とありますが、それはなぜですか。最もふさわしいものを次から一つ選び、記号で答えなさい。

ア 久々にお腹いっぱい食べることをゆるされ、孤児院との大きな違《ちが》いに気づいて心が満たされていったから。

イ 「弟」の腹痛の心配をする「祖母」の言葉から、家族に守られていることを知り、不安が消えていったから。

ウ 外からの太鼓の音を聞いていると、いらついていた気分が消えて、前向きな気持ちに切りかわっていったから。

エ 蚊帳をひろげる手伝いをしたとき、家族が生活しているような匂いを思い出し、気持ちが落ちついていったから。

問五 ——⑤「叔父の声は震えていた」とありますが、ここでの「叔父」の心情を説明したものとして最もふさわしいものを次から一つ選び、記号で答えなさい。

ア 亡《な》き父や兄に代わり一家を背負ってきたのに、さらなる負担を「祖母」から持ち出されて、いきどおっている。

イ 「ぼく」と「弟」が居座《いすわ》ることによって、「祖母」と二人のおだやかな暮らしがこわれることをなげいている。

ウ 「ぼく」と「弟」を甘《あま》やかす一方で、自分に対しては苦しみを強《し》いる「祖母」の仕打ちに動ようしている。

エ 「祖母」が自分に隠《かく》れて「ぼく」を跡継《あとつ》ぎにしようとしていることを知って、おどろきあきれている。

問六 ――⑥「他に行くあてがないとわかれば、あそこはいいところなんだ」について、後の問いに答えなさい。

(1) 「他に行くあてがない ～ いいところなんだ」と言う一方で、「ぼく」は本心では孤児院のことをどう思っていますか。それがわかる一文を**【場面3】**の「ぼく」の発言からぬき出し、はじめの五字を書きなさい。

(2) ――⑥から読み取れる「ぼく」の説明として、最もふさわしいものを次から一つ選び、記号で答えなさい。

ア 孤児院にもどるという「弟」の提案に疑問を投げかけようとしている。
イ 孤児院にもどる決意を固めるために自分に言い聞かせようとしている。
ウ 孤児院にもどることを拒《こば》む「弟」を必死に説得しようとしている。
エ 孤児院にもどることで「叔父」への反抗心《はんこうしん》を示そうとしている。

問七 ――⑦「書き置き」の内容から「ぼく」のどのような思いが読み取れますか。その説明として最もふさわしいものを次から一つ選び、記号で答えなさい。

ア 自分たちが孤児院にもどる決意を示すとともに、「祖母」と「叔父」との仲直りをうながそうとした。
イ 「祖母」と「叔父」の話に気づいていたことをほのめかし、自分たちのつらさをわかってもらおうとした。
ウ 何も知らないふりをして自分たちの都合で帰るとよそおい、「祖母」につらい思いをさせないようにした。
エ つらい思いをさせてしまった「祖母」を思いやる言葉でしめくくり、おわびの気持ちを伝えようとした。

問八　A～Cに「蛍」の描写《びょうしゃ》がありますが、A・Bで光っていた「蛍」は、Cでは消えてしまいます。この描写は、時の経過を表す他に、「あること」を比ゆ的に示していると考えられます。「あること」とはどのようなことですか。解答らんに合うように十五字以内で答えなさい。

問九　各場面についての説明としてふさわしくないものを次から二つ選び、記号で答えなさい。

ア　**【場面１】**での、「叔父」がみんなと食事をとらない様子には、「叔父」が「ぼく」たちをさけていることがほのめかされている。
イ　**【場面２】**の、変な茶碗《ちゃわん》の持ち方をしている「弟」の様子からは、「弟」が心に余裕《よゆう》のない生活を送っていたことが見て取れる。
ウ　**【場面３】**の、「ぼく」が持ってきたトランクを撫《な》でている「祖母」の様子からは、亡《な》き長男に対する深い愛情が読み取れる。
エ　**【場面４】**の、天井《てんじょう》を睨《にら》んでいる「弟」の姿には、自分たちを受け入れようとしない「叔父」に対する怒《いか》りが表れている。
オ　**【場面５】**では、孤児院に急いでもどる兄弟の姿が、「エゾゼミ」のせきたてられるような鳴き声によって印象づけられている。

三、次の①～⑩の――のひらがなの部分を漢字にしなさい。必要があれば送りがなも書きなさい。また、⑪～⑬の――の漢字の読みをひらがなで書きなさい。

① 計画のこっしを説明する。
② 谷あいのひきょうをおとずれる。
③ 風邪《かぜ》はしょうこう状態だ。
④ あっかんの美しさにたじろぐ。
⑤ 情報をかくさんする。
⑥ 火気げんきんの場所に行く。
⑦ 知識のいずみ。
⑧ 成功にいたる。
⑨ こころよい音色を聞く。
⑩ 計画をちぢめる。
⑪ 外国に門戸を閉ざす。
⑫ 費用を工面する。
⑬ 関係を育む。

四、⑴ 次の①～③のことわざの【　】にあてはまる漢字を答えなさい。⑵ また、その意味を後から選び、記号で答えなさい。

① 朱《しゅ》に交われば【　】くなる　② 一寸《いっすん》の【　】にも五分の魂《たましい》　③ 【　】に短したすきに長し

ア どっちつかずで役に立たないこと。
イ あえて他人のために危険なことをすること。
ウ 付き合う友人などによって人は変わるということ。
エ どんなに小さくて弱いものにもそれ相応の考えがあるということ。
オ 身に付けた技能はいざというときに役立つことがあるということ。

２０２４年度

広島女学院中学校入学試験

算　数

５０分／１２０点満点

受験上の注意

１．試験開始の合図があるまで，この問題冊子の中を見てはいけません。

２．解答用紙は，この冊子の間にはさんであります。

３．問題は１ページから９ページまであります。
　　試験開始の合図があったら，ページ数および解答用紙を確認し，
　　受験番号，名前を解答用紙に記入し，解答を始めなさい。

４．解答はすべて解答用紙に記入しなさい。

1．次の計算をしなさい。（4）と（5）では，□にあてはまる数を求めなさい。

（1）　$\dfrac{1}{8}\div 0.2+3\div(12-2\times 2)$

（2）　$(5.2-3.94+0.46\times 4)\div 1.24$

（3）　$\dfrac{5}{22\times 3}-\dfrac{5}{22\times 7}+\dfrac{1}{21}$

（4）　$1620\div\left(652-\square\times 16\right)=3$

（5）　２つの数Ａ，Ｂについて，Ａ＊Ｂの計算をＡ＊Ｂ＝Ａ×Ａ－Ａ×Ｂと約束します。このとき，（４＊２）×（11＊10）×（23＊22）＝□

２．次の問に答えなさい。

（１）姉は，はじめに妹より 3000 円多くお金を持っていましたが，姉が 1600 円，妹が 800 円使ったので，姉の残っているお金は，妹の残っているお金の２倍になりました。姉は，はじめに何円持っていましたか。

（２）あやめさんが，家から学校まで行きます。はじめに全体の $\frac{2}{5}$ を走り，その後 600 m歩きました。そして残りの $\frac{1}{2}$ を走ると，全体の $\frac{9}{10}$ の地点まで来ていました。家から学校までの道のりは何kmありますか。

（３）男子６人，女子４人の合計 10 人でソフトボール投げをしました。10 人の平均は，女子の平均よりも 3.6 m長く，男子の平均は 18 mでした。10 人の平均は何mですか。

（4）日本が 20:00 のとき，パリは同日の 12:00 です。あやめさんは，1月7日にパリの現地時間で 11:45 発の飛行機に乗り，13 時間 45 分のフライトを終えて日本に到着《とうちゃく》しました。到着したのは，日本時間で1月の何日何時何分ですか。

（5）ある学校が遠足に行きます。43 人乗りのバスの場合では，少なくとも5台必要で，32 人乗りのバスの場合では，少なくとも7台必要です。何人以上，何人以下が遠足に行くと考えられますか。この問題は，求める過程も書きなさい。

３．次の問に答えなさい。

（１）三角形を図のように折り返しました。図の角アの大きさを求めなさい。

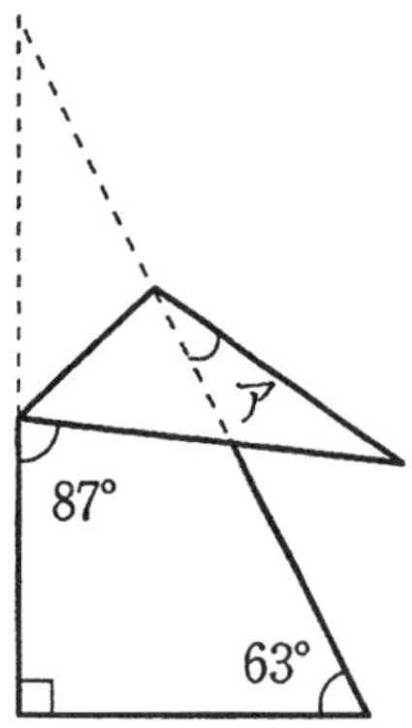

（２）図のように１辺 12 cmの正方形があり，点Ａは辺を２等分，点Ｂ，Ｃは辺を３等
した点です。このとき，斜線《しゃせん》部分の面積を求めなさい。

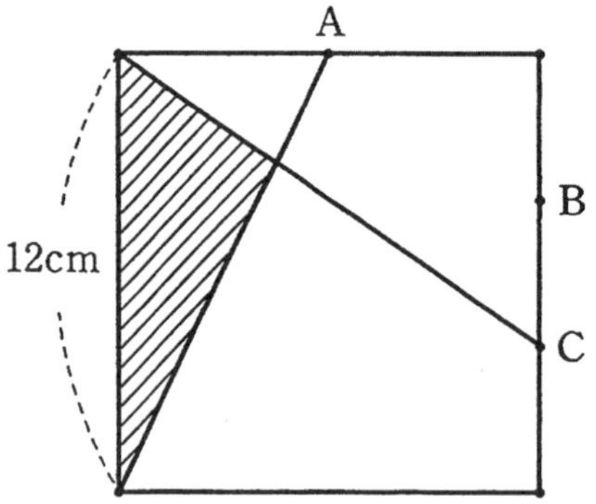

（3）図のようなおうぎ形の周りを，半径２cmの円がすべることなく１周します。円の中心が動いた長さを求めなさい。ただし，円周率は3.14とします。

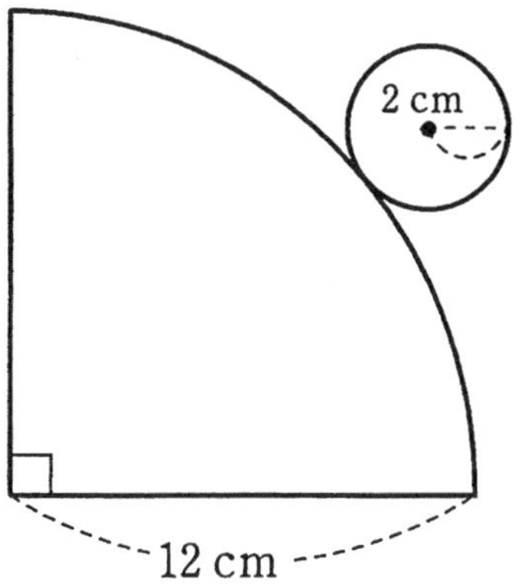

（4）図は，１辺が10 cmの立方体から，底面の半径が３cm，高さが５cmの円柱をまっすぐに取りのぞいた立体を，真上からと正面から見たものです。ただし正面から見えない部分は点線で表しています。この立体の表面積と体積をそれぞれ求めなさい。ただし，円周率は3.14とします。

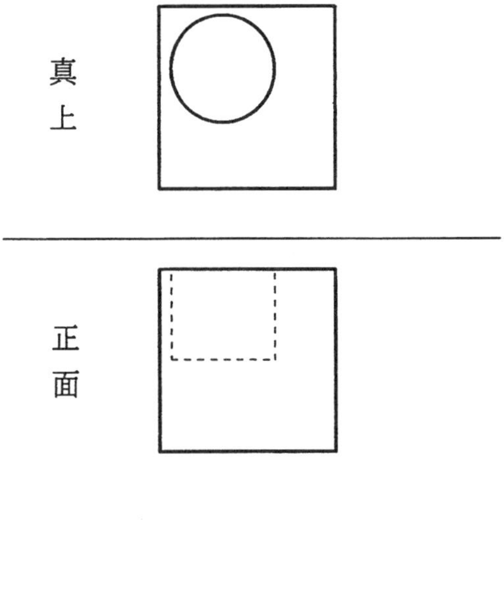

4．図のように，正方形P，形の等しい長方形AとBがあります。Pは動かず，Aは毎秒1cmの速さで右へ，Bは毎秒2cmの速さで左へ，図の位置から同時に動きます。

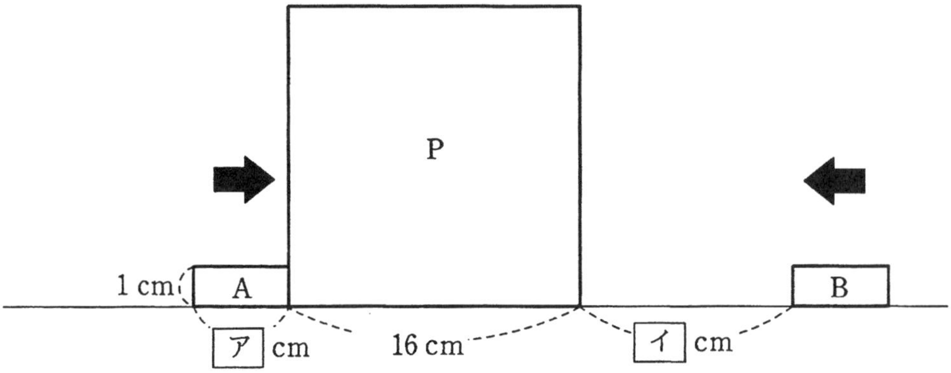

【図】

また，AのPと重なっていない部分の面積と，BのPと重なっていない部分の面積の和をSと定めます。グラフは，AとBが動き始めてからの時間（秒）とS（cm^2）の関係を途中《とちゅう》までかいたものです。このとき，次の問に答えなさい。

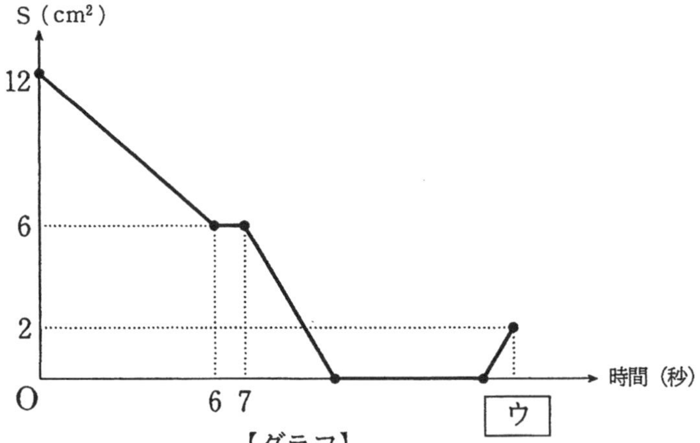

【グラフ】

（1）図とグラフの ア ～ ウ にあてはまる数を求めなさい。

（2）AとBがはじめてであうのは，何秒後ですか。

（3）［ウ］秒後から，ＡがＰを完全に抜《ぬ》けるまでの，グラフの続きをかきなさい。

（4）Ｓが3cm^2となるのは何秒後ですか。すべて求めなさい。

次に，ＡとＢが【図】の位置から同時に動き始めて，はじめてであってから，Ａは同じ速さで【図】の位置までもどり，Ｂはそのまま左の方向に止まることなく動く場合を考えます。

（5）Ｓが6cm^2となるのは，はじめてであってから何秒後ですか。

5．図のように，１段目と各段の両端《はし》に１を置きます。その他の数は，左上の数と右上の数の和を置きます。例えば，３段目の左から２番目の数は，１＋１＝２です。また，６段目の左から３番目の数は，４＋６＝10です。このとき，次の問に答えなさい。

１段目						1					
２段目					1		1				
３段目				1		2		1			
４段目			1		3		3		1		
５段目		1		4		6		4		1	
６段目	1		5		10		10		5		1

（１）(i)　７段目の左から４番目の数を求めなさい。

(ii)　８段目の左から２番目の数を求めなさい。

（２）10段目の左から３番目の数と，９段目の左から３番目の数との差を求めなさい。

（３）15段目の左から３番目の数を求めなさい。

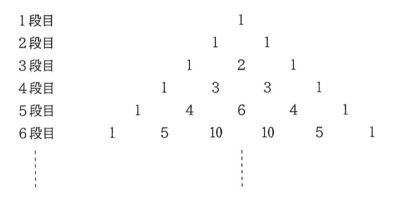

ある段の，すべての数の和を考えます。例えば，３段目の和は，１＋２＋１＝４です。また，５段目の和は，１＋４＋６＋４＋１＝16です。このように考えるとき，次の問に答えなさい。

（４）10段目の和を求めなさい。

（５）和が2048になるのは，何段目か求めなさい。

（６）119段目の和は，116段目の和の何倍か求めなさい。

２０２４年度

広島女学院中学校入学試験

社会・理科

社会・理科合わせて５０分／各５０点満点

受験上の注意

１．試験開始の合図があるまで，この問題冊子の中を見てはいけません。

２．解答用紙は，この冊子の間にはさんであります。

３．問題は社会 1 ページから 13 ページまで，理科 14 ページから 30 ページまであります。解答用紙は社会白色，理科緑色のそれぞれ 1 枚ずつです。試験開始の合図があったら，ページ数および解答用紙を確認し，受験番号，名前をそれぞれの解答用紙に記入し，解答を始めなさい。

４．解答はすべてそれぞれの解答用紙に記入しなさい。

社　会

1．　次の【資料１】は，総務省が発表した令和４年度におけるふるさと納税受入額の多い団体（自治体）についてのものです。関連する会話文を読み，後の問に答えなさい。

【資料１】　令和４年度におけるふるさと納税受入額の多い団体（自治体）

	団体名	受入額（億円）	主な返礼品
1位	宮崎県都城市	195	肉，焼酎《しょうちゅう》
2位	［あ］紋別市	194	カニ，イクラ，バター
3位	［あ］根室市	176	ホタテ，イクラ，カニ
4位	［あ］白糠町	148	イクラ，サーモン
5位	大阪府泉佐野市	137	熟成肉《じゅくせいにく》，タオル
6位	佐賀県上峰町	108	米，ウナギ
7位	京都府京都市	95	旅行券，おせち，日本酒
8位	福岡県飯塚市	90	ハンバーグ，めんたいこ
9位	山梨県富士吉田市	88	羽毛布団《うもうぶとん》，（A）水，炭酸水
10位	福井県敦賀市	87	エビ，カニ

（総務省ホームページなどより作成）

広瀬《ひろせ》さん　「ふるさと納税って知ってる？」

砂本《すなもと》さん　「僕《ぼく》のうちでもやったことあるよ。応援《おうえん》したい自治体への寄付なんだよ。」

広瀬さん　「そうなんだってね。返礼品が楽しみだって，うちでも話していたの。」

砂本さん　「新聞にも書いてあったけど，ふるさと納税の受入額上位の自治体にはかたよりがあって，上位の固定化が問題視されているね。」

広瀬さん　「人気のある返礼品は「肉類」，（B）「魚介類」，（C）「果物類」だそうね。それらを準備できる自治体は，収入を増やすことができて助かるんじゃない？」

砂本さん　「でも，ふるさと納税の制度を利用する人が多く住んでいる自治体は困るみたいだよ。」

広瀬さん　「どうして？」

砂本さん　「ふるさと納税が増えると，住んでいる自治体の税収は減ることになる。そうすると市民サービスなどに悪影響《あくえいきょう》が出る可能性があるって，新聞に書いてあった。」

広瀬さん　「難しい問題ね。」
砂本さん　「ふるさと納税制度の利用者が一番多い都道府県はどこだと思う？」
広瀬さん　「もっとも人口が多い［ い ］だよ。」

（1）　【資料1】中の［ あ ］および会話文中の［ い ］に入る都道府県の名前を，それぞれ答えなさい。

（2）　【資料1】中の下線部（A）のように，毎日の生活で使うものを多めにそろえ，消費しながらもしものときに備える非常食の備ちく法を何と言いますか。

（3）　下線部（B）に関連して，次の【資料2】と【資料3】を参考にして述べた文①・②の正誤の組み合わせとして正しいものを，後の（ア）～（エ）の中から1つ選び，記号で答えなさい。

【資料2】　漁業種類別生産量の割合（捕鯨《ほげい》業を除く）

	生産割合（%）		
	2000年	2010年	2020年
海面	97.9	98.5	98.8
漁業	78.7	77.6	75.9
遠洋漁業	13.4	9.0	7.0
沖合《おきあい》漁業	40.6	44.3	48.3
沿岸漁業	24.7	24.2	20.6
養殖《ようしょく》業	19.3	20.9	22.9
内水面（河川，湖沼《こしょう》）	2.1	1.5	1.2
漁業	1.1	0.8	0.5
養殖業	1.0	0.7	0.7
計	100.0	100.0	100.0

（『日本国勢図会 2022/23』などより作成）

【資料３】　漁業種類別生産量の推移

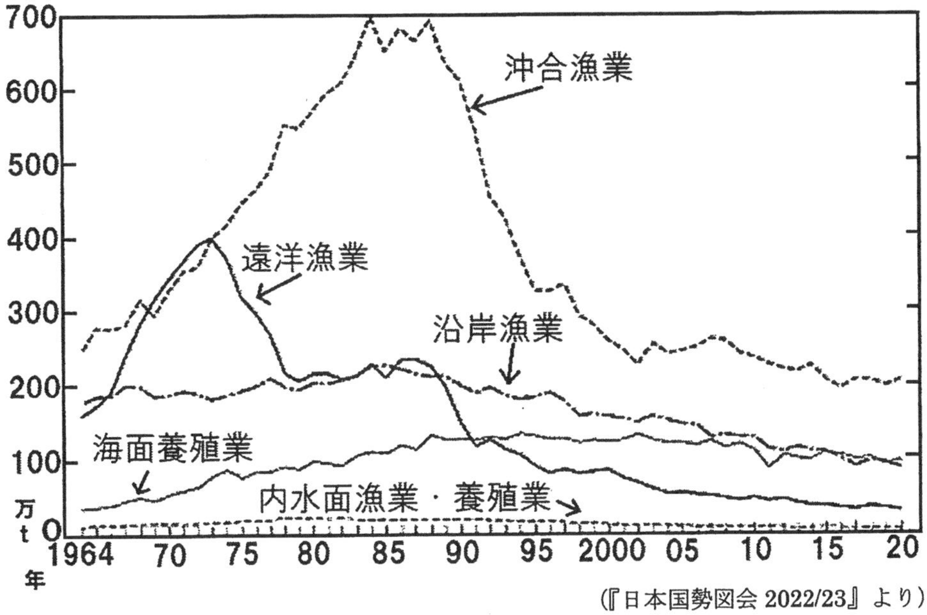

（『日本国勢図会 2022/23』より）

① 生産が比較《ひかく》的安定している養殖業の生産量は，【資料２】中のいずれの年度でも全体の２割を超えている。

② 1970 年代に遠洋漁業が大きな打撃《だげき》を受けたのは，200 カイリ漁業水域の設定が進んだためである。

(ア)	①	正	②	正	(イ)	①	正	②	誤
(ウ)	①	誤	②	正	(エ)	①	誤	②	誤

（4）　下線部（C）について，日本の主な果実生産に関する次の【資料４】を参考にして，後の問に答えなさい。

【資料４】　果実の主産地（2020 年産収穫《しゅうかく》量）　（単位　t）

＜D＞	
山梨	30400
福島	22800
う	10300
山形	8510
和歌山	6620
全国	98900

＜E＞	
和歌山	167100
静岡	119800
愛媛	112500
熊本	82500
長崎	47600
全国	765800

＜F＞	
青森	463000
う	135400
岩手	47200
山形	41500
秋田	25200
全国	763300

＜G＞	
山梨	35000
う	32300
山形	15500
岡山	13900
北海道	6940
全国	163400

（『日本国勢図会 2022/23』より作成）

問１　【資料４】中の＜Ｄ＞～＜Ｇ＞が示す果実は，ぶどう・りんご・もも・みかんのうちのいずれかです。下の【資料５】も参考にしながら，後の（ア）～（エ）の組合せのうち，正しいものを１つ選び，記号で答えなさい。

【資料５】　主な果実の収穫量の推移

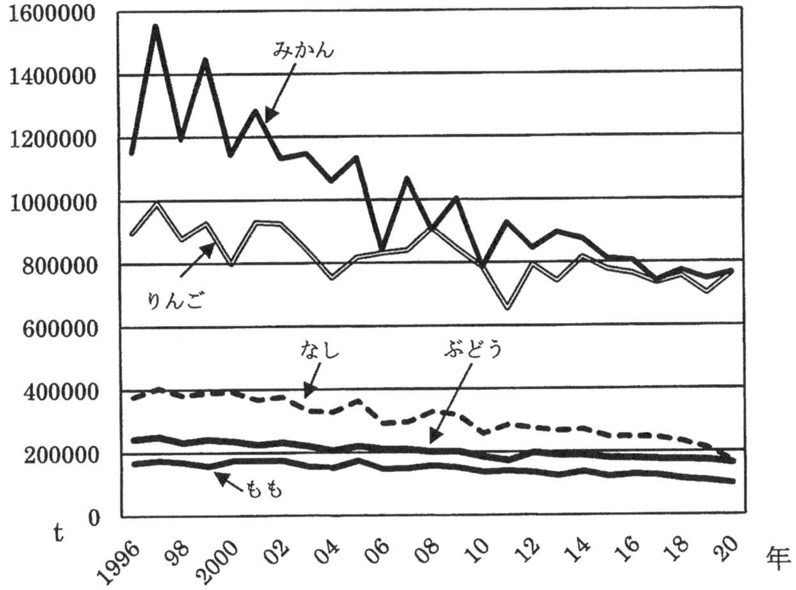

（『日本国勢図絵 2022/23』より作成）

（ア）Ｄ：もも　　Ｅ：みかん　　Ｆ：りんご　　Ｇ：ぶどう
（イ）Ｄ：ぶどう　Ｅ：みかん　　Ｆ：りんご　　Ｇ：もも
（ウ）Ｄ：もも　　Ｅ：りんご　　Ｆ：みかん　　Ｇ：ぶどう
（エ）Ｄ：ぶどう　Ｅ：りんご　　Ｆ：みかん　　Ｇ：もも

問２　【資料４】中の［う］には，同じ都道府県が入ります。都道府県の名前を答えなさい。

問３　最近，果実の価格が上がっていますが，その原因の一つに原油価格の上《じょう》昇《しょう》があります。なぜ原油価格が上昇すると，果実の価格が上がるのですか。具体例をあげて説明しなさい。

2． 昔から現在にいたるまで，人々は気候・気象や自然災害と深い関係を持ちながら社会生活を営んできました。これに関連して，以下の問に答えなさい。

（1） 次の【資料1】は，697年から791年にかけて起こった降雨・寒冷・高温・乾燥《かんそう》に関する異常気象について，当時の様子を記した歴史書からまとめたものです。また【資料2】は，この時期の政府が出した法令です。

【資料1】

異常気象の種類	降雨	寒冷	高温	乾燥	合計
歴史書からわかる件数	59件	10件	67件	103件	239件
全体に占める割合	24.7%	4.2%	28.0%	43.1%	100%

（田家康『気候で読む日本史』より作成）

【資料2】

・703年7月5日
「災害や異変がしきりに起こって穀物が不作のため，税を免除《めんじょ》する。」
・715年10月7日
「日照りによって蓄《たくわ》えている穀物が少なくなり，多くの人々が飢《き》きんで困っている。なので，稲《いね》の代わりに粟《あわ》を（ あ ）として納税する者がいても，特別に許可することとする。」

（『続日本紀』より）

問1 【資料2】中の空欄（ あ ）にあてはまる税の名前を答えなさい。

問2 【資料1】および【資料2】に関して述べた文①～④のうち，正しいものの組み合わせを，後の（ア）～（エ）の中から1つ選び，記号で答えなさい。

① この時期の人々の暮らしを知るためには，『風土記《ふどき》』を参考にするとよい。
② この時期の貴族の暮らしを知るためには，『土佐日記《とさにっき》』を参考にするとよい。
③ 税の軽減策の背景には，高温・乾燥で農業に影響《えいきょう》が表れたことが考えられる。
④ 多様な農作物で納税可能になった背景には，降雨による豊作が考えられる。

（ア）　①　・　③
（イ）　①　・　④
（ウ）　②　・　③
（エ）　②　・　④

（2）　人々は季節や天気の移ろい，自然の様子を歌によみながら，自身の感情を表現していました。次の【資料3】中の①～③は異なる時期によまれた歌とその訳です。このことに関して，後の問に答えなさい。

【資料3】

①　めぐりあいて　見しやそれとも　わかぬまに
雲がくれにし　夜半《よわ》の月かな　紫式部《むらさきしきぶ》

[訳] せっかく久しぶりにめぐりあったのに、あなたかどうか見分けがつかないうちに帰ってしまわれた。ちょうど雲に隠《かく》れる真夜中の月のように。

②　時は今　雨がしたしる　五月《さつき》かな　明智光秀《あけちみつひで》

[訳] いよいよ、土岐《とき》氏の子孫である私明智光秀が、天下を治めるべき五月となった。

③　道すがら　富士の煙《けむり》も　分かざりき
晴《は》るる間もなき　空の景色に　（A）源頼朝《みなもとのよりとも》

[訳] 京都を訪れる道の途中《とちゅう》、晴れる間もない曇《くも》った空だったので、富士山は見えたけれども、その噴火《ふんか》の煙は見えなかった。

問1　【資料3】中の①～③を，よまれた時代の古い順に並べ替《か》えたものとして正しいものを，次の（ア）～（カ）の中から1つ選び，記号で答えなさい。

（ア）　①　→　②　→　③　　（イ）　①　→　③　→　②
（ウ）　②　→　①　→　③　　（エ）　②　→　③　→　①
（オ）　③　→　①　→　②　　（カ）　③　→　②　→　①

問２　傍線部《ぼうせん》（A）について，彼はご恩と奉公《ほうこう》の関係を武士たちと結び，この関係を鎌倉《かまくら》幕府の基礎《きそ》としました。次の（ア）～（エ）のうち，奉公の例として最も適当なものを選び，記号で答えなさい。

（ア）　平氏を倒《たお》すために協力した武士に，源頼朝は新しい領地を与えた。

（イ）　平氏を倒した源頼朝は，朝廷に迫《せま》って守護・地頭を設置する権利を認めてもらった。

（ウ）　北条時宗《ほうじょうときむね》の命令に応じ，九州の武士たちは襲来《しゅうらい》した元《げん》の大軍と戦った。

（エ）　御家人《ごけにん》は先祖伝来の領地の所有を，鎌倉幕府から認めてもらった。

（３）　戦国大名の動きは，天候によって左右されていました。関東地方を統治していた北条氏に関する次の【資料４】～【資料６】を読み，後の問に答えなさい。

【資料４】

当主の名前	説明
北条早雲《ほうじょうそううん》	・1516 年，相模国《さがみのくに》（現在の神奈川県）を支配下におく。 ・1518 年に隠居《いんきょ》し，当主の地位を息子の氏綱に譲《ゆず》る。
北条氏綱《ほうじょううじつな》	・現在の東京都，埼玉県，千葉県あたりまで勢力を拡大する。 ・1541 年に当主の地位を息子の氏康に譲る。
北条氏康《ほうじょううじやす》	・武田信玄《たけだしんげん》や今川義元《いまがわよしもと》と同盟を結ぶ。 ・1559 年に隠居し，当主の地位を息子の氏政《うじまさ》に譲る。

（田家康『気候で読む日本史』等により作成）

【資料５】

年	飢《き》きんの原因
1514	日照りによる水不足
1517～18	冷夏・長雨
1536	冷夏・長雨
1539～41	冷夏・長雨
1544	冷夏・長雨
1557～58	日照りによる水不足
1559	長雨

（佐々木潤之助ら『日本中世後期・近世初頭における飢饉と戦争の研究』をもとに作成）

【資料6】

日本や中国では，自然災害や天変地異の発生は，その地域の支配者の徳※の不足が原因と考えられていました。民衆は，自然災害や天変地異によって厳しくなった生活の責任を，支配者に追及しました。

※　その人に備わっている品性や人柄《ひとがら》，政治指導者としての資質。

問１　北条氏の各当主が，当主の地位を息子に譲った理由としてどのようなことが考えられますか。【資料４】～【資料６】からわかることから説明しなさい。

問２　ある人物は 1590 年に北条氏を滅《ほろ》ぼし，天下統一を果たしました。この人物の名前を答えなさい。

（4）　地震は揺《ゆ》れによる建物の損壊《そんかい》だけではなく，津波《つなみ》や土砂《どしゃ》崩《くず》れなど様々な災害を発生させます。日本社会に大きな影響を与えた地震に関する後の問に答えなさい。

問１　下の地図は東北５県を表わした地図です。(ア) ～ (エ) の中から，2011 年に発生した東日本大震災による地震と津波によって，爆発事故を起こした原子力発電所の位置を選びなさい。

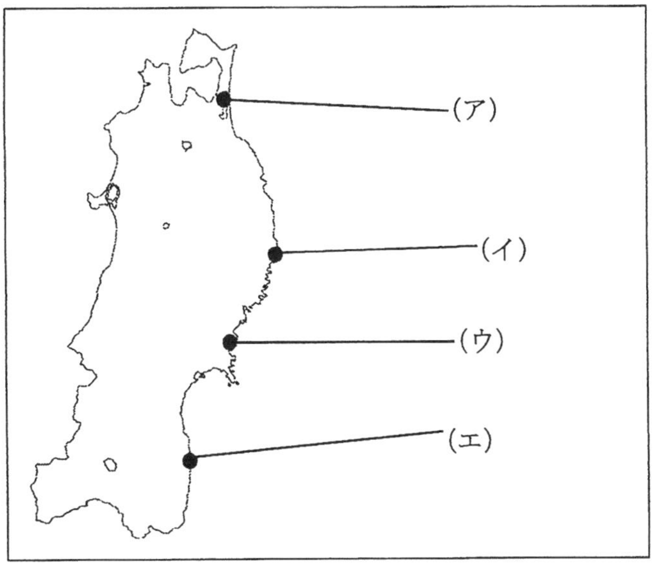

問２　下の【資料７】は元禄《げんろく》地震について，【資料８】は関東大震災についてまとめたものです。これらに関して述べた文①～④のうち，正しいものの組み合わせとして適当なものを，後の（ア）～（エ）の中から１つ選び，記号で答えなさい。

【資料７】江戸時代中頃に発生した元禄地震（1703年）の被害

地域	被害家軒数		死者数（人）
	全壊	半壊	
甲府領※1	345	281	83
小田原藩※2	8007	記録なし	2291
房総半島	9610	記録なし	6534
江戸	22	記録なし	340
駿河・伊豆※3	3666	550	397
他	774	160	722
合計	22424	991	10367

※１　現在の山梨県一帯　　※２　現在の神奈川県南西部

※３　現在の静岡県中部および東部

【資料８】大正時代に発生した関東大震災（1923年）の被害

地域	被害世帯数		死者数（人）
	全壊	焼失	
山梨県	294	0	22
神奈川県	76209	72696	32838
千葉県	13432	425	1346
東京府	47623	311238	70387
静岡県	2205	3	444
他	3824	0	348
合計	143587	384362	105385

（【資料７】【資料８】とも内閣府ホームページより作成）

①　全壊の被害が最も多い地域は，それぞれの震災で異なっている。

②　東京(江戸)湾《わん》沿岸で大きな火災が発生しているのが，両方の震災の特徴である。

③　大塩平八郎《おおしおへいはちろう》が人々を救うために立ち上がったのは，元禄地震によって物価が大きく上昇したことが背景である。

④　関東大震災での混乱の中，多数の朝鮮《ちょうせん》人・中国人が殺される事件が起こった。

（ア）　①　・　③
（イ）　①　・　④
（ウ）　②　・　③
（エ）　②　・　④

（5）　天気予報と戦争に関する以下の文章を読み，後の問に答えなさい。

日本で初めての天気予報が発表されたのは，1884（明治 17）年のことでした。天気予報は新聞に掲載《けいさい》され，1925（大正 14）年に始まった（　あ　）放送でも人々に伝えられました。

しかし（A）1941（昭和 16）年にアジア・太平洋戦争が始まると，政府によって情報が統制され，天気に関する情報は公開されなくなりました。天気予報など気象情報は，軍の作戦に必要な極秘情報とされたからです。例えば晴れの情報を相手国に知られないようにすることは，空襲の可能性を減らすことにつながると考えられていました。

（　あ　）放送による天気予報が再開されたのは，1945（昭和 20）年８月 22 日のことでした。（B）私たちが，天気に関する情報を様々なメディアなどで知ることができるのは，平和の象徴《しょうちょう》であると言えるかもしれません。

（「BIO WEATHER SERVICE」などにより作成）

問１　（　あ　）に入る言葉を答えなさい。

問2　下線部（A）のように，戦争が始まると人々が自由に物事を知ったり，発言できなくなったりすることがありました。下の文中の[　X　]・[　Y　]にあてはまる①～④の組み合わせとして正しいものを，後の（ア）～（エ）の中から1つ選び，記号で答えなさい。

> 明治から昭和にかけて，戦争に協力する体制を築くために，日本政府や社会はこの方針とは異なるものに対して圧力をかけたり取り除《のぞ》いたりしました。例えば[　X　]はそのことを示す戦前の歴史的な資料です。
> しかしながら，戦争に反対する国民は少なからずいました。[　Y　]は，ある戦争に反対する意志を示す国民の様子を物語る資料です。

①

②

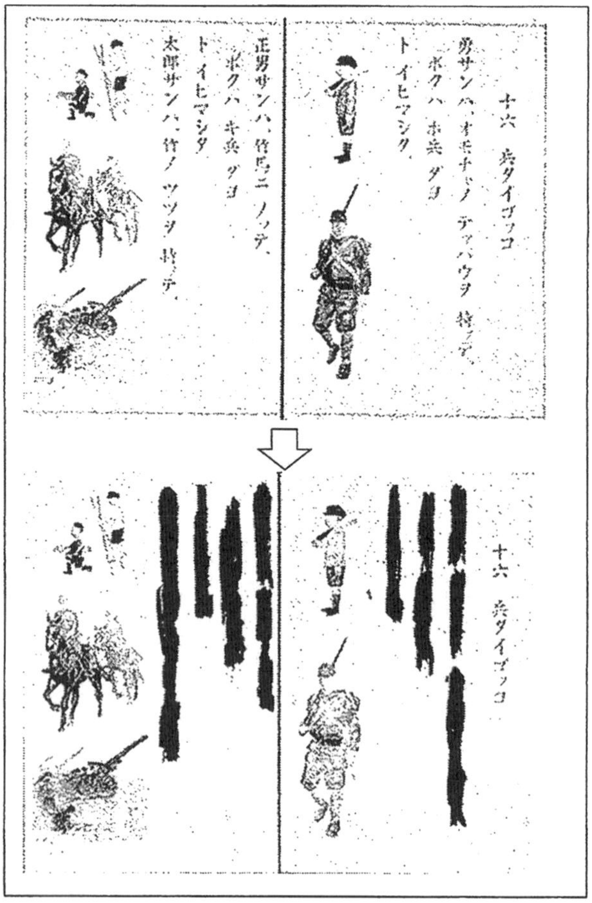

③

④

あゝをとうとよ、
君を泣く、
君死にたまふことなかれ、
末に生まれし君なれば
親のなさけはまさりしも、
親は刃《やいば》をにぎらせて
人を殺せとをしへしや、
人を殺して死ねよとて
二十四までそだてしや。

（ア）　X－①　・　Y－③
（イ）　X－①　・　Y－④
（ウ）　X－②　・　Y－③
（エ）　X－②　・　Y－④

問３　下線部（B）について，現在では情報を知るということは国民の権利として保障されています。日本国憲法の三つの原則のうち，「権利は生まれながらにすべての人が持っているものであり，誰もが個人として尊重される」という考え方を何と言いますか。答えなさい。

理　科

1.　広島市内で冬の晴れた午後８時ごろに，星座を観察しました。図１と図２はそのときの北と南の空の代表的な星をスケッチしたものです。星の明るさはそれぞれちがって見えたので，明るく目立つ星を・でかいています。次の問に答えなさい。

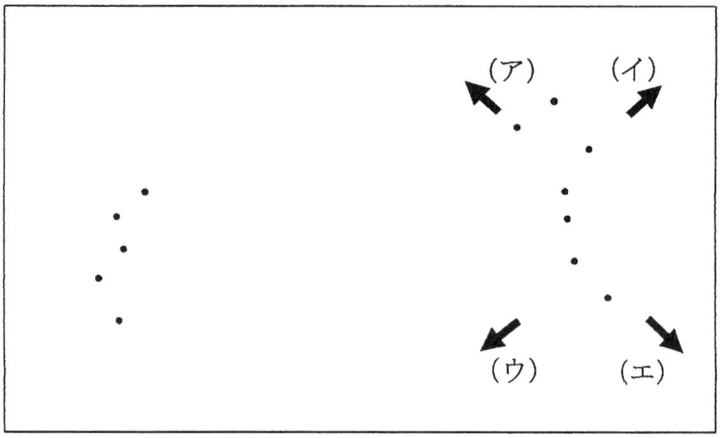

図１　北の空

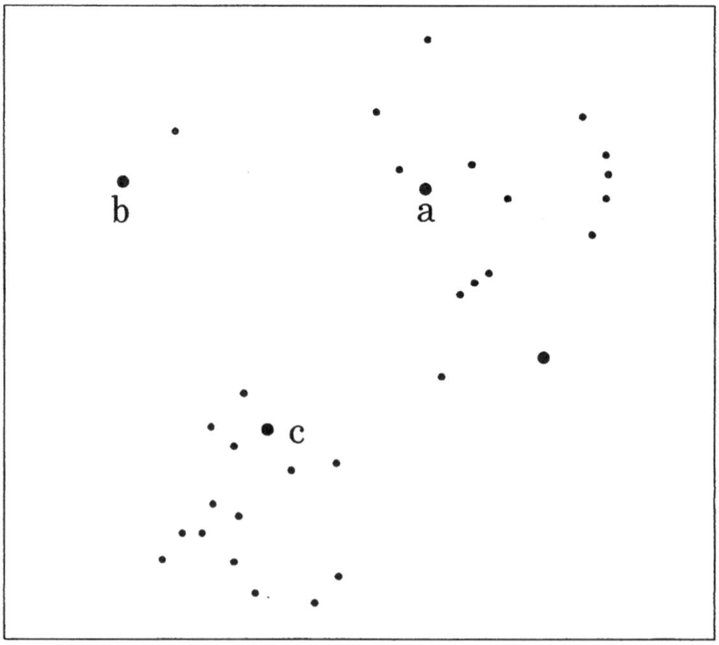

図２　南の空

二〇二四年度

国語　解答用紙

受験番号

名前

※のらんには記入しないこと

※

※120点満点（配点非公表）

一、

問一　子供たちが　　　　　という状況。

1 ※

問二　はぶかれた子が　　　　　と思うようになること。

2 ※

問三　(1)

(2)

3 ※

問四　(1)

(2)

4 ※

(4)	表面積　　cm²	体積　　cm³

4

(1)	ア	イ	ウ

(2)	秒後	(3)	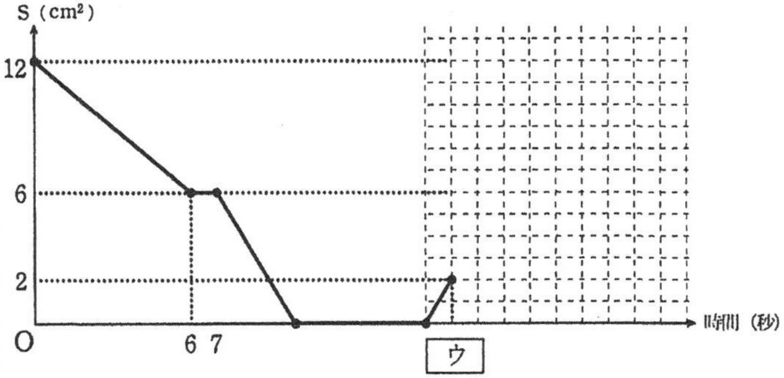
(4)			
(5)	秒後		

5

(1)	(i)	(ii)	(2)		(3)	
(4)			(5)	段目	(6)	倍

E ※

F ※

G ※

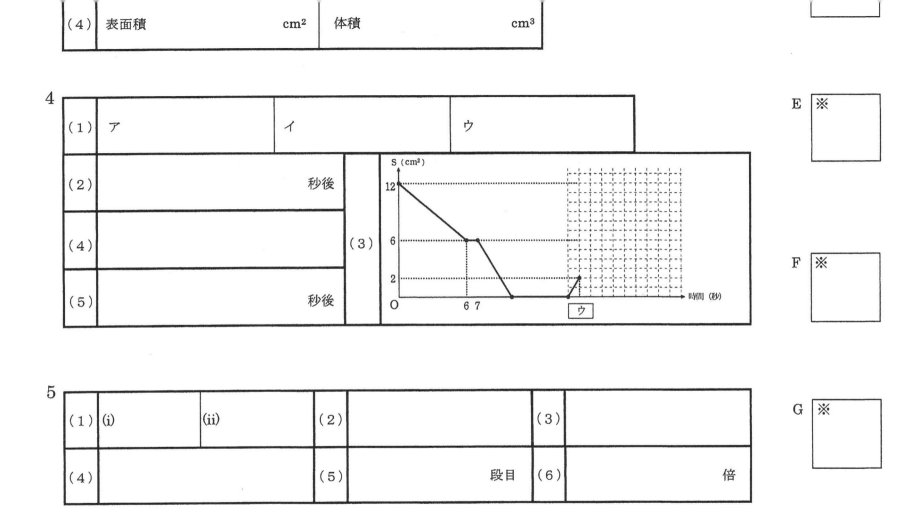

2

（1）	問1	問2
（2）	問1	問2
（3）	問1	
	問2	
（4）	問1	問2
（5）	問1	問2
	問3	

C ※

D ※

E ※

4

(1)	ミョウバン	g	水	g
(2)		(3)		g
(4)	g	理由		

(5)	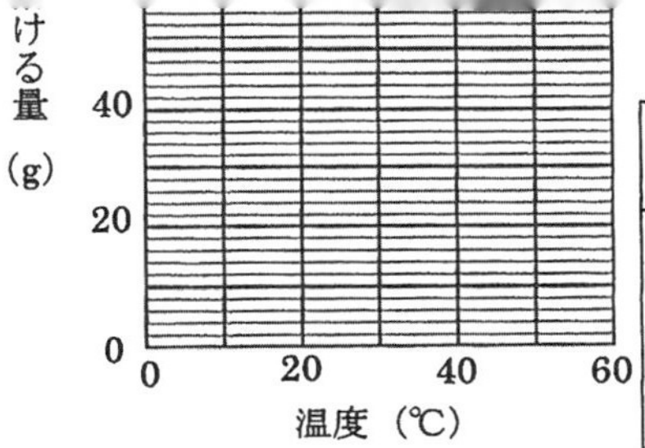	記号

5

(1)			(2)		(3)	問1				
(3)	問2	デンプンは								
(3)	問3			問4				(4)		(5)

C ※

6

(1)		(2)					
(3)	問1	秒	問2	C		D	
(4)	X		周期				
(5)		(6)					

D ※

2024(R6) 広島女学院中
教英出版

理　科

２０２４年度
理科　解答用紙

受験番号		名前	

※のらんには記入しないこと

※
※50点満点 （配点非公表）

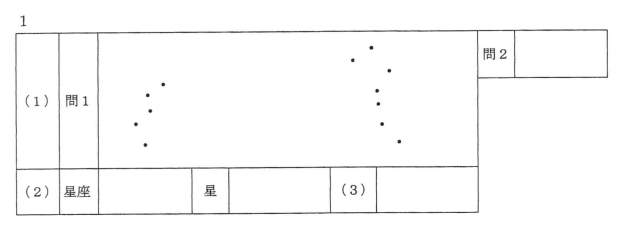

1

（1）	問1				問2	
（2）	星座		星		（3）	

A ※

2

（1）		（2）		（3）	

3

100

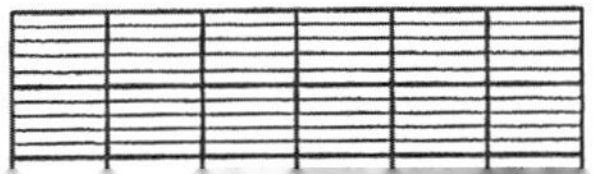

【解答

２０２４年度
社会　解答用紙

受験番号		名前	

※のらんには記入しないこと

※
※50点満点 （配点非公表）

A	※
B	※

1

（1）	あ	い		
（2）				
（3）		（4）	問 1	
（4）	問 2			
	問 3			

【解答

２０２４年度
算数　　解答用紙

受験番号		名前	

※のらんには記入しないこと

※
※120点満点 （配点非公表）

1

(1)		(2)		(3)		(4)		(5)	

2

(1)	円	(2)	km	(3)	m	(4)	日　時　分
(5)	(求める過程) ＿＿＿人以上＿＿＿人以下						

A ※

B ※

C ※

【解答

3

二、

問一

問二

問三

問四

問五

問六

(1)

(2)

問七

問八

こと。

問九

三、

① ② ③ ④ ⑤ ⑥ ⑦ ⑧ ⑨ ⑩ ⑪ ⑫ ⑬ む

四、

①

(1)

(2)

②

(1)

(2)

③

(1)

(2)

6 ※ 7 ※ 8 ※ 9 ※ 10 ※ 11 ※

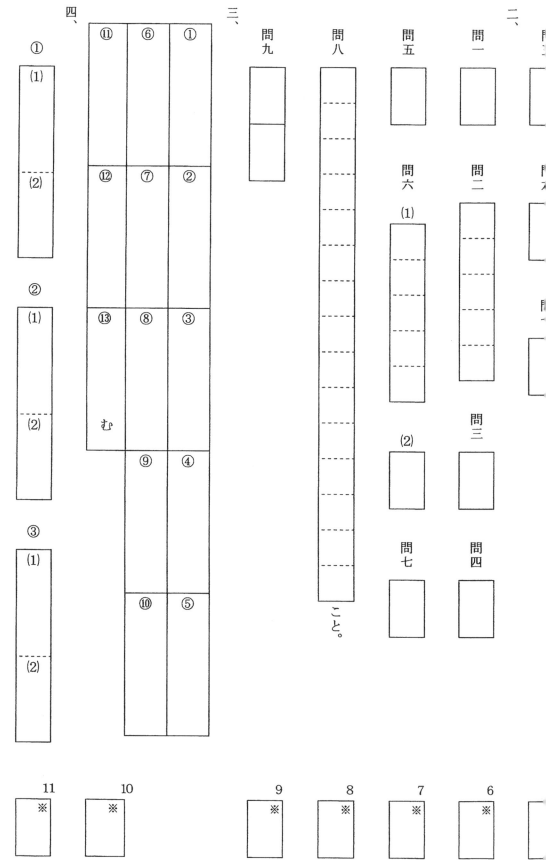

（1）　図1のように北の空には北斗《ほくと》七星とカシオペア座が見えました。

問1　北斗七星とカシオペア座の両方を使って，北極星の位置を求め，解答欄《かいとうらん》の図に×印をかきなさい。ただし，北極星の位置を求めるときに使った線は消さずに残しておきなさい。

問2　北斗七星は，この後どの方向に移動していきますか。最も適当なものを，図1の（ア）～（エ）から選び，記号で答えなさい。

（2）　図2の星a，b，cをつなぐと冬の大三角になります。星aをふくむ星座を次の（ア）～（エ）から，星aの名前を（オ）～（ク）からそれぞれ選び，記号で答えなさい。

星座の名前

（ア）おおいぬ座　　（イ）オリオン座
（ウ）こいぬ座　　（エ）わし座

星の名前

（オ）シリウス　　（カ）プロキオン
（キ）ベテルギウス　　（ク）リゲル

（3）　星はその明るさの順に1等星，2等星，…，6等星とよばれます。1～6の数字が1つ減るごとに，約2.5倍明るくなります。1等星は3等星に比べて約何倍の明るさですか。最も適当なものを，次の（ア）～（オ）から選び，記号で答えなさい。

（ア）約2.5倍　　（イ）約5倍　　（ウ）約6.3倍
（エ）約7.5倍　　（オ）約10倍

2.　次の文を読み，後の問に答えなさい。

台風は日本のはるか南の赤道付近の海上で発生し，北半球では北へ向かって進む性質があります。日本へは，夏から秋にかけて図１のような進路で接近します。台風は，地上付近では中心に向かって（　A　）回りに風が（　B　）ます。また，台風が進む方向に向かって（　C　）側の風が強くなります。地球温暖化が進むと，台風の発生数が増えたり，大型化したりするといわれています。

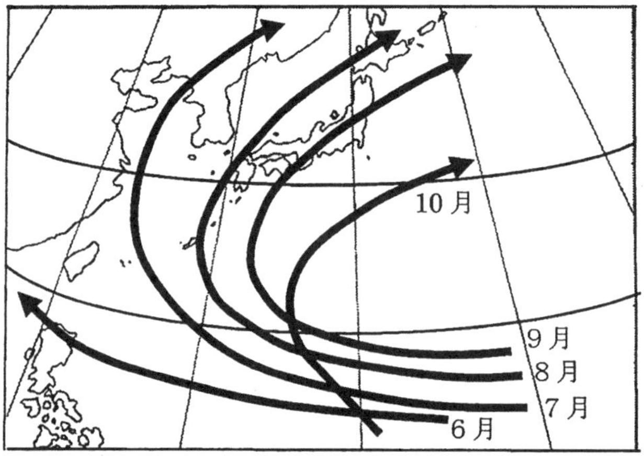

図１

（1）　文中の（　A　）～（　C　）にあてはまる語句の組み合わせとして正しいものを，次の（ア）～（ク）から選び，記号で答えなさい。

	A	B	C
(ア)	時計	ふきこみ	右
(イ)	時計	ふきこみ	左
(ウ)	時計	ふき出し	右
(エ)	時計	ふき出し	左
(オ)	反時計	ふきこみ	右
(カ)	反時計	ふきこみ	左
(キ)	反時計	ふき出し	右
(ク)	反時計	ふき出し	左

（2）　地球をとりまく空気は，図2のような向きで大きく流れています。北半球では，台風は図2の②によって西に進んだあと，①の影響《えいきょう》で北東に進路を変えて動きます。
一方，南半球では，台風（サイクロン）は南へ向かって進む性質があります。南半球の赤道付近で発生した台風は，③と④によって，どのような進路をとると考えられますか。最も適当なものを，次の（ア）～（エ）から選び，記号で答えなさい。

（ア）東に進んだあと，南西に進む。
（イ）東に進んだあと，南東に進む。
（ウ）西に進んだあと，南西に進む。
（エ）西に進んだあと，南東に進む。

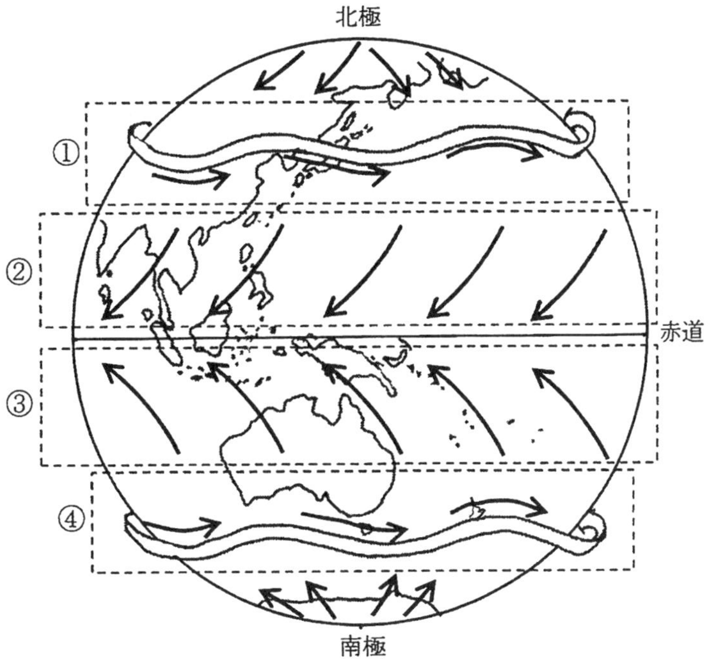

図2

（3）　2023 年夏，国際連合のグテーレス事務総長は「地球温暖化は終わり，地球（　　　）の時代が来た」と話しました。（　　　）にあてはまる語句を，次の（ア）～（エ）から１つ選び，記号で選びなさい。

（ア）沸騰《ふっとう》化　　（イ）高温化
（ウ）サウナ化　　（エ）ヒートアイランド化

3．　液体の量を正確にはかりとる場合，メスシリンダーを使います。次の文は，50mL の水をメスシリンダーを用いてはかりとる手順について書かれたものです。これを読み，後の問に答えなさい。

①　メスシリンダーを（　　　）な台の上に置く。

②　50の目盛りより，少し下の位置まで水を入れる。

③　メスシリンダーを真横から見ながら，こまごめピペットで50の目盛りまで水を入れる。

（1）　（　　　）に入る適当な語句を漢字2文字で答えなさい。

（2）　下線部について，水面の位置として最も適当なものを，次の（ア）～（カ）から選び，記号で答えなさい。ただし，50の目盛り以外は省略しています。

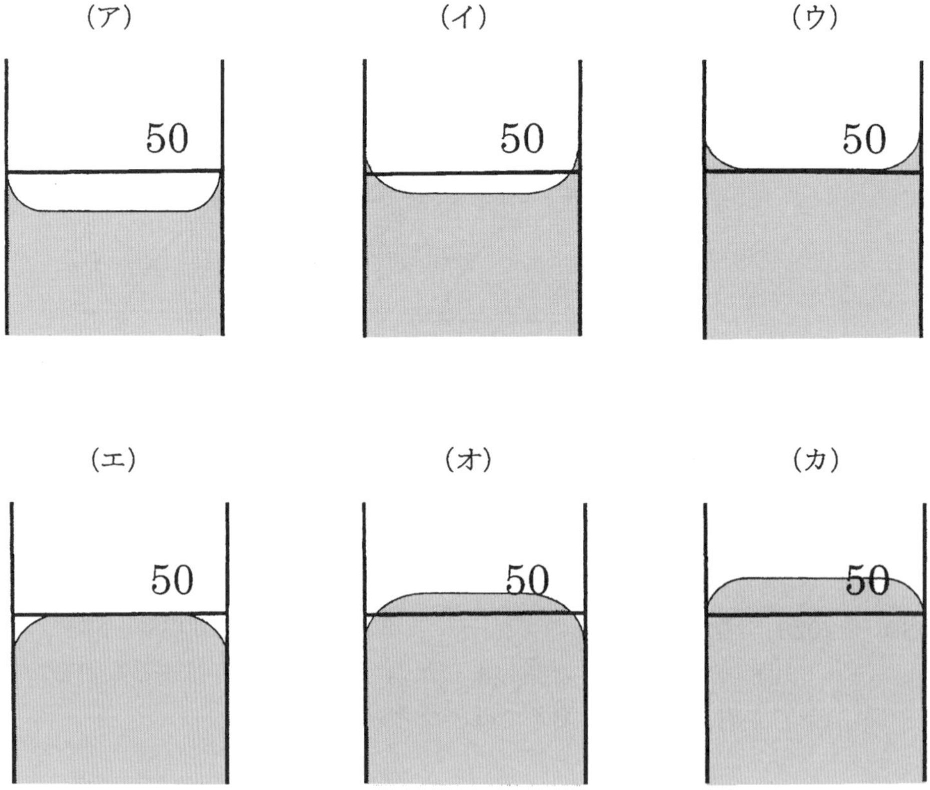

問題は次のページに続きます。

4．　ものの水への溶《と》け方を調べたところ，ものが水に溶ける量には限度があることがわかりました。次の表は，食塩，ミョウバン，硝酸《しょうさん》カリウムが，さまざまな温度で 100g の水に溶ける最大量をまとめたものです。ただし，硝酸カリウムは，水に溶けやすい白い粉状の薬品です。

表

水の温度（℃）	0	20	40	60
食塩（g）	38	38	38	39
ミョウバン（g）	6	11	24	57
硝酸カリウム（g）	13	32	64	109

（1）　40℃の水にミョウバンが溶けるだけ溶けた水溶液《すいようえき》310g をつくるとき，ミョウバンと水はそれぞれ何 g 必要ですか。

（2）　食塩水，ミョウバン水溶液，硝酸カリウム水溶液について述べた次の文（ア）～（エ）のうち，**誤っているもの**を１つ選び，記号で答えなさい。

（ア）硝酸カリウムは，水の量が同じとき，温度が高いほどよく溶ける。
（イ）60℃の水 200g にミョウバン 60g を溶かした水溶液の温度を 20℃まで冷やすと，ミョウバンのつぶが 38g 出てくる。
（ウ）20℃の水 100g にミョウバン 11g を加えた水溶液と，20℃の水 100g にミョウバン 30g を加えた水溶液の濃《こ》さは等しい。
（エ）40℃の水 50g を３つ用意して，食塩，ミョウバン，硝酸カリウムをそれぞれ 20g ずつ加えたところ，いずれもすべて溶けた。

（3）　60℃で，濃さが 40%の硝酸カリウム水溶液を 500g つくりました。この水溶液を 20℃まで冷やすと，何 g のつぶが出てきますか。

（4）　次の【実験】を行いました。後の問に答えなさい。

【実験】

① 硝酸カリウム 20g をはかりとって薬包紙の上にのせ，20℃の水 50g を入れたふたつきの容器といっしょに電子てんびんにのせて重さをはかったところ，172.3g だった（図１）。

② ふたつきの容器の水の中に，硝酸カリウム 20 g を入れてよくふったところ，溶け残りがあった。

③ ②の操作の後，再び全体の重さをはかった（図２）。

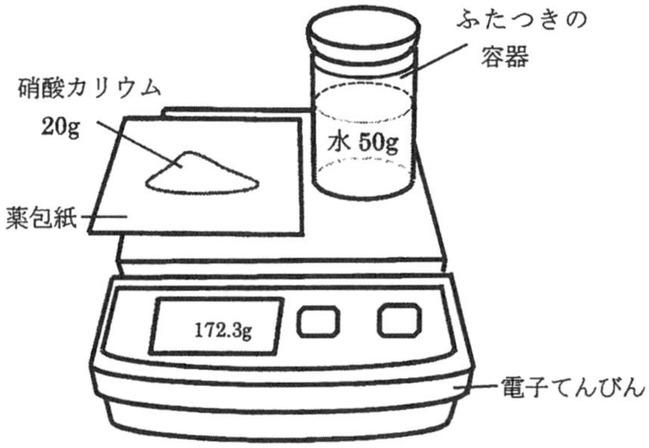

図１

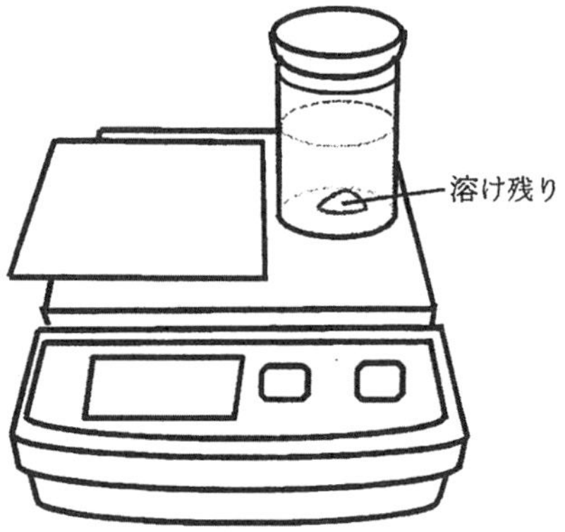

図２

問　③において，全体の重さは何 g になると考えられますか。小数第１位まで答えなさい。ただし，水の温度は 20℃に保たれており，水の量は蒸発などにより変化しないものとします。また，その答えを導いた理由として最も適当なものを，次の（ア）～（エ）から選び，記号で答えなさい。

（ア）溶け残った硝酸カリウムの分だけ重くなるから。
（イ）溶けた硝酸カリウムの分だけ重くなるから。
（ウ）溶けた硝酸カリウムの分だけ軽くなるから。
（エ）硝酸カリウムが溶けても，溶かす前後で全体の重さは変わらないから。

（5）　硝酸カリウムと食塩が水 100 g に溶ける量が等しくなるのは，約何℃のときですか。最も適当なものを，次の（ア）～（エ）から選び，記号で答えなさい。また，解答欄《かいとうらん》に答えを導くために必要なグラフをかきなさい。

（ア）約 13℃　　（イ）約 18℃　　（ウ）約 23℃　　（エ）約 28℃

5．　広島女学院の屋上には畑があります。あやめさんは６月にサツマイモの苗《なえ》を植え，毎日水やりをしてようすを観察しました。秋には，たくさんのサツマイモを収穫《しゅうかく》することができました。次の問に答えなさい。

（１）　植物が根から吸い上げた水は，葉の小さな穴から水蒸気となって出ていきます。この現象を何といいますか。漢字２文字で答えなさい。

（２）　サツマイモの花が咲《さ》かなかったので，図《ず》鑑《かん》で調べると，アサガオと同じ仲間に分類されていることがわかりました。このことから，サツマイモの花はどのような特徴《とくちょう》をもつと考えられますか。最も適当なものを，次の（ア）～（エ）から選び，記号で答えなさい。

（ア）花びらがすべてくっついている。
（イ）４枚の花びらが十字形に並んでいる。
（ウ）小さな花が多数集まって，１つの花をつくっている。
（エ）大きさや形が異なった花びらが集まり，１つの花をつくっている。

（３）　サツマイモの葉のデンプンがどのようなときにつくられるかを調べるために，次の【実験】を行いました。なお，実験を行った２日間の天気は快晴でした。

【実験】
①　図１のような，同じ面積の４枚の葉A～Dがついた苗を用意した。
②　実験の１日目の朝から，A～Dの葉それぞれに，十分な光を当てた。
③　実験の１日目の午後から２日目の午後にかけて，表のような処理をそれぞれの葉におこなった。切り取った葉は，「たたき染め※」とよばれる方法でデンプンの有無を調べた。

※たたき染め…切り取った葉をろ紙にはさんで木づちでたたき，そのろ紙をうすいヨウ素液につけて色の変化を見る方法。

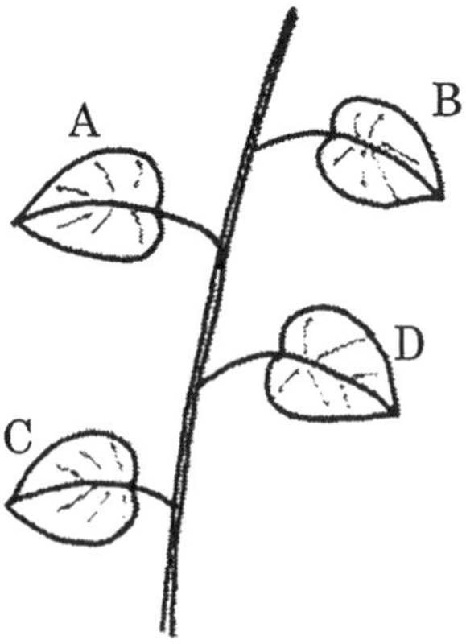

図１

表

時刻／葉	1日目　15時		2日目　6時		2日目　15時
A	切り取った				
B	アルミはくで包んだ	→	切り取った		
C	アルミはくで包んだ	→	アルミはくをはずした	→	切り取った
D	アルミはくで包んだ	→	そのまま（何もしない）	→	切り取った

【結果】

1日目の15時に切り取った葉Aでたたき染めを行うと，ヨウ素液が青紫《あおむらさき》色に変化したが，2日目の6時に切り取った葉Bでは，ヨウ素液の色の変化が見られなかった。

問1　2日目の15時に切り取った葉Cと葉Dでたたき染めをおこなった結果，ヨウ素液の色はどのようになったと考えられますか。色の組み合わせとして最も適当なものを，次の（ア）～（エ）から選び，記号で答えなさい。

	葉C	葉D
（ア）	青紫色	青紫色
（イ）	青紫色	変化しない
（ウ）	変化しない	青紫色
（エ）	変化しない	変化しない

問2　葉Cと葉Dの結果を比べると，どのような条件のときにデンプンがつくられることがわかりますか。「デンプンは」という言葉に続けて答えなさい。

問３　【結果】から考えられることについて述べた次の文の（　　　）にあてはまる言葉として適当なものを，次の（ア）～（オ）から２つ選び，記号で答えなさい。

葉Ａにはデンプンがあったが，葉Ｂにはデンプンがなかったことから，デンプンは夜のうちに（　　　　），（　　　　）していると考えられる。

（ア）虫に吸い取られたり　　（イ）別の場所に運ばれたり
（ウ）葉の小さな穴から蒸発したり　　（エ）根から排出《はいしゅつ》されたり
（オ）使われてなくなったり

問４　サツマイモのように根にデンプンをたくわえる植物を，次の（ア）～（ク）から３つ選び，記号で答えなさい。

（ア）アスパラガス　　（イ）カブ　　（ウ）カリフラワー
（エ）ゴボウ　　（オ）ジャガイモ　　（カ）タケノコ
（キ）タマネギ　　（ク）ニンジン

（４）　成長したサツマイモの土の中のようすとして最も適当なものを，次の（ア）～（エ）から選び，記号で答えなさい。

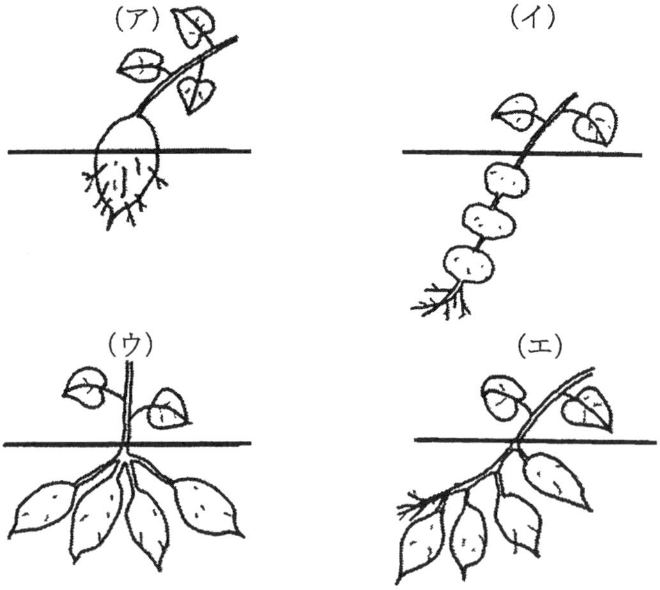

（5）　あやめさんは，収穫したサツマイモを食べることにしました。できるだけあまくして食べたいと思い，サツマイモについて調べたところ，次のことがわかりました。後の問に答えなさい。

【わかったこと】

① サツマイモを 65℃以上に加熱すると，デンプンにねばりが出てやわらかくなる。

② サツマイモの中には，アミラーゼというものがふくまれる。

③ アミラーゼには，やわらかくなったデンプンを糖に変えるはたらきがある。

④ サツマイモの中に糖が増えると，あまくなる。

⑤ アミラーゼは温度によってはたらきが変わり，65℃まではたらきが強くなるが，70℃になるとはたらきが弱くなる（図2）。

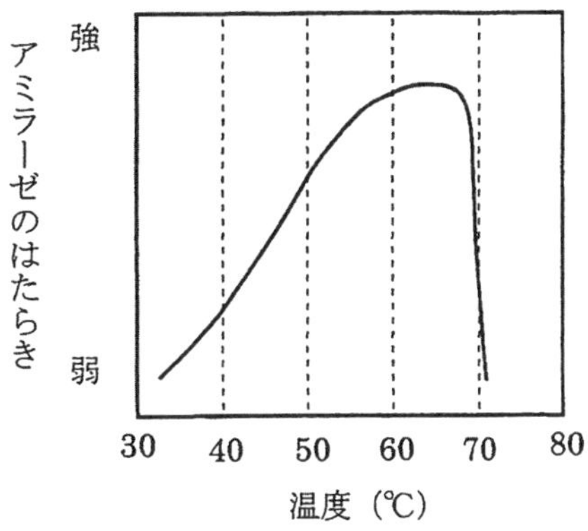

図2

問　加熱する時間や温度を変えてサツマイモを調理するとき，最もあまくなると考えられるものを，図3の（ア）～（エ）から選び，記号で答えなさい。

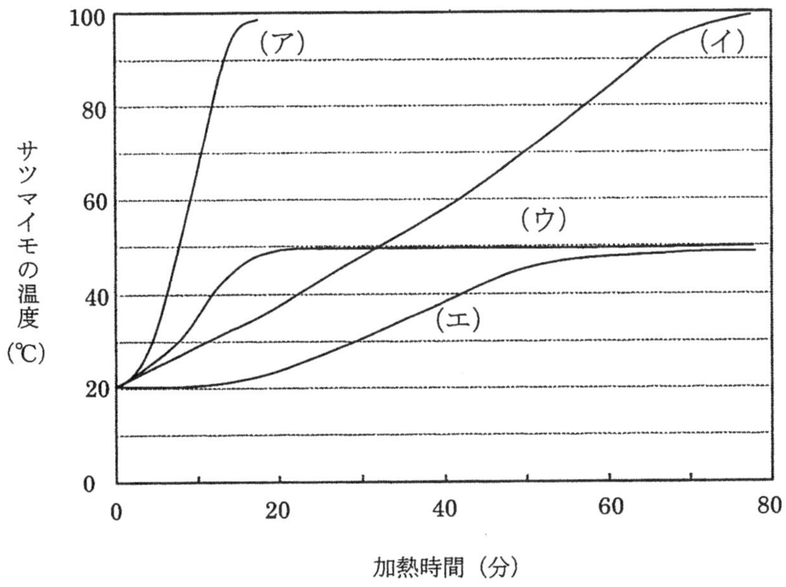

図3

6．　あやめさんと貞吉《ていきち》さんは，近所の公園にいました。２人の会話文を読んで，後の問に答えなさい。

あやめ　「あれ，ブランコが１台動いているよ。」

貞　吉　「だれか乗っていたのかな。そういえばこの前，①理科の授業でふりこのきまりについて実験したよね。本当かどうか確かめてみない？」

あやめ　「おもしろそう！ブランコもふりこと同じように，長さが同じだったら周期※が同じって，先生が言っていたよね。」

貞　吉　「あの実験のときは，条件を変えるたびにふりこが②10 往復する時間を３回も測定して，大変だったね。」

あやめ　「そのあと③６班分の実験値を平均するのも大変だったわ。でも，ふりこのきまりがよくわかったね。」

貞　吉　「２台のブランコの長さが同じだから，きっとだれも乗っていないブランコも，あやめさんが乗ったブランコも同じ周期になるはずだよ。」

貞吉さんは，あやめさんが乗ったブランコを押《お》し，その後同じタイミングでだれも乗っていないブランコを動かして，ようすをみました。

貞　吉　「あれ？変だね。④同じ周期にならないよ。あやめさん，こいだりしていない？」

あやめ　「そんなことしてないよ。なんでだろう？…あ！もしかして（　X　）からじゃない？」

貞　吉　「なるほど！じゃあ，あやめさん，ブランコから降りてみて。だれも乗っていない２台のブランコを，２人で同時にゆらしてみようよ。」

貞　吉　「おお！同じ周期になったよ。」

あやめ　「ふりこのきまりを発見した（　Y　）は天井《てんじょう》からつり下げられているランプがゆれるようすを見て，それに気づいたんだって。」

貞　吉　「すごいね。そんなふうに身近な物事をよく観察できるようになったら，発見がたくさんあって世界がおもしろいだろうね。」

※周期…ふりこが１往復する時間

（1） 下線部①について，実験に関する次の文中の（　A　），（　B　）にあてはまる記号の組み合わせとして正しいものを，下の（ア）～（カ）から選び，記号で答えなさい。

ふりこの長さは図１の（　A　）の長さを測る。

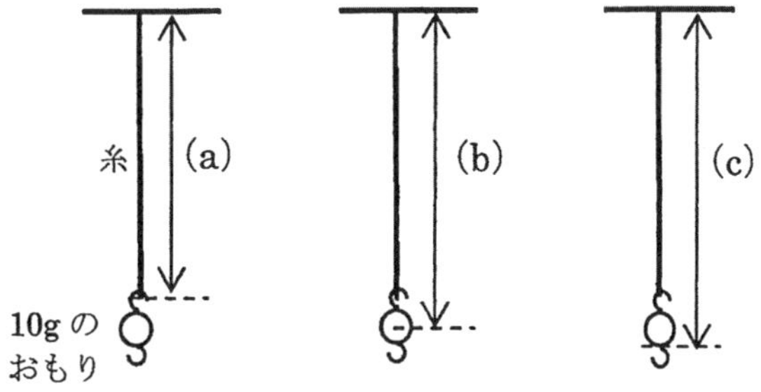

図１

おもりの重さを 10g から 20g にするときには，図２の（　B　）のようにおもりをつなぐ。

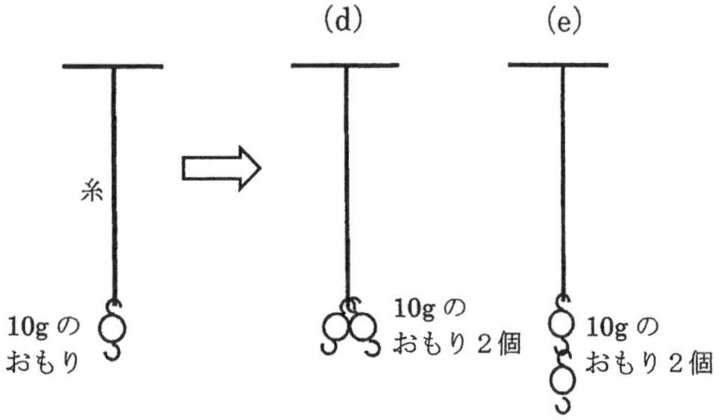

図２

	A	B
(ア)	(a)	(d)
(イ)	(a)	(e)
(ウ)	(b)	(d)
(エ)	(b)	(e)
(オ)	(c)	(d)
(カ)	(c)	(e)

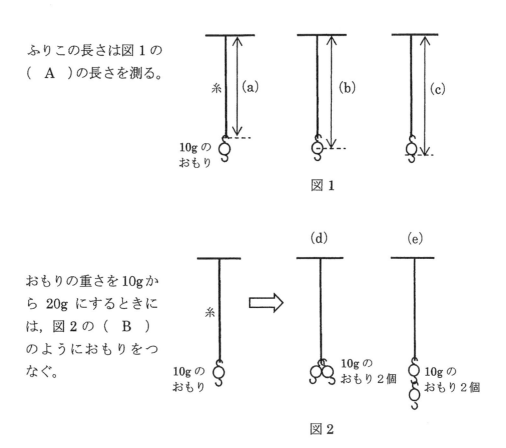

（2）　下線部②について，ふりこの周期を求めるときに，10 往復する時間を測って，10 で割るのはなぜですか。その理由として最も適当なものを，次の（ア）～（エ）から選び，記号で答えなさい。

（ア）計算しやすくするため。
（イ）規則性があるか確認するため。
（ウ）空気の抵抗《ていこう》を小さくするため。
（エ）１往復する時間は，正確に測るのが難しいため。

（3）　下線部③について，次の問に答えなさい。

問１　ふりこの長さ 100cm，おもりの重さ 10g，ふりこのふれはば 20° にしてふりこの周期を求めました。表は，６班分の実験結果をまとめたものです。この結果を平均すると，ふりこの周期は何秒になりますか。割り切れないときは，小数第２位を四捨五入して，小数第１位まで答えを求めなさい。

表

班	1	2	3	4	5	6
周期（秒）	2.1	2	1.9	1.8	2.1	2

問２　図３～５は「ふりこの長さ」，「おもりの重さ」，「ふれはば」のいずれか一つの条件を変えたときの６班分の実験結果です。また，後の文は，図３～５からわかることをまとめたものです。（　C　）には適当な数値を，（　D　）には｛　　　｝からどちらか１つの語句を選び，答えなさい。

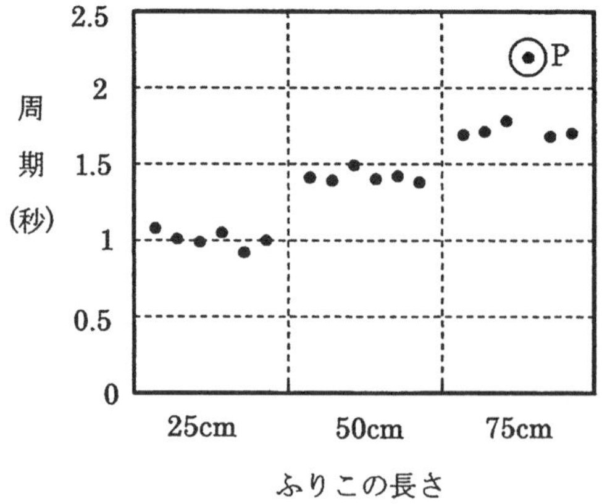

図３

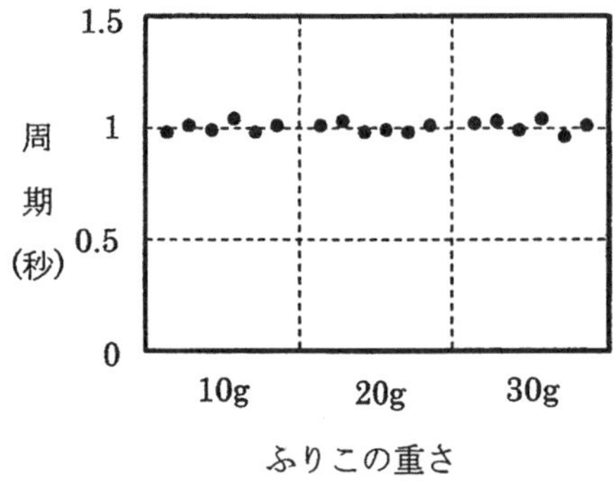

図4

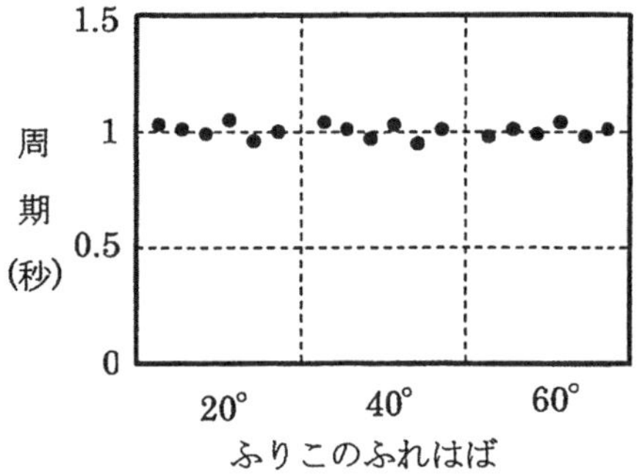

図5

> ふりこの周期はふりこの重さやふれはばを変えても変わらず，ふりこの長さにより決まることがわかる。このことから図4，５のような結果になるときのふりこの長さは（　C　）cm であると考えられる。
> また，図３中の○で囲んだ実験結果Pは，他の班と大きく異なる。これは，ふりこの長さが 75cm より（　D　）{長かった，短かった} ためであると考えられる。

（4）　下線部④について，会話文中の（　X　）にあてはまるようにその理由を書きなさい。また，あやめさんが乗ったブランコの周期は，だれも乗っていないブランコの周期と比べて，どうなりますか。「長い」または「短い」で答えなさい。

（5）　会話文中の（　Y　）にあてはまる「ふりこのきまり」を発見した人物を，次の（ア）～（エ）から１つ選び，記号で答えなさい。

（ア）アイザック・ニュートン
（イ）アルベルト・アインシュタイン
（ウ）ガリレオ・ガリレイ
（エ）ゲオルク・オーム

（6）　「ふりこのきまり」は，ふりこ時計やメトロノームに利用されています。ただし，ふりこが金属でできている場合は，次のような注意が必要です。文中の（　E　）と（　F　）にあてはまる語句の組み合わせとして正しいものを，次の（ア）～（エ）から１つ選び，記号で答えなさい。

> 冬になると気温が下がるので，金属の長さは（　E　）なる。したがって，冬場はふりこ時計やメトロノームの刻む時間が（　F　）なることに注意しておく必要がある。

	E	F
（ア）	長く	長く
（イ）	長く	短く
（ウ）	短く	長く
（エ）	短く	短く

二〇二三年度　広島女学院中学校入学試験

国語

五〇分／一二〇点満点

受験上の注意

一、試験開始の合図があるまで、この問題冊子の中を見てはいけません。
二、解答用紙は、この冊子の間にはさんであります。
三、問題は一ページから二十四ページまであります。試験開始の合図があったら、ページ数および解答用紙を確認し、受験番号、名前を解答用紙に記入し、解答を始めなさい。
四、解答はすべて解答用紙に記入しなさい。

一、次の文章を読んで、あとの問いに答えなさい。（問題の都合上、一部改変した部分があります。句読点や記号はすべて一字に数えます。）

私は個人としていろいろな経験をしますが、他の人たちは私が経験したことのないさまざまなことを経験しています。他人の経験を知る重要な方法は、他人と対話することです。他人との会話のなかには軽い挨拶《あいさつ》のようなどうでもよい会話もありますが、親しくなるにつれて人はいろいろな経験や考え方を話してくれます。ここで言う会話とは、背後にいかなる目的も隠《かく》されていない話し合いのことを言います。相手を誘導《ゆうどう》したり操《あやつ》ろうと試みたり、あるいは、相手に命令したり指図《さしず》したりするのは会話とは言えません。何か特定の目的を持った話をするときには、私たちは話の聞き手を行為《こうい》の対象として見ていて、自分と同等の人間として遇《ぐう》していません。会話は、会話そのものを目的として行うのです。

その会話のなかには、自分にとって新しかったり、思ってもみなかったりする話もあります。①そうした会話は対話へと発展していきます。対話は、ただの会話とは違《ちが》います。対話とは、驚《おどろ》きから始まり、探求と思考によって進む会話のことです。「何でそれが辛《つら》かったの」「どうしてそのときそう考えたの」「何でそんな振《ふ》る舞《ま》いをしたの」といったように相手の経験やそれに関係する振る舞いや考え方に驚いて、私たちは問いを発します。そして、相手のことを理解して、自分とどう違うのかをすりあわせようとして話を続けます。

他人の経験は、自分にとって考える材料の宝庫です。

たとえば、以下の対話は、「人は死んだらどうなるか」をテーマにした②中学一年生の対話です。

T（教師）　死ぬのが怖《こわ》いという人は手を挙げてみてください。（半分強の生徒が手を挙げる。）じゃあちょっとひとりずつ聞いてみようかな。死ぬのが怖いっていう人はちょっと詳《くわ》しく理由を教えてください。

S（生徒）1　これから先自分がそもそもどうなるのか分からないし、なんか普通《ふつう》に歩いていて人がひかれてほんとにぽっくりいっちゃうかもしれないし、病院とかでちゃんと治療《ちりょう》受けていてあと何か月みたいな話になってそれから考えるのも怖い……本当にこの先自分がどうなるのか分からないのが怖い。

T　なるほどなるほど。いまの考えに似ているって人いたら手を挙げてください。（全員手を挙げない。）

T　あ、ちょっと違うんだね。じゃちょっと聞いてみましょうか。どうですか。

S2　私が考える怖いっていうのは、生きているうちに仲良かった人にもう会えないってこと。天国なら死んだ人がいっぱいいるはずだからもしかしたら天国で会えるかもしれないけど。

T　なるほど。だから別れるのが怖いってことだよね。その先がどうなるかっていう怖さと別れる怖さがあるっていうことだよね。

S3　生きているなら会える可能性があるっていうけど、それでもまた会えないっていうのが一番嫌《いや》なんじゃないの。だから、死んだらもう会えないじゃないですか。だけど生きてれば会えるのに会えないっていう方が嫌じゃない。

T　うーん。だからほかの人が死ぬのは悲しかったり怖かったりする。けど自分が死ぬのは怖くない。怖くないで発言した人でもうちょっと別の発言ある人いますか。「無」になるってやっぱり怖いですか。怖くないですか。

S4　「無」は怖い。

T　「無」が怖いのはなぜなの。

S5　なんか「無」って実体がないから怖いし、それに自分がなるって考えた時にどういうふうな体験か、よく分かんない。

S6　「無」って怖いって思っていても、もし自分が「無」になったとしたら、何も考えとかがないんだから考えることそのものができない。

S7　でもいままで当たり前のようにできていたことができなくなるのは怖いんじゃないの。

S8　死んだら、できなくなるってそういう概念《がいねん》もないんじゃないの。

S9　だったら死んだ人にしか分からないってことじゃない。

S10　あのね、俺《おれ》が言いたいのはね、「無」って本当に何もないってことなの。ここには部屋があるじゃないですか。部屋は見える。だけどここに「無」があるとしたって、そんなの誰《だれ》にも見えるわけがないじゃない。

S11　え〜と、「無」があるんじゃなくて、人が死んだら「無」っていうところにいくとかそういうんじゃなくて、えっと命が途絶《とだ》えるんだからそこで終わりなんじゃないんですか。だから、人が死んだら何もないところにいくんじゃなくて、どこにもいかないでそこで終わり。埋葬《まいそう》されて終わり。

T　あぁ、なるほどね。死ぬのが無である。無とは何にもないことだと考えるんだね。

（二〇一二年秋、埼玉県の中学校にて）

この議論は、「死が怖いのは、どうなるか分からないからだ」という発言に始まり、「人に会えなくなるから怖い」といった発言を経由して、死と無に関する議論へと進展していきます。（すべての発言が異なった生徒から出ていることにも注目してください。）最初の発言は、死の怖さを未知のものへの恐怖《きょうふ》と考えていますが、その後に同じ趣旨《しゅし》の「死とは無になることで、無とはどのような経験であるか分からないから怖い」という発言が出ます。知らないものは怖いという考えです。これに対して、「無は存在しない。だから、自分も死んだらなくなる」という発言が何人かから出ます。しかし、一見すると同じような主張をしている生徒10と生徒11の発言の微妙《びみょう》な違いに注目してください。生徒10が、「無は見えない」と述べて、ある意味で無を実体化したのを受けて、すぐに生徒11は、無とは生の単なる否定、すなわち、実体ではないことを指摘《してき》しています。ここから、死んだときには、人間には経験も考えもなく、ただ存在がなくなるのだという趣旨の発言がなされます。「人が死んだら何もないところにいくんじゃなくて、どこにもいかないでそこで終わり」と述べる生徒11は、天国や死後の生は、いわば無の実体化からくる誤った帰結だと言いたいのです。

前半の「別れが怖い」という議論と後半の「無」の議論は、一見すると連続していないように見えますが、そうではありません。「自分が死ぬのは怖くないけど、人が死ぬのは怖い。別れを経験するから」という最初の発言は、死ぬのが無であり、存在の否定であるゆえに、その否定を経験できるのは生きている側だという発言です。この発言があるからこそ、後の無をテーマとする議論が生まれてきたのです。別れとは、会っていた人がいなくなるというまさしく否定の経験だからです。

このようにこどもたちは、互《たが》いの発言に刺激《しげき》を受け、より深い考えを展開していきます。この会話を掘《ほ》り下げていくと、何か（来世、天国など）を経験することになる死と、生の否定形としての死という考えの対立が出てくるのです。ひとりのときは生まれなかったアイデアが対話を通して生まれてきます。

古代ギリシャでは、「アゴラ」と呼ばれる市場であり広場であるような場所で討論が行われ、ギリシャの＊哲学《てつがく》は、公開の場所での問答から始まりました。プラトンの著作には当時の対話がいきいきと描写《びょうしゃ》されています。そこで論じられていたのは、正義、自由、友愛、平等といったすべての市民に共通の、しかし個人の内奥《ないおう》にも関わるような問題です。人びとは会食し、酒を飲みながら、政治の原則や正義のあり方について論じました。哲学とは、本来、市民の自由な対話から生まれた知的探求なのです。仏教でも儒教《じゅきょう》でもインド哲学でも問答が大切でした。対話とは、他者に触発《しょくはつ》されて生じる思考のやりとりであり、古来から普通の人びとの間で重視されてきたのです。

こども哲学は対話によって思考を深める活動です。③みなさんが哲学と聞いて思い浮《う》かべるかつての＊アカデミズムにおける哲学のイメージと、こども哲学が実現している対話の哲学とを対比すると次のページのような表になるかもしれません。

【　Ⅰ　】とは哲学対話にこそ当てはまります。哲学対話の第一人者である④ルー・マリノフ（Lou Marinoff、ニューヨーク市立大学）は、哲学史に詳しくない一般《いっぱん》市民を一〇人ほど集め、「友情」というテーマで哲学対話を四時間行ったそうです。その議論の結果出てきた友情の定義は、古今東西のどの著名な哲学者の定義よりも精妙《せいみょう》で奥《おく》行きのあるものだったそうです。これは、哲学対話を実践《じっせん》したことのある人なら、誰でもが納得《なっとく》する逸話《いつわ》です。

ここまで、思考と対話の本質的な関係について述べました。思考はそれまでとは異なったものや新しいものに出会う驚きの経験から

こども哲学

・哲学は過程
・哲学は問うこと
・哲学は（　Ａ　）
・哲学のテーマは具体的な生活のなかに
・（　Ｂ　）
・自分独自の哲学を生きる

アカデミズムの哲学

・哲学は知識の体系
・哲学は学説を知ること
・哲学は少数の知性人のもの
・哲学のテーマは抽象《ちゅうしょう》的な理論のなかに
・本を読んでひとりで考える
・先人と同じ考えに到達《とうたつ》する

アカデミズムの哲学と比較《ひかく》した、こども哲学の特徴《とくちょう》

生まれます。他者との出会いは、そうした経験のなかでもとくに重要なものです。思考については心理学においても研究されていますが、そこでも、思考とは対話をひとりで行うこと、言い換《か》えれば、内面化した対話だと主張する人がたくさんいます。私は、それはかなり正しい意見だと考えています。

　しかし対話にもいろいろな種類があるのですから、一般の対話と哲学の対話にはどのような違いがあるのでしょうか。哲学の対話の特徴《とくちょう》とは、ひとりの人間として対話することにあると思います。

　人間は、いろいろな条件と状況《じょうきょう》を背負って生きています。ある人は、誰かの娘《むすめ》であり、誰かの姉であり、母親であり、友人であり、隣人《りんじん》です。その人はどこかの学校を卒業しているでしょうし、現在は、一定の仕事に就《つ》いていて、その仕事のなかでの地位や立場があります。どこかの地域に住んでいて、そこの地域の集団に属しています。私たちは、それらの自分の役割や立場に立ちながら対話をすることがあります。保護者という立場から、先生たちと対話をすることもあるでしょうし、職場の一員として、同僚《どうりょう》や上司や部下と製品の開発について議論を戦わせることもあるでしょう。（私は、「議論」をある程度、論理的に組み立てられた発言のやり取りと定義することにします。議論は対話の一種です。）

　【　ａ　】哲学の対話は、誰がどんな職業に就いていて、どんな家族を持っているかなど、いちいち聞きません。広場に集まった人なら誰でもが話す権利を持つのです。それは、現実的に個々の人間を規定しているさまざまな立場や属性はさておいて、ひとりの人間として他の人間に向かって話しかけ、一緒《いっしょ》に真理を追究することだと言えましょう。

　ひとりの人間として向き合うときに、男か女か、年配か若者か、どんな職業か、どれだけお金持ちかなど関係ありません。発言したことが、真理を探求する活動に貢献《こうけん》するかどうかが問題なのです。もちろん、私たちは、個人としての特性、【　ｂ　】、男性であるとか、会社員であるとか、特定の宗教を信じているとかいった特性を完全に忘れ去って発言することはできませんし、そうする必要もありません。哲学対話では自分の立場から語って構わないのです。しかし対話においては、他の人の発言に理があると思えば受け入れなければなりませんし、自分の主張にどのような根拠《こんきょ》があるかを語らなければなりません。この「理」や「根拠」は、特定の立場や役割や前提に立たなければ理解できないようなものであってはならないのです。相手に理解されるような理由や根拠で語らなければならないのです。これが人間として相手と対話し、考えるということの意味です。

　こどもどうしで哲学対話をするときにも、こどもと大人が哲学対話をするときにも、ひとりの人間として真理を探求する活動に参加します。哲学の対話に、大人もこどももありません。人間という裸《はだか》の存在になって、自分の言葉で、他者に向き合います。これは、こどもにとってよりも、【　c　】大人にとって難しいことです。

　実際に行《おこな》ってみて、大人のなかには、自分の社会的地位や立場を離《はな》れて他者と向き合うことが難しくなってしまっている人がいるのではないかと強く感じます。すこし批判されただけでも感情的に反発してみたり、自分が正しいと信じていることに疑問を挟《はさ》まれると黙《だま》りこくってみたり、自分が間違ってしまうことで体面が失われると思って発言することに強い恐《おそ》れを抱《いだ》く人がたくさんいます。人格が固くて脆《もろ》くなっている人が多いのです。人の話を聞くことは、最終的に賛成するかどうかはともかく、慣れない場所を訪問するようなものです。大人は経験する力や学ぶ力が衰《おとろ》えていて、聞くことができなくなっているからかもしれません。とくに現在の自分の立場や居場所から離れて暮らしたことのない人にとってはなおさらです。哲学はこどもにこそ向いているという人がいます。私はその意見に完全に賛成ではありませんが、⑤少なくともこどもは大人よりも「外に出る」気持ちを豊かに持っていると言えるかもしれません。こどもは、大人よりもひとりの人間として振る舞うことが容易なのかもしれません。

（河野《こうの》哲也《てつや》「『こども哲学』で対話力と思考力を育てる」）

＊哲学　…ある物事の根本の原理をつきつめようとする学問。

＊アカデミズム　…伝統的な学問の考え方。

問一　本文中の【　a　】～【　c　】にあてはまることばとして最もふさわしいものを次の中から一つずつ選び、記号で答えなさい。同じ記号は一度しか使えません。

ア　したがって　　イ　むしろ　　ウ　たとえば　　エ　または　　オ　しかし

問二　——①「そうした会話は対話へと発展していきます」について、次の問いに答えなさい。

（1）筆者の考える「会話」とはどのようなものですか。最もふさわしいものを次の中から一つ選び、記号で答えなさい。

ア　お互いに意図を持たずに言葉を交《か》わすもの。
イ　自分の考えを聞き手に分からせようとするもの。
ウ　自分の知らないことを相手から引き出していくもの。
エ　よりよい人間関係を築くために必要なもの。

（2）筆者の考える「対話」とはどのようなものですか。最もふさわしいものを次の中から一つ選び、記号で答えなさい。

ア　思ってもみなかった方向に話が進むことで、正しい結論にたどり着くもの。
イ　相手の話に刺激を受け、問うことをとおして考えが深まっていくもの。
ウ　人間関係が悪くならないように、相手の気持ちを考えながら進めるもの。
エ　間違いに気づかせるために、相手にくり返し質問を投げかけるもの。

問三 ――②「中学一年生の対話」について、次の問いに答えなさい。

（1）次の図は「中学一年生の対話」の前半と後半に着目し、その過程を整理したものです。空らん【 A 】～【 D 】にあてはまる内容を、あとの〈選択肢《せんたくし》〉の中から一つずつ選び、記号で答えなさい。同じ記号は一度しか使えません。

T 死ぬことに恐怖を感じる理由を問う

S1 【 A 】

↓

S2 【 B 】

↓

T 「無」への恐怖に関する問いを発する

↓

〈生徒から「無」に関するさまざまな考えが挙げられる〉

↓

S10 【 C 】

↓

S11 【 D 】

〈選択肢〉

ア 将来どうなるかわからないから怖い。

イ あたりまえのことができなくなるから怖い。

ウ 人と別れ、会えなくなってしまうから怖い。

エ 「無」とは、存在していない状態そのものである。

オ 「無」とは、存在はしているが見えないものである。

カ 「無」とは、死んだ人だけが経験できるものである。

（2）筆者はこの「対話」のどのような点に注目していますか。最もふさわしいものを次の中から一つ選び、記号で答えなさい。

ア　死後の存在について互いの考えを批判しあいながらも、「死」に関する理解が深まっている点。

イ　「死」に関する意見を出し合って、「死は怖い」という当たり前の考え方を疑うようになった点。

ウ　死後どうなるかについて意見を出し合いながら、「無」に関する考え方が一つにまとまっていく点。

エ　「死」への恐怖に関する話から、「無」をどのように考えるかという議論にまで発展している点。

問四 ――③「みなさんが ～ 表になるかもしれません」とありますが、表の空らん（ A ）・（ B ）にあてはまる内容の組み合わせとして最もふさわしいものを次のア～エの中から一つ選び、記号で答えなさい。

こども哲学

・哲学は過程
・哲学は問うこと
・哲学は（ A ）
・哲学のテーマは具体的な生活のなかに
・（ B ）
・自分独自の哲学を生きる

アカデミズムの哲学

・哲学は知識の体系
・哲学は学説を知ること
・哲学は少数の知性人のもの
・哲学のテーマは抽象《ちゅうしょう》的な理論のなかに
・本を読んでひとりで考える
・先人と同じ考えに到達《とうたつ》する

アカデミズムの哲学と比較《ひかく》した、こども哲学の特徴《とくちょう》

ア （A）… こどものもの
（B）… ひとりで思考して答えを出す

イ （A）… みんなのもの
（B）… いろいろな人と対話する

ウ （A）… 教師の問いから始まるもの
（B）… 屋外で経験したことから考える

エ （A）… 人それぞれで異なるもの
（B）… 互いの考えに異議を唱えあう

問五　――④「ルー・マリノフ」の例について、次の問いに答えなさい。

（1）この例をとおして、筆者は何を伝えようとしていますか。最もふさわしいものを次の中から一つ選び、記号で答えなさい。

ア　専門家でなくても、一般市民が議論を通じて考えを深めていくことがある。
イ　考えを深めるには「友情」のような身近なテーマで議論するほうがよい。
ウ　一人で考える哲学者は、一般市民よりも無力な存在になってしまう。
エ　知識がなくても人と協力すれば、正しい答えを導き出すことができる。

（2）（1）の内容をふまえ、本文中の【　I　】に入る慣用的な表現として最もふさわしいものを次の中から一つ選び、記号で答えなさい。

ア　類は友を呼ぶ　　イ　論より証拠《しょうこ》　　ウ　猿《さる》も木から落ちる　　エ　三人寄れば文殊《もんじゅ》の知恵《ちえ》

問六　――⑤「少なくとも～豊かに持っている」とありますが、「外に出る」とはどのようなことですか。最終段落の表現を用いて、四十字以内で説明しなさい。

二、次の文章は、森沢明夫《もりさわあきお》『あなたへ』の一部です。受刑者《じゅけいしゃ》に木工を教える仕事をしている倉島英二《くらしまえいじ》は、十五年前に洋子と結婚《けっこん》し、ふたりで暮らしていました。【文章Ⅰ】はこの作品のはじめの部分、【文章Ⅱ】は入院中の洋子の様子が描《えが》かれた場面、【文章Ⅲ】は【文章Ⅱ】の後に書かれた洋子の遺書です。これらを読んで、あとの問いに答えなさい。（句読点や記号はすべて一字に数えます。）

【文章Ⅰ】

少し、肌寒《はだざむ》いかな……。

リビングの椅子《いす》で文庫本を読んでいた倉島英二は、エアコンのスイッチを切り、代わりにベランダに通じるガラス窓を開け放った。

網戸《あみど》の向こうの宵闇《よいやみ》から、鈴虫《すずむし》たちの恋歌《こいうた》と一緒《いっしょ》に、北陸の艶《なまめ》かしい夏の夜風がふわりと忍《しの》び込《こ》んできた。

ⓐ凛《りん》――。

窓辺に吊《つ》るした風鈴《ふうりん》が、涼《すず》しげな音色を奏《かな》でる。

「いい音」

二人掛《が》けの古いソファにぐったりと身体《からだ》を横たえた妻の洋子が、少しかすれた声を出した。

「起きてたのか」

「ええ……」

洋子はエビのように丸くなって、ぼんやりと風鈴の方を眺《なが》めていた。薄手《うすで》のタオルケットをかけていても骨格が透《す》けて見えそうなほどに痩《や》せた身体が痛々しい。

「もうすぐ、八月も終わりだな……」

何気なくつぶやいた英二だったが、①自分の口から出たその台詞《せりふ》が不用意なものであったことに気づくと、続く言葉を失ってしまった。

しかし洋子はむしろ、ふっと微笑《ほほえ》みながら明るめの声を返す。

「そうね。もう九月ね」

「……………」

思わず、すまん、と謝《あやま》りそうになった英二だが、その台詞だけはなんとか喉元《のどもと》で呑《の》み込んだ。

八月が終われば、当然、九月だ。

だが、その九月は――五十三年という、あまりにも短すぎる洋子の人生に終《しゅう》止《し》符《ふ》が打たれると宣告された月でもあった。

悪性リンパ腫《しゅ》。

余命は六ヶ月《かげつ》。

担当医に宣告されたあの日から、ちょうど五ヶ月が経《た》った今日、洋子は久《ひさ》し振《ぶ》りに富山刑務所《けいむしょ》・職員官舎の二〇二号室——自宅へと帰ってきたのだった。

いわゆる「最後の帰宅」というやつだ。

洋子の身体に芽吹《めぶ》いた癌細胞《がんさいぼう》は、すでに全身に転移していて、もはや医師たちには手のほどこしようがなくなっていた。つまり、癌は、憎々《にくにく》しいほどきっちりと余命宣告どおりに洋子の命を蝕《むしば》んでいるのだ。

ⓑ凜。

ふたたび風鈴が鳴ると、洋子は怠《だる》そうな身体を起こして、「ふぅ」と気力を奮い立たせるような息を吐《は》いた。

「ねえ、あなた」

「ん？」

「レモンスカッシュみたいな、冷たくてすっきりしたジュースが飲みたいわ」

夕食はほとんど喉を通らなかったのだが、飲み物なら受け付けるようだ。

「そうか。じゃあ、その辺で買ってくるよ」

読みかけの文庫本をテーブルに置き、英二は立ち上がった。

「わたしも、行くわ」

「え……」

ⓒ凜——。

風鈴が鳴る。

「せっかく、気持ちよさそうな夜ですから」

洋子はソファの背もたれにつかまりながら、ゆっくりと立ち上がった。

「大丈夫《だいじょうぶ》か？」

「大丈夫なように、エスコートしてくださいね」

「エスコート？」

英二をからかった洋子は、くすっと笑って奥《おく》の部屋へ入ると、着ていた寝間着《ねまき》を着替《きが》えはじめた。

英二は着古したTシャツにジャージのズボンのまま財布《さいふ》を手にし、洋子の着替えを待った。

ところが、五分待っても洋子は奥の部屋から現れなかった。
まさか――。
「洋子」
声をかけつつ、ふすまを開けると、鏡台に向かって化粧《けしょう》をする妻の横顔があった。
「ごめんなさい。もうちょっとだから」
「その辺のコンビニまで行くのに、わざわざ化粧をするのか？」
よく見ると、着ている服までよそ行きのものだった。
ネックレスにイヤリングまで付けている。
いったい、どういう風の吹《ふ》き回しだろうか。
抗《こう》がん剤《ざい》治《ち》療《りょう》をはじめてからはみるみる痩せて、張りを失った唇《くちびる》に、少し明るめの口紅をひいた洋子は、上下の唇を擦《こす》り合わせながら鏡に映る英二の顔を見た。
鏡の中で目が合うと、にっこりと微笑んだ。
「ちょっとだけ、頑張《がんば》らせてくださいな」
「え？」
②「きっと、最後のデートですから」
「……………」
英二は何も言わず、自分もジャージのズボンを新しめのスラックスに穿《は》き替え、Tシャツの上にパリッと糊《のり》の利《き》いたボタンダウンの半袖《はんそで》シャツをはおった。

【文章Ⅱ】

Ⓐ
わたしが入院している病室は五階の角部屋で、窓からの見晴らしをとても気に入っている。
眼下に見下ろす瓦屋根《かわらやね》の家々の向こうに、こんもりとした小さな森と、ゆったり流れる川を見晴らせるから。
でも、今日のように一日中白いベッドに倒《たお》れ込んでいると、そんなお気に入りの風景すらも眺められないのが残念だ。
もう少し窓を下に作ってくれれば、重篤《じゅうとく》な病人でも寝《ね》たまま風景を愉《たの》しめるのに……。

エビのように身体を丸くしたわたしは、空しか見えない窓をぼんやりと眺めながら思う。
病院を設計するのはきっと健康な人だろうから、そんな細かなところにまでは配慮《はいりょ》が行き届かないのだろう。それは、仕方のないことだ。人は所詮《しょせん》、人なのだ。他人の気持ちをすべて理解できるような神様にはなれない。

でも――。

と、わたしは思う。

もしも、あの人が病院を設計したとしたら、こういう些細《ささい》なところにまで、きっと気を遣《つか》ってくれるはずだと。

今日は抗がん剤の副作用で身体が信じられないくらいに重たかった。全身の毛細血管の隅々《すみずみ》にまで粘土《ねんど》が詰《つ》まってしまったのではないかと思うほどだ。

それでも、吐き気がだいぶおさまってきたから、気分はずいぶんとましになっていた。

さてと……。

情けないくらい弱ってしまった筋肉にぐっと力を込めて、ベッドの上に上半身を起こすと、わたしは備え付けのテーブルを引き寄せた。さらに枕元《まくらもと》のハンドバッグのなかから便箋《びんせん》の束と使い慣れた万年筆を取り出す。

ふう……。

たったのこれだけで、もう疲労《ひろう》を感じてしまうなんて。

お気に入りの窓から、今日はじめての風景を眺めた。

夏空が中途半端《ちゅうとはんぱ》に暮れかけていて、森と川から色彩《しきさい》を奪《うば》っていた。なんだか夢のなかの風景みたいに、いまいちはっきりとしない感じなのだ。③でも、時計の長針があと一周もすれば、世界はきっと美しい暖色に染められるだろう。

わたしは窓から視線を戻《もど》して、静かに便箋の扉《とびら》のページを開いた。中面には＊ホタルブクロの花が描かれている。わたしの好きな花だ。

④凜。

あの人と一緒に住み慣れた官舎で聞いていた風鈴の音色を思い出して、気持ちがだんだんと澄《す》んでいく気がする。

わたしは万年筆のキャップを外した。

と――、ここまでは、毎日おなじ動作を繰《く》り返してきた。でも、この先の段階へは、なかなか進めないでいる。あの人に書き残す最後のメッセージに、何を書いたらいいものか、迷いに迷い続けているのだった。

＊すでに塚本久美子《つかもとくみこ》さんに電話をして、遺言《ゆいごん》サポートセンターの件をお願いしてしまったから、いまさら書かないわけにもいかない

し、書かずに死んだとしたら、ひどい後悔《こうかい》をこの世に残してしまうに違《ちが》いない。
でも、万年筆は動いてくれない。
書くべき方向性は、わかっているのに。
わたしらしく人生を終えるための遺言であり、あの人らしく、これからの人生を生きてもらうための手紙にするのだ。
もちろん、感謝の気持ちもたっぷりと込めたい。
この人生で、あの人にしてもらったことにたいする恩返しになれたら、さらにいい。
恩返し――。
ふと、この遺言が何らかのプレゼントになりはしないか、と考えてみた。
プレゼント……。
うん、とわたしは一人で頷《うなず》いてみる。
遺書がプレゼントになっているというのは、悪くないアイデアに思えてきた。
わたしの人生で、最後にして最大のプレゼントにできたら嬉《うれ》しい。
なんとなく、また窓の外に目をやった。
刻々と空の色は変化していき、世界の色も塗《ぬ》り替えられていく。
小さな森のいちばん高い樹《き》のてっぺんに、沈《しず》みつつある太陽が少しだけ触《ふ》れているのを見て、わたしは思った。
もうすぐ、あの人が来てくれる。
今日もきっと、ぼそぼそと照れ臭《くさ》そうな声色《こわいろ》で、たくさんの優《やさ》しい言葉をプレゼントしてくれることだろう。
「洋子の好きな更科《さらしな》蕎麦《そば》屋《や》が市内にできたらしいよ。今度、食べに行こう」
「洋子のお気に入りの作家の新刊が出ていたから。ほら、買ってきたよ」
「*洋子のキャンピングカー、ようやくキッチンの収納ができたよ」
洋子、洋子、洋子――。
④はあ……。
わたしはため息をついた。
あの人は、この十五年間に何度、わたしの名前を呼んでくれただろう。

洋子。

空気のように、極々《ごくごく》あたりまえに聞こえていたわたしの名前。でも、いまは違う。あの人に「洋子」と呼ばれるたびに、小さくてきらきらした幸福感が、わたしの内側に積み重なっていくのがはっきりとわかるのだ。

普通《ふつう》に名前を呼んでもらえるという、普通でない幸せ――。

嗚呼《ああ》、こんなにも素敵《すてき》なことに、どうしてもっと早く気づかなかったのだろう。

中途半端な歌い手から、公務員の嫁《よめ》へ――わたしの人生は、とても平凡《へいぼん》で、まるっきり取るに足りなくて、ありふれていて、だからこそ、こんなにも幸せだったのに……。

どうして、こんなにも早く、わたしは……。

ぽろりとしずくがふたつ頬《ほお》を伝い落ちて、ホタルブクロの絵を濡《ぬ》らしてしまった。

いけない、いけない。

寝間着の袖で、それを吸い取った。

ひとつ深呼吸をして、万年筆をにぎりなおす。

幸せなわたしからのプレゼントとなる、最後のメッセージ。

まず、最初の一行は……。

そう、やっぱり「洋子」の代わりに――。

あなた

わたしの人生のいちばん幸福なときに、わたしがいちばんたくさん口にした「あなた」という空気のような単語を書いてみた。

あなたへ

空気のような単語の恵《めぐ》み深さを想《おも》ったら、またしずくが頬を伝い落ちた。

もうすぐ、その単語を口にできなくなることを想うと、さらにぽろぽろとしずくが落ちてしまう。

わたしは枕元からティッシュを一枚とって、目元を押《お》さえた。

窓の外を見ると、世界はじわじわと蜜柑《みかん》色に染まりはじめていた。
もうすぐ、あの人が来てしまう。
香《こう》ばしくて、優しい、木の匂《にお》いをまとって。
手紙を見られたらたいへんだから、続きはやっぱり、また明日にしようかしら。
あの人とわたしの明日は……きっと、まだ、もう少しはありそうだし。
いや。わたしがいなくなっても、あの人にはまだ明日がある。明日の明日もあるし、ずっとその先にも明日はやってくるだろう。
あの人はまだ、旅の途中を生きているのだ。
まだまだゴールなんて見えていないはずだ。
旅人なのだ、あの人は。
そう思ったとき、わたしのなかに、きらりとひらめきの星が降ってきた気がした。
そうか……。
わたしは、なんだか素敵なことを思いついてしまった。
旅に出よう。
あの人とふたりで、旅に。
あの人が作ってくれた「洋子のキャンピングカー」で。
目的地は――。
どこがいいかしら……。
ふとお気に入りの窓の外を見たら、世界はさらに赤く染まっていた。
きれいな夕焼け――。
わたしのなかで、その美しいオレンジ色の空は、小さな赤灯台のある懐《なつ》かしい風景と重なって見えた。
ふふふ……。
わたしはひとり、ベッドの上で微笑んだ。
⑤あなたに「羽」をプレゼント。
そっと便箋の上にペン先を置いた。
万年筆は、うれしそうにさらさらと滑《すべ》りだしてくれた。

【文章Ⅲ】

（洋子の一通目の遺書には、「わたしの遺骨は、故郷の海にまいてください」と書かれていました。洋子の遺言にしたがい、英二はキャンピングカーに遺書と洋子の遺骨、風鈴をのせ、富山県から彼女《かのじょ》の故郷である長崎県の薄香《うすか》に行きます。そこの郵便局で、二通目の遺書を受け取りました。）

あなたへ

人生のおしまいに、こんないたずらを仕掛《しか》けてしまって、ごめんなさい。

でも、せっかくわたしのために作ってくれたキャンピングカーですから、せめて一度くらいは、あなたと「一緒に」旅をしてみたかったのです。

わたしのなかでは「新婚《しんこん》旅行」のつもりなんですよ。

ここまでの旅は、いかがでしたか？

わたしはきっと、あなたのそばで素敵な思い出をたくさん作っていることだろうと思います。

想像すると、病床《びょうしょう》でもわくわくしてきます。

正直に言うと、人生は思っていたより、ずっと短かったです。

いま、生まれてすぐに壊《こわ》れて消えてしまうシャボン玉の気持ちが、少しだけわかる気がします。もっともっと、屋根より高く、空の果てまで、二つのシャボン玉がくっついたまま飛んでいたかった。

でも、片方は、もうすぐ割れてしまいそう。

素敵な*ランデブーも、そろそろお終《しま》いです。

とても、淋《さび》しいですけれど。

でも、そんなふうに自分の「生」を愛《いと》おしく思えるということは、わたしがとても幸せな人生を送れたという証《あかし》でもありますよね。

わたしはもうすぐこの世からは離《はな》れますけれど、あなたと巡《めぐ》り会えて、穏《おだ》やかに寄り添《そ》って暮らすことのできたこの人生を、いまは心から喜ばしく思っています。

一緒だった時間が愛おしくて、愛おしくて、一人でいると、つい涙《なみだ》がこぼれてしまいます。

いま、わたしをこの世に誕生させてくれた両親と、あなたをこの世に誕生させてくれたご両親に、とても深く感謝の気持ちを抱《いだ》いています。
薄香の海は、いまでもきれいでしょうか？
秋ならばきっと、＊アゴのいい匂いが集落に漂《ただよ》っているのでしょうね。想像すると、懐かしくて、ため息が出てしまいます。
あの海に散骨をしてもらえたら、いよいよあなたとお別れです。
どうか、あなたは、あなたのこれからの人生を、自由に心ゆくまで生きてください。
今回の旅は、わたしが強引《ごういん》に誘《さそ》い出しましたが、これからのあなたには、あなただけの「一歩」があると思うのです。その一歩を踏《ふ》み出して、どんどん素敵な人生を歩んでいってください。
たまに、わたしのことを思い出してくれたなら、いちばん近くの海に来てくださいね。わたしはこの小さな島国をぐるりと取り囲んで、いつでもあなたの幸せを祈《いの》っています。
いま、嘘偽《うそいつわ》りなく、いえます。
あなたと出会えたことは、わたしの人生における最良の奇跡《きせき》でした。
出会ってくれて、本当にありがとう。
心から。

倉島洋子

（森沢明夫『あなたへ』）

＊ホタルブクロ…野山に生える植物。夏につりがね型の薄《うす》い紫《むらさき》色の花をつける。
＊すでに塚本久美子さんに～お願いしてしまった…入院中、洋子は、英二の上司の妻である塚本久美子に、自分が死んだら遺言サポートセンターに連絡《れんらく》し、自分の預けた遺言を英二に渡してもらうようにお願いしていた。
＊洋子のキャンピングカー…洋子が余命宣告を受けた後に、「いつか、こういう車で自由気儘《きまま》に旅するのって、素敵じゃない？」と言って、欲《ほ》しがっていたキャンピングカーのこと。
＊ランデブー…男女が会うこと。デート。
＊アゴ…トビウオのこと。

問一 ━━①「自分の口から出たその台詞が不用意なものであった」とありますが、どのような点で不用意なのですか。次の空らんにあてはまるように二十字以内で答えなさい。

英二の発言が、［　　　　（二十字以内）　　　　］**点。**

問二 ━━②「『………』 英二は ～ 半袖シャツをはおった」とありますが、ここでの英二の気持ちにあてはまるものを次の中から**二つ**選び、記号で答えなさい。

ア　長生きしたかったはずなのに、死を受け入れるしかない妻に同情している。
イ　妻の切実な気持ちを受け止め、それに応えるしかないと感じている。
ウ　コンビニに行くだけなのに化粧までする妻の心情が理解できず戸惑《とまど》っている。
エ　死に対する妻の覚悟《かくご》が思いのほか強いことを知り、衝撃《しょうげき》を受けている。
オ　英二を気づかう余裕《よゆう》もなく、自分の都合だけで発言する妻におどろいている。

問三　**【文章Ⅱ】**のⒶの部分から読み取れることとしてふさわしいものを次の中から**二つ**選び、記号で答えなさい。

ア　退屈《たいくつ》な入院生活を快適にする方法を前向きに考えている。
イ　抗がん剤の効果で洋子の病は少しずつ快方にむかっている。
ウ　洋子は長年連れそった夫に対して厚い信頼《しんらい》を寄せている。
エ　風景を通して、生への希望を見出《みいだ》す洋子の心情が表現されている。
オ　病や薬の副作用で苦しむ洋子の姿が比ゆを用いて表現されている。
カ　「……」や「――」により、病室の静けさが際立つように表現されている。

問四　――③「でも、時計の長針が　～　染められるだろう」からは、洋子の期待を二つ読み取ることができます。一つは、病室が夕焼けできれいに色づくことですが、もう一つは何ですか。**【文章Ⅱ】**をふまえ、十字程度でわかりやすく答えなさい。

問五　――④「はあ……。」とありますが、ここでの洋子の気持ちとして最もふさわしいものを次の中から一つ選び、記号で答えなさい。

ア　十五年間の生活の中で、夫は名前を呼ぶことで自分に幸福感を与《あた》えてくれていたが、自分は夫に対して何もできなかったことを後悔している。

イ　今までは名前で呼ばれることに戸《と》惑《まど》いを感じていたが、死が近づくにつれてそのありがたみに気づき、英二に対して感謝している。

ウ　夫が優しく名前を呼んでくれるたびに、自分の死が近づいていることを意識させられ、英二を残して死ぬことへの無念さをつのらせている。

エ　いつも名前を呼んで語りかけてくれていたことに夫の愛情が表れていたのだと気づき、いかに自分が幸せに満たされていたのかを実感している。

問六　――⑤「あなたに『羽』をプレゼント」とありますが、ここには洋子のどのような思いがこめられていますか。文章全体をふまえ、次の空らんにあてはまるように二十字以内で答えなさい。

自分が死んだ後、英二に［（二十字以内）］という思い。

問七　〰〰ⓐ～ⓓの風鈴の音に関する説明として**あてはまらないもの**を次のア～エの中から一つ選び、記号で答えなさい。

ア　ⓐ…風鈴の音が夏の終わりの季節感をそれとなく示している。

イ　ⓑ…洋子が身を起こし、次の行動に移るきっかけを与える音になっている。

ウ　ⓒ…はかない風鈴の音で、洋子の命が尽《つ》きることをほのめかしている。

エ　ⓓ…二人での幸せな生活と結びつけながら、洋子が想起した風鈴の音である。

問八　**【文章Ⅲ】**（二通目の遺書）は「あなたへ」ではじまっています。洋子は、どうして「英二」ではなく「あなた」という言葉で書きはじめたのですか。文章全体をふまえ、次の空らんにあてはまるように十字以内で考えて答えなさい。

「あなた」は洋子にとって［（十字以内）］言葉だから。

2023(R5) 広島女学院中
教英出版

三、次の①～⑩の――のひらがなの部分を漢字にしなさい。必要があれば送りがなも書きなさい。また、⑪・⑫の――の漢字の読みをひらがなで書きなさい。

① 生活をいとなむ。
② 事故現場にやじ馬がむらがる。
③ まずしい生活をしている。
④ ひょうじゅん語を用いて文章を書く。
⑤ かんけつな文章にまとめる。
⑥ 彼女《かのじょ》はぎゃっきょうに強い。
⑦ 大きなこうせきを残す。
⑧ 大量の食料をちょぞうする。
⑨ 何事もゆだんしてはいけない。
⑩ 大雨けいほうが発表される。
⑪ 説明を省く。
⑫ 先生に決定を委ねる。

四、次の意味を参考にして、（　）に漢字を入れて慣用句や四字熟語を完成させなさい。

① 非常にびっくりすること。また、感心すること。　＝（　）を巻く
② 職業などがその人にぴったり合った感じになること。　＝（　）につく
③ 言いわけなどをせず、ひたすら謝《あやま》ること。　＝平身（　）（　）
④ すぐれた人は年をとってから大成するということ。　＝大（　）（　）成

２０２３年度

広島女学院中学校入学試験

算　数

５０分／１２０点満点

受験上の注意

１．試験開始の合図があるまで，この問題冊子の中を見てはいけません。

２．解答用紙は，この冊子の間にはさんであります。

３．問題は1ページから9ページまであります。
試験開始の合図があったら，ページ数および解答用紙を確認し，
受験番号，名前を解答用紙に記入し，解答を始めなさい。

４．解答はすべて解答用紙に記入しなさい。

1．次の計算をしなさい。（4）と（5）では，□にあてはまる数を求めなさい。

（1）　$172\times23+92\times41-131\times23+8\times41$

（2）　$32.896\div(1.03-0.71)$

（3）　$3\times\left\{4-\dfrac{5}{18}\div\left(\dfrac{5}{6}-\dfrac{3}{4}\right)\right\}\div2$

（4）　$48+\left(180-\square\right)\div4=63$

（5）　2つの数 A，B について，A＊B の計算を A＊B＝A×B−A＋B と約束します。このとき，（10＊6）＊（3＊2）＝□

2．次の問に答えなさい。

（1）正解すると５点の問題と３点の問題があります。あやめさんは20問正解して，合計得点が86点でした。あやめさんは５点の問題を何問正解しましたか。

（2）ある品物を5000円で仕入れ，いくらかの利益を見込んで定価をつけました。しかし売れないので，定価の２割引きにして売ったところ，1000円の利益が出ました。はじめにつけた定価はいくらですか。

（3）横幅《はば》が６ｍの壁《かべ》に，横幅60 cmの絵６枚を同じ間隔《かく》で横一列に並べます。壁の両端《はじ》は，絵と絵の間隔の1.5倍あけたいと思います。絵と絵の間隔は，何cmずつにすればよいですか。

（4）直方体の形をした容器A，Bと円柱の形をした容器Cがあります。容器A，B，Cに同じ量の水を入れると，水の深さがそれぞれ30 cm，20 cm，12 cmになりました。つぎに，容器A，Bに入っている水の一部を容器Cに移し，容器A，B，Cの水の深さがすべて同じになるようにしました。水の深さは何cmになりますか。

（5）図のように，アルファベットの書かれた席から3か所を選びます。ただし，選んだ席に隣《とな》り合う席は選べません。例えば，Aの席を選んだ場合，BとEの席は選べず，Bの席を選んだ場合，AとCとFの席は選べません。このとき，3か所の席の選び方は全部で何通りありますか。この問題は，求める過程も書きなさい。

A	B	C	D
E	F	G	H

3．次の問に答えなさい。

（1）図の角アの大きさを求めなさい。

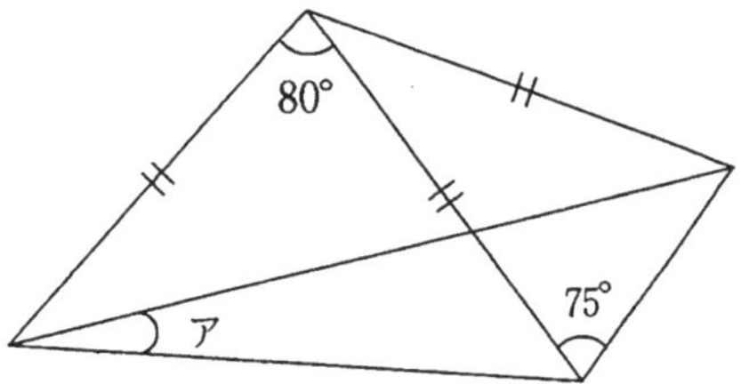

（2）図の四角形 ABCD は高さが 10 cmの台形です。三角形 DEC の面積が 24 cm^2 のとき，四角形ABFE の面積を求めなさい。

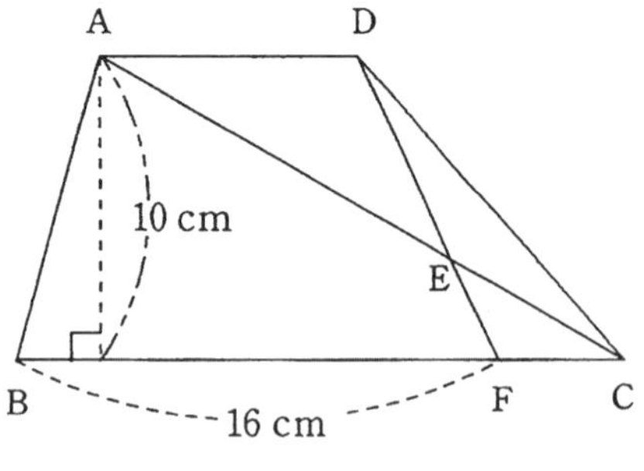

（3）図は，１辺の長さが 40 m の正方形と，半径 40 m の円の $\frac{1}{4}$ を合わせた形の倉庫を真上から見たものを表しています。また，倉庫内には２枚の壁があります。このとき，次の問に答えなさい。

① 点 A の位置から倉庫内を見渡《わた》したとき，見ることのできない部分を塗《ぬ》りなさい。

② ①で塗った部分の周の長さの和を求めなさい。ただし，壁の厚みは考えません。また，円周率は 3.14 とします。

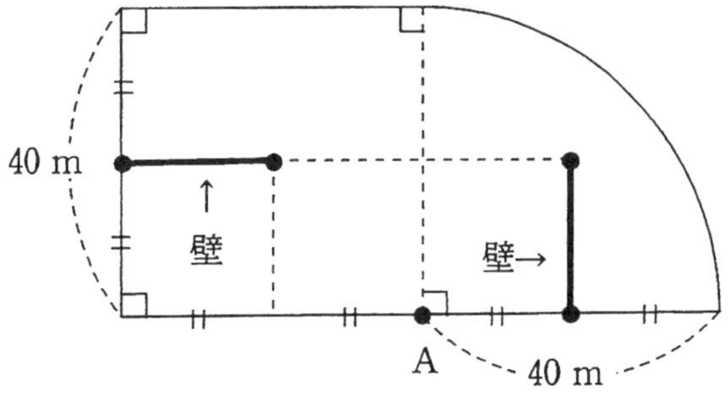

（4）１辺が１cmの立方体を 30 個，机の上にすき間なく積み上げて，図のような立体を作り，表面を絵具で塗りました。ただし，机と接している面に絵具は塗りません。立体の表面を絵具で塗った後，立体をバラバラにくずしました。このとき，30 個の立方体の，絵具の塗られていない部分の面積の和を求めなさい。

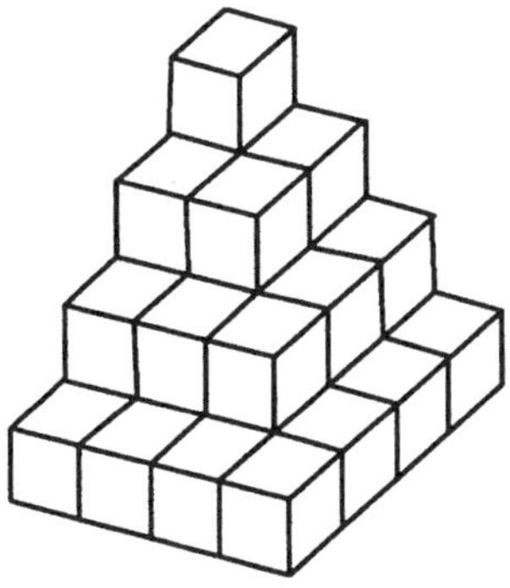

4．次の①，②のような規則で分数をつくり，左から順に並べます。

規則①　分子は 1，3，5，7，9 をくり返す。 規則②　分母は 2，4，3，5 をくり返す。

$$\frac{1}{2},\ \frac{3}{4},\ \frac{5}{3},\ \frac{7}{5},\ \frac{9}{2},\ \frac{1}{4},\ \cdots\cdots$$

このとき，次の問に答えなさい。

（1）約分して1になる最初の分数は，左から数えて何番目ですか。

（2） 2回目の $\frac{1}{2}$ が出るのは，左から数えて何番目ですか。

（3）左から数えて2023番目の分数を答えなさい。

（4）1番目から100番目までに，1より小さい分数はいくつありますか。

（5）1番目から2023番目までに，1より大きい分数はいくつありますか。

5．あやめさんとお姉さんは，家から 2160 m離《はな》れた図書館まで行きます。あやめさんは家を出発し，分速 48 mの速さで 30 分歩いて，５分休憩《けい》した後，走って図書館へ向かいました。お姉さんは，あやめさんが出発してから３分後に家を出発し，歩いて図書館に向かいました。あやめさんとお姉さんは，同時に図書館に到《とう》着しました。【グラフ１】は，あやめさんが家を出発してからの時間と，あやめさんの進んだ道のりを表したものです。【グラフ２】は，あやめさんが家を出発してからの時間と，お姉さんの進んだ道のりを表したものです。このとき，次の問に答えなさい。

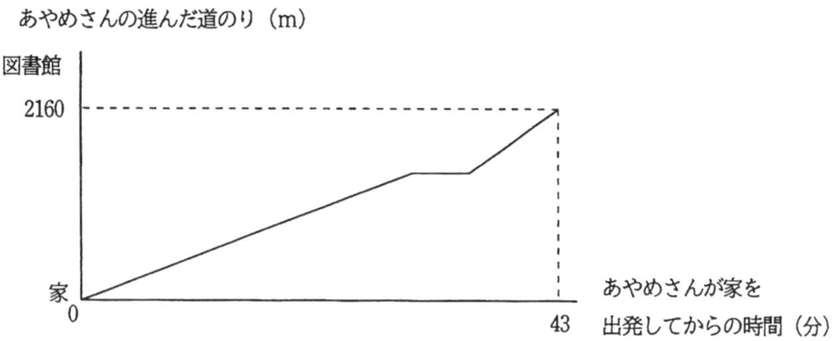

【グラフ１】

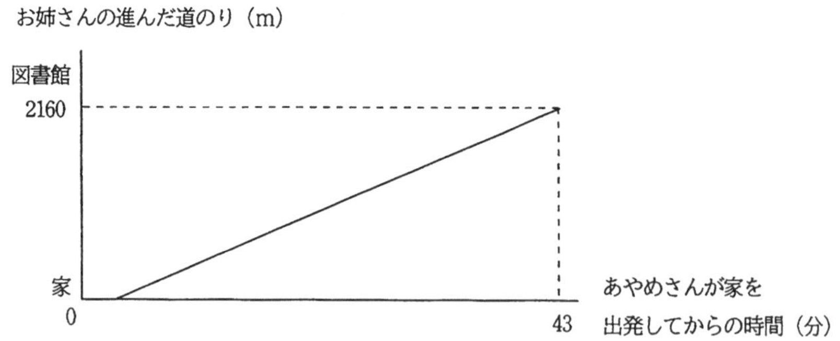

【グラフ２】

（1）次の［ア］から［オ］にあてはまる数を答えなさい。

① あやめさんが休憩したのは，家から［ア］m 離れた場所である。

② あやめさんの走る速さは分速［イ］mである。

③ お姉さんの歩く速さは分速［ウ］mである。

④ お姉さんがあやめさんを追い抜くのは，あやめさんが家を出発してから［エ］分後である。

⑤ 2人の間の距離《きょり》が最大になるのは，あやめさんが家を出発してから［オ］分後である。

（2）あやめさんが家を出発してからの時間と，2人の間の距離の関係をグラフに表しなさい。

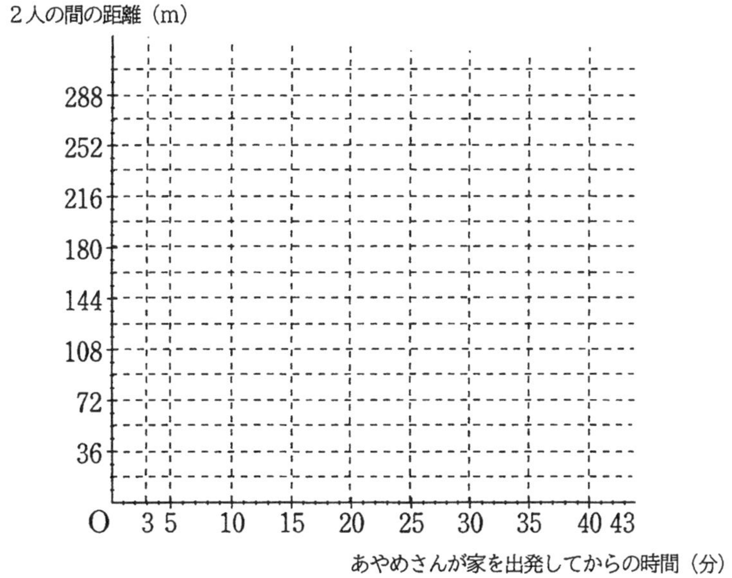

（3）お姉さんも，30 分歩いて5分休憩したとすると，あやめさんより5分遅れて図書館に到着します。ただし，お姉さんの歩く速さは一定です。このとき，2人の間の距離が最大となるのは，あやめさんが家を出発してから何分後ですか。また，その距離は何mですか。

２０２３年度
広島女学院中学校入学試験

社会・理科

社会・理科合わせて５０分／各５０点満点

受験上の注意

１．試験開始の合図があるまで，この問題冊子の中を見てはいけません。

２．解答用紙は，この冊子の間にはさんであります。

３．問題は社会 1 ページから 12 ページまで，理科 14 ページから 29 ページまであります。解答用紙は社会白色，理科緑色のそれぞれ 1 枚ずつです。試験開始の合図があったら，ページ数および解答用紙を確認し，受験番号，名前をそれぞれの解答用紙に記入し，解答を始めなさい。

４．解答はすべてそれぞれの解答用紙に記入しなさい。

社　会

1．　広島《ひろしま》市の小学校に通っている信一《しんいち》さんとあやめさんは，社会科の授業で「地球温暖化」について調べてレポートを書くことになりました。二人の会話を読み，後の問に答えなさい。

信一さん　「今年の夏も本当に暑かったね。先生が昔はこれほど暑くなかったっておっしゃっていたよ。地球温暖化を解決しなきゃいけないね。」

あやめさん「じゃあわたしたちのレポートのテーマは，“地球温暖化”にしよう。」

信一さん　「地球温暖化って地球の気温が上がっているっていうことだよね。どのくらい上がってきているのかな。」

あやめさん「(A) インターネットで検さくして調べたら，世界の平均地上気温は，1880 年から 2012 年の間に 0.85℃上昇《しょう》した，って書いてあるよ。広島県のホームページにも，(B) 広島の平均気温がこの 100 年間で 2℃上昇したって書いてあるよ。」

信一さん　「そもそも，地球温暖化はなんで起きているのかな。」

あやめさん「さっき図書館で借りてきた本には，温暖化は石油や石炭などを燃やすことによって発生する二酸化炭素などの（　C　）ガスが大気中に増えることが原因だと書いてあるよ。」

信一さん　「日本は石油や石炭などを燃やす火力発電中心の国だから，地球温暖化を防ぐためには発電方法を見直す必要があるね。燃料を必要としない風力発電などの再生可能エネルギーによる発電を増やすのはどうかな。」

あやめさん「うん，でも (D) 火力発電・風力発電にもそれぞれ長所・短所があるから，それらをしっかり考える必要があるね。」

信一さん　「(E) 自動車の燃料は石油から作るガソリンだね。自動車の増加も地球温暖化の原因になっているね。」

あやめさん「地球温暖化によってどんな影響があるんだろう。」

信一さん　「海水面が高くなったり，降水量が多くなって自然災害などが増えることが予想されているよ。」

あやめさん「広島市の南部は三角州で海に面しているから，海水面が高くなると，大潮や (F) 高潮（台風による風や低気圧によって海水面が高くなる現象）のときに，海に面した低地が浸《しん》水してしまうおそれがあるね。」

信一さん　「今二人で調べたり話したりしたことをレポートにまとめよう。地球温暖化は世界的な問題でもあるし，身近な問題でもあるね。(G) 私たちができることを考えることも必要だね。」

（1）　下線部（A）について，知りたいことをホームページや本を使って調べることに関して述べた文として最も適当なものを，次の（ア）～（エ）の中から選び，記号で答えなさい。

（ア）　政府や公的な機関が作成したホームページよりも，個人が作成したホームページの方がくわしく正確であるので，積極的に参考にするべきである。

（イ）　大学の先生や専門家の人に聞きたいことをメールで質問してもよい。

（ウ）　学校の図書館にある本はすべて信頼《らい》できるので，本の作者や発行年などは気にしなくてもよい。

（エ）　個人へのインタビューは，その人の考えにかたよるので，さけなければならない。

（2）　下線部（B）について，次の雨温図は，広島，長野《ながの》，富山《とやま》，高知《こうち》のいずれかの都市のものである。広島にあてはまるものを次の（ア）～（エ）の中から１つ選び，記号で答えなさい。

（ア）

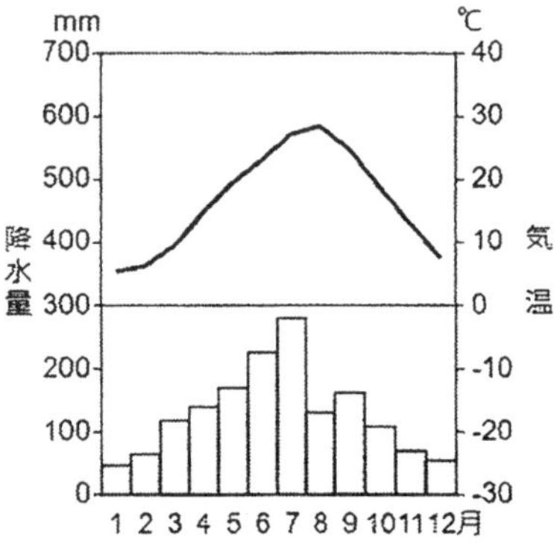

（イ）

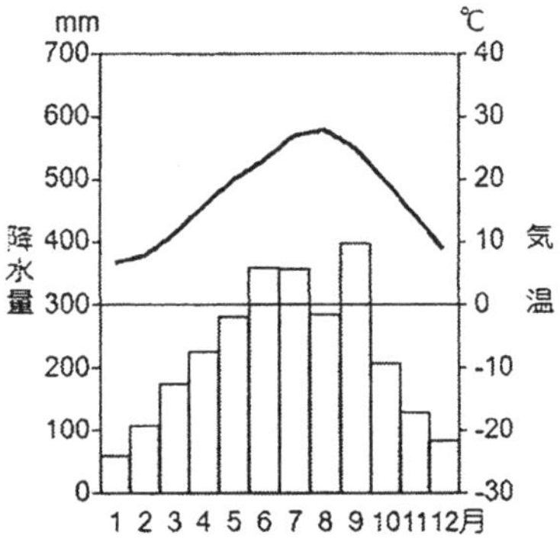

（ウ）

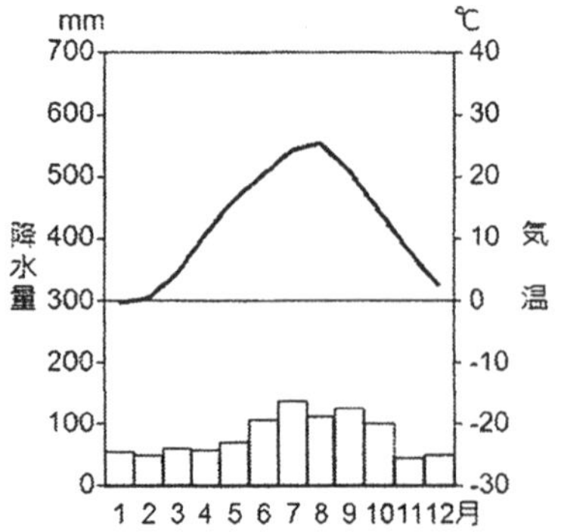

（エ）

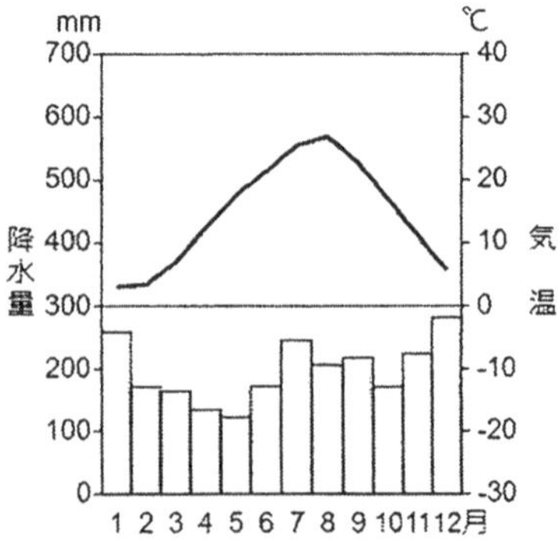

（『日本国勢図会 2022/23』などより作成）

（3）　空欄（　C　）にあてはまる語句を漢字４字で答えなさい。

（4）　下線部（D）について，信一さんは火力発電と風力発電の長所・短所を以下の【表１】のようにまとめました。【表１】中の①・②にあてはまるものを，後の文（ア）～（エ）からそれぞれ１つずつ選び，記号で答えなさい。

【表１】

	〈長所〉	〈短所〉
火力発電	①	発電の際に二酸化炭素を多く出し，地球温暖化の原因となる。
風力発電	発電の際に二酸化炭素が出ない。	②

（ア）　発電に適した場所が少ない。
（イ）　燃料を使わない。
（ウ）　発電量が安定している。
（エ）　燃料や廃棄《はいき》物のあつかいが難しく，事故が起きると長く大きな被《ひ》害が出る。

（５）　下線部（E）について，日本の自動車生産に関する次の【図１】「日本の自動車生産・輸出と日本メーカーの海外生産」・【表２】「日本の自動車の生産台数と輸出入」を参考にして，次の文（ア）～（エ）のうち，内容が**適当でないもの**を１つ選び，記号で答えなさい。

（ア）　日本では，高度経済成長期に国内向けを中心に生産をのばした。

（イ）　1990 年代以降，アメリカでの現地生産が増え，その後アジアでの現地生産の割合が増加した。

（ウ）　地球温暖化対策のため，2007 年から 2008 年にかけて，国内生産・輸出ともに減少した。

（エ）　新型コロナウイルス感染症《せんしょう》の世界的な拡大の影響《えいきょう》で，自動車の売れ行きが一時的に減ったり，部品の生産や輸出入に影響が出たため，国内生産・海外生産ともに減少した。

【図１】「日本の自動車生産・輸出と日本メーカーの海外生産」

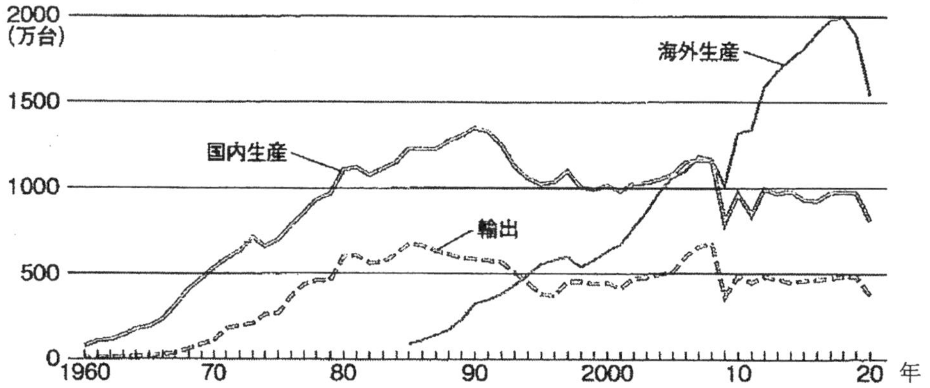

（『日本のすがた 2022』より）

【表２】「日本の自動車の生産台数と輸出入」（単位：万台）

	1980 年	1990 年	2000 年	2010 年	2019 年	2020 年
国内生産台数	1104	1349	1014	963	968	807
輸出台数	597	583	446	484	482	374
海外生産台数	---	327	629	1318	1885	1538
（うちアジア）	---	95	167	713	1085	917
（うちアメリカ合衆国）	---	130	248	265	353	272

（『日本のすがた 2022』より作成）

（6） 下線部（F）について，災害での被害を予想し，被害のおそれのある地域やひなんに関する情報をのせた地図のことを一般的に何と言いますか。カタカナで答えなさい。

（7） 下線部（G）について，信一さんは，地球温暖化を解決するためにわたしたちが家庭でできる具体的な方法について，次の【表３】を使って説明することにしました。どのように説明したらよいですか。解答らんに合うように説明しなさい。

【表３】家庭から排《はい》出される二酸化炭素の用途《と》別内訳（世帯当たり）

用途	割合
照明・家電製品などから （暖房《ぼう》・冷房を除く）	32.4 %
自動車から	22.7 %
暖房から	15.9 %
給湯から	15.0 %
その他	14.0 %

（JCCCA ホームページより作成）

2．　みなさんは，SDGs という言葉を聞いたことがあると思います。これは，持続可能な社会を実現するために国際連合（国連）が立てた行動計画で，2030 年までに達成することを目標としています。

SDGs をどのくらい達成できているか，国連は国ごとにまとめています。国連が日本の最大の課題の１つとしてあげているのは，目標５「(　X　) 平等を実現しよう」です。これに関連して，以下の問に答えなさい。

（１）　空らん（　X　）には，社会的につくられた男女の役割を表す外来語が入ります。これを何というか，カタカナで答えなさい。

（２）　国連に関して述べた文①～④のうち，正しいものの組み合わせを，後の（ア）～（エ）の中から１つ選び，記号で答えなさい。

①　国連は，途上国に ODA と呼ばれる援《えん》助を行い，発展のために協力している。
②　国連は，地球温暖化について話し合い，気温上昇をおさえようとしている。
③　日本は，国連の設立とともに加盟し，国際平和に貢献《こうけん》してきた。
④　日本は，国連の平和維《い》持活動に自衛隊を派遣《けん》し，国際平和に貢献してきた。

（ア）　①　・　③
（イ）　①　・　④
（ウ）　②　・　③
（エ）　②　・　④

（３）　国連が述べているのは，女性による政治参加の遅れや経済分野での格差です。日本での歴史の中で，女性はどのように政治・社会とかかわってきたのでしょうか。これに関連して，以下の問に答えなさい。

問１　中国の歴史書には，弥生《やよい》時代に多くの小国を従えた邪馬台国《やまたいこく》の女王の名前が記録されています。この人物の名前を答えなさい。

問２　朝廷《ちょうてい》や幕府《ばくふ》において，女性は政治にかかわってきました。これに関連して述べた次の文①～③を，時代の古い順に並べ替《か》えたものとして正しいものを，後の（ア）～（カ）の中から１つ選び，記号で答えなさい。

①　北条政子《ほうじょうまさこ》は，源頼朝《みなもとのよりとも》の死後鎌倉《かまくら》幕府の政治を行い，承久《じょうきゅう》の乱で朝廷を打ち破った。

②　聖武《しょうむ》天皇のむすめである孝謙《こうけん》天皇は，東大寺《とうだいじ》の大仏を完成させ，盛《せい》大な式典を行った。

③　徳川秀忠《とくがわひでただ》のむすめは天皇のきさきとなり，幕府と朝廷を結びつける役割を担《にな》った。

（ア）	①　→　②　→　③	（イ）	①　→　③　→　②
（ウ）	②　→　①　→　③	（エ）	②　→　③　→　①
（オ）	③　→　①　→　②	（カ）	③　→　②　→　①

問３　次の【図１】・【図２】は，江戸《えど》時代の女性の姿をえがいたものです。これらに関連して述べた文①・②の正誤の組み合わせとして正しいものを，後の（ア）～（エ）の中から１つ選び，記号で答えなさい。

【図１】教育の風景

（江戸東京博物館ホームページより）

【図２】農作業の様子

（和歌山市ホームページより）

①　男性だけでなく，女性も寺子屋で学んだり教えたりしていたことがわかる。

②　千歯こきを使っている様子から，女性が農業に従事していたことがわかる。

（ア）①－正　　②－正
（イ）①－正　　②－誤
（ウ）①－誤　　②－正
（エ）①－誤　　②－誤

（４）　女性と社会のかかわり方が大きく変化するのが，明治《めいじ》時代以降です。明治時代になると，男性優位の制度がつくられていきました。第二次世界大戦後になると，そのようなしくみは少しずつ変化していきました。これに関連して、以下の問に答えなさい。

問１　明治以降，参政権を保障されたのは男性だけでした。大正時代に，女性の参政権獲《かく》得をめざして新婦人協会《しんふじんきょうかい》を設立した中心人物について，平塚《ひらつか》らいてうともう一人はだれか答えなさい。

問２　明治以降，女性は労働にどのようにかかわってきたのでしょうか。次の【図３】からは，X～Zの３つの時期に女子労働者数が大きく増加したことがわかります。この歴史的背景について考察した後の文の空らん（ア）～（ウ）にあてはまる言葉を答えなさい。

【図３】女子労働者数

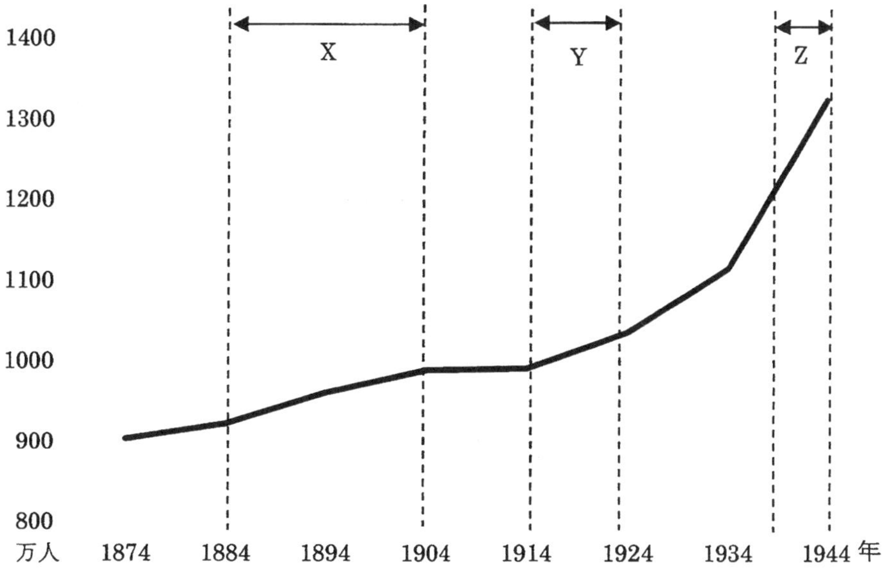

（『長期経済統計２労働力』をもとに作成）

X の時期に女子労働者数が増えた背景には，日本の最大の輸出品であった（ア）を生産するための工場が増加したことがある。工場で働く女性は工女《こうじょ》と呼ばれ，長時間働いていた。Y の時期の増加理由は，（　　　　イ　　　　）と考えられる。これに対して，Z の時期の増加理由は，戦争が激しくなり，（　　　　ウ　　　　）と思われる。

問３　「夫が外で働き妻は家庭を守るのが，日本の家族の伝統的な姿だ」と言われることがあります。しかし，それは戦後のある時期になって形成された考え方だとわかります。では，「十分な収入がある会社員の夫と専業主婦の妻」という家族のかたちは，いつごろどのようにして主流になっていったのでしょうか。

これに関して調べた【図４】から立てた予想について，予想のもとになった資料の読み取りと，予想を確かめるためにふさわしい資料の組み合わせとして適当なものを，後の（ア）～（エ）の中から１つ選び，記号で答えなさい。

【図４】15歳以上の女性の働き方の割合

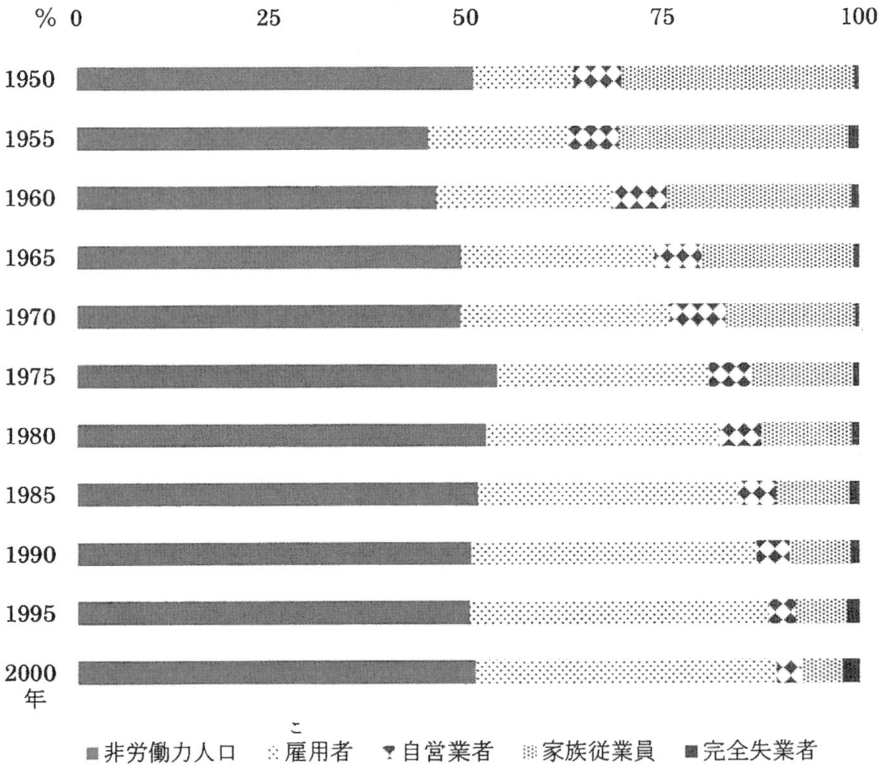

（『数字で見る日本の100年』改訂６版をもとに作成）

非労働力人口；通学や家事などをしており，雇用されていない人

雇用者；会社などに雇《やと》われている人

自営業者；自分で会社などを経営している人

家族従業員；家族が経営する商店・農家などで働いている人

完全失業者；無職で，仕事を探している人

≪図4から立てた予想≫
「十分な収入がある会社員の夫と専業主婦の妻」という家族のかたちが主流になったのは，1975年ごろではないだろうか。

【予想のもとになった図４の読み取り】

① 1975年に，女性の完全失業者の割合がやや増えている

② 1975年に，女性の非労働力人口が半数を超えている

【予想を確かめるためにふさわしい資料】

③「男女の投票率の推移」

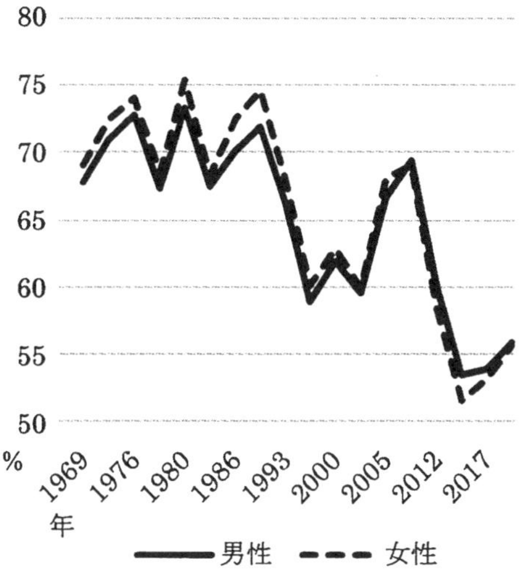

（「男女共同参画局」ホームページより作成）

④「サラリーマンの平均年収の推移」

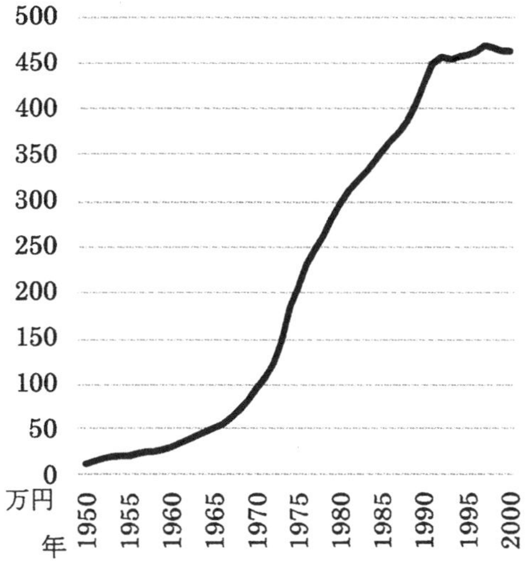

（「年次統計」ホームページより作成）

（ア） ① ・ ③

（イ） ① ・ ④

（ウ） ② ・ ③

（エ） ② ・ ④

問４ 【図４】を見ると，女性雇用者が増加していったことがわかります。1985年，性別に関わらず労働者が公平に働くことができ，企業の制度や方針において性別による差別をなくすためにつくられた法律を何といいますか。

問５　目標５に関連して，「働く女性が増えると，少子化が進む」という意見もあります。これに対して，次の【図５】はOECD（経済協力開発機構）加盟国の合計特殊《しゅ》出生率（女性が一生の間に産む子どもの平均の人数）と，女性（15～64歳《さい》）の就業率（働いている人の割合）を示したものです。

【図５】から読み取れることについて述べた文①・②の正誤の組み合わせとして正しいものを，後の（ア）～（エ）の中から１つ選び，記号で答えなさい。

【図５】

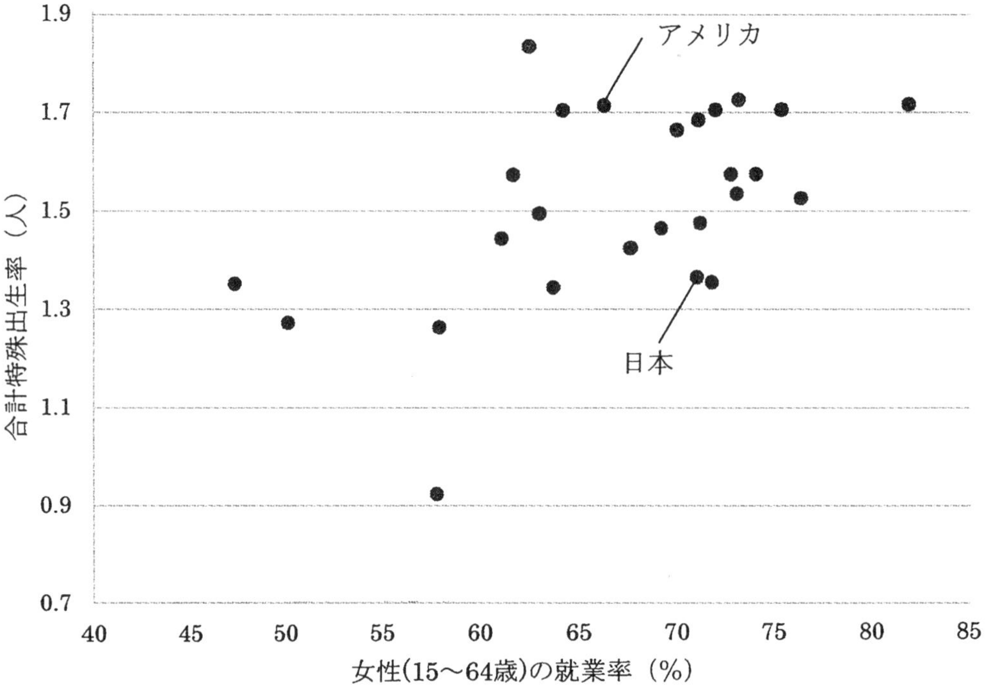

（OECD ホームページをもとに作成）

①　女性の就業率・合計特殊出生率ともに日本よりも高い国が複数ある。

②　アメリカは，日本より合計特殊出生率は高いが，女性の就業率は日本より低い。

（ア）①－正　②－正　　（イ）①－正　②－誤

（ウ）①－誤　②－正　　（エ）①－誤　②－誤

理科の問題は、次のページから始まります。

理　科

1．　太陽の動きを調べるために，次の【観察】を行いました。後の問に答えなさい。

【観察】

図１のように，方位を書いた厚紙に棒を固定しました。次に，これを日光のあたる場所に置き，方位磁針を用いて厚紙の方位を正しい方位に合わせました。午前８時から午後４時までの間，１時間ごとに棒のかげを厚紙に記録しました。

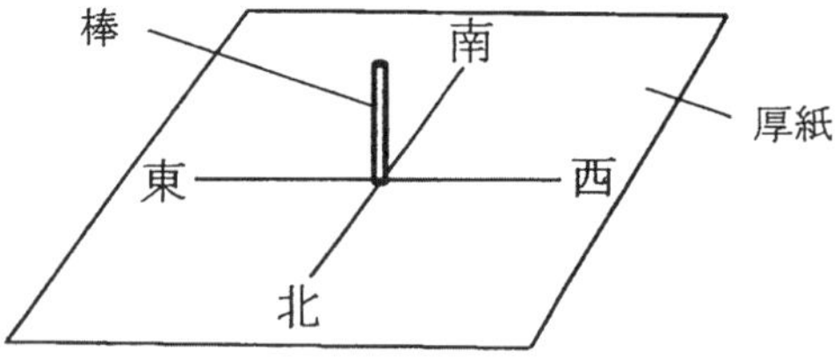

図１

（１）　下線部について，厚紙の方位を正しい方位に合わせる方法として最も適当なものを，次の（ア）～（エ）から選び，記号で答えなさい。

（ア）方位磁針を回して，方位磁針の文字盤《もじばん》の北と厚紙の北を合わせる。
（イ）方位磁針を回して，方位磁針の針の色のついた方と厚紙の北を合わせる。
（ウ）厚紙を回して，方位磁針の針の色のついた方と厚紙の北を合わせる。
（エ）厚紙を回して，方位磁針の文字盤の北と厚紙の北を合わせる。

二〇二三年度　国語　解答用紙

受験番号

名前

※のらんには記入しないこと

※

※120点満点
（配点非公表）

一、

問一

a

b

c

問二

（1）

（2）

問三

（1）

A

B

C

D

（2）

問四

問五

（1）

（2）

問六

1 ※

2 ※

3 ※

4 ※

二、

問一　英二の発言が、

(3)	②	m	(4)	cm²		

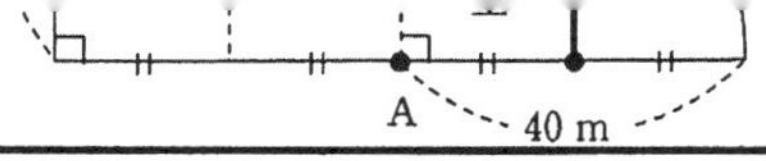

4

(1)	番目	(2)	番目	(3)		(4)	個	(5)	個

E ※

5

(1)	ア		(2)	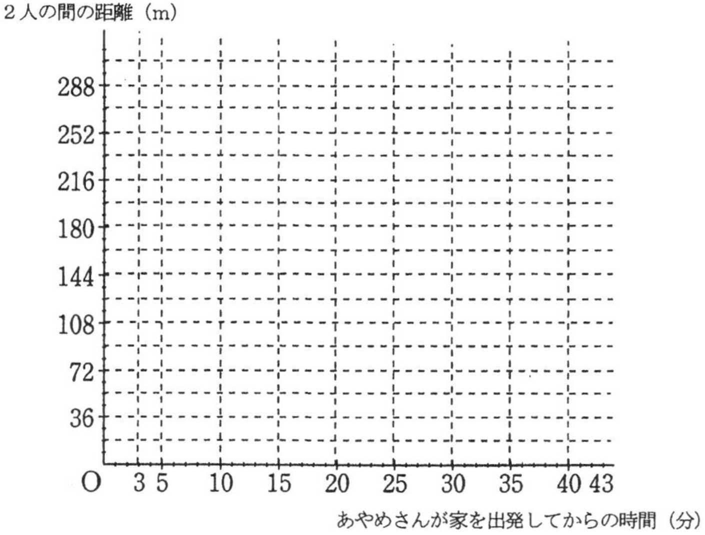
	イ			
	ウ			
	エ			
	オ			

(3)	分後	m

F ※

G ※

H ※

2

（1）		（2）	
（3）	問1	問2	
	問3		
（4）	問1		
	問2	（ア）	
		（イ）	
		（ウ）	
	問3	問4	
	問5		

C ※

D ※

E ※

4

（1）	℃	（2）		（3）		（4）	
（5）		（6）		（7）	倍		

C ※

5

（1）		（2）	①		②	
（3）	問１		問２			
	問３	図３の				

6

（1）		（2）	問１		問２	

D ※

理　科

２０２３年度
理科　解答用紙

受験番号		名前	

※のらんには記入しないこと

※ ※50点満点 （配点非公表）

1

（１）		（２）	①		②		③	
（３）								

2

（１）			（２）	問１		問２	記号		現象	

A ※

3

（１）		（２）	から	（３）	
（４）					

（５）	A		B		C	

B ※

【解答

社　会

２０２３年度
社会　解答用紙

受験番号		名前	

※のらんには記入しないこと

※
※50点満点 （配点非公表）

A ※

B ※

1

（1）		（2）			
（3）		（4）	①	②	
（5）		（6）			
（7）	表３から＿＿＿＿＿＿＿＿＿＿＿＿＿＿＿＿＿＿＿＿＿＿＿＿＿＿＿＿＿ ということが読み取れるので、 ＿＿＿＿＿＿＿＿＿＿＿＿＿＿＿＿＿＿＿＿＿＿＿＿＿＿＿＿＿＿＿＿ するのがよいと言える。				

【解答

２０２３年度
算数　　解答用紙

受験番号		名前	

※のらんには記入しないこと

※
※120点満点 （配点非公表）

1

(1)		(2)		(3)		(4)		(5)	

2

(1)	問	(2)	円	(3)	cm	(4)	cm
(5)	（求める過程） 通り						

A ※

B ※

C ※

3

【解答

問二

問三

問四

問五

問六　自分が死んだ後、英二に　　　　という思い。

問七

問八　「あなた」は洋子にとって　　　　言葉だから。

三、

①	⑤	⑨
②	⑥	⑩
③	⑦	⑪　く
④　語	⑧	⑫　ねる

四、

①　□を巻く

②　□につく

③　平身□□

④　大□□成

6 ※　7 ※　8 ※　9 ※　10 ※　11 ※　12 ※

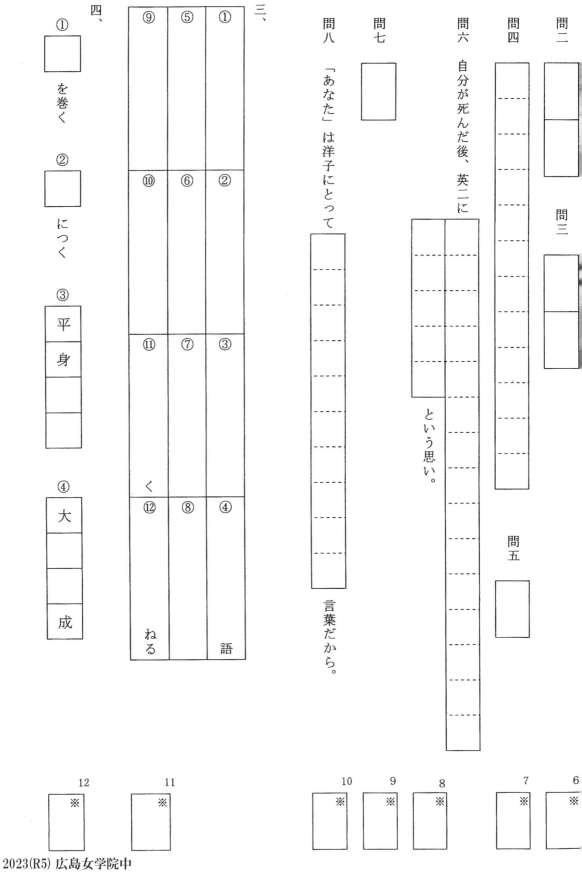

（2）　午前 10 時に図 1 を真上から見ると，図 2 のようになりました。下の文は，午前 10 時から正午までのかげの変化について述べたものです。文中の①～③にあてはまるものをそれぞれ｛　　｝内から選び，答えなさい。

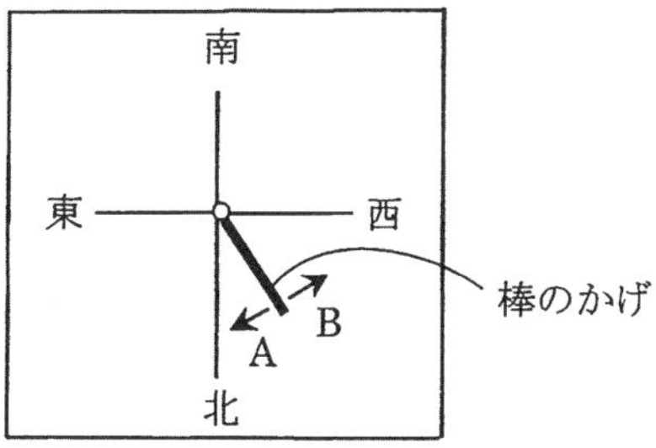

図 2

棒のかげは，図 2 の ①｛A，B｝の方へ動き，かげの長さは ②｛長くなる，短くなる，変わらない｝ので，太陽の高さは ③｛高くなる，低くなる，変わらない｝ことがわかる。

（3）　ある駐車場《ちゅうしゃじょう》の中央には大きな木があり，正午にこの駐車場を真上から見ると，図 3 のように木のかげができていました。正午から夕方にかけて，木のかげになる位置に車を停《と》めるにはどの位置がいいですか。最も適当な位置を，図 3 の（ア）～（エ）から選び，記号で答えなさい。

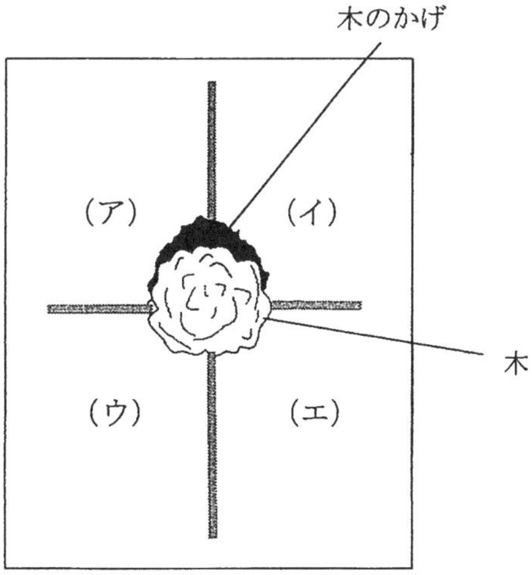

図 3

2．　広島県の気象について，次の問に答えなさい。

（1）　次の図1と表は，広島市における4月20日から22日までの気温の変化と雲量を記録したものです。図1と表からいえることとして正しいものを，右の（ア）～（オ）から2つ選び，記号で答えなさい。

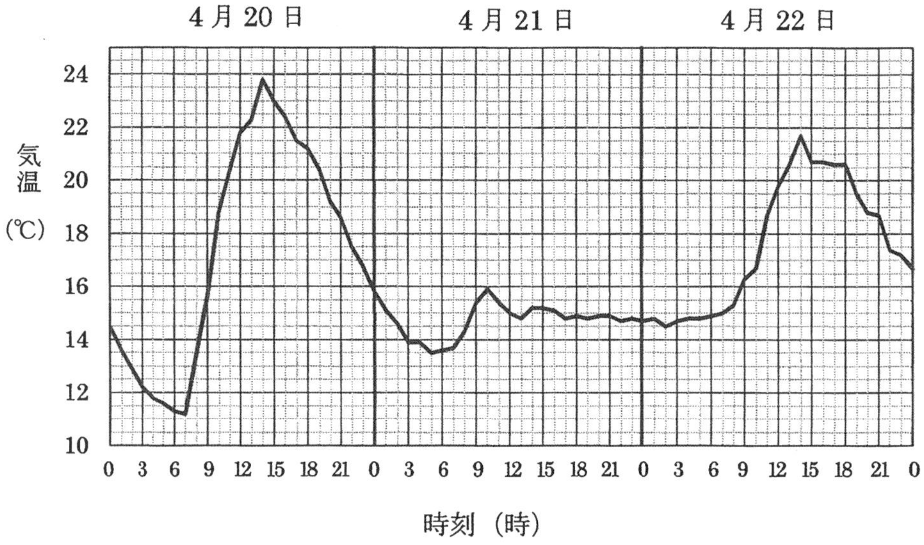

図1

表

日にち	4月20日							4月21日							4月22日						
時刻（時）	3	6	9	12	15	18	21	3	6	9	12	15	18	21	3	6	9	12	15	18	21
雲量	0	0	0	0	1	0	7	10	10	10	10	10	10	10	10	9	8	0	3	3	10

（ア）4 月 20 日の天気は，晴れのちくもりである。
（イ）雲が出ていない時間は，気温が上がり続ける。
（ウ）くもりや雨の日の翌朝は，気温が下がりやすい。
（エ）晴れの日に気温が最も高くなるのは，14 時である。
（オ）4 月 21 日の天気が雨かくもりかは，気温と雲量だけでは判断できない。

（2）　夏の瀬《せ》戸《と》内海《ないかい》沿岸《えんがん》での風のようすについて調べるために，次の【実験】を行いました。

【実験】

図２のように，中央にしきりのある透明《とうめい》な水そうを用意し，一方に砂，もう一方に水を入れ，透明なふたをして白熱電球の下に置きました。しばらくたってから，線香《せんこう》のけむりを水そうに入れると，図３の矢印のような空気の動きが観察されました。

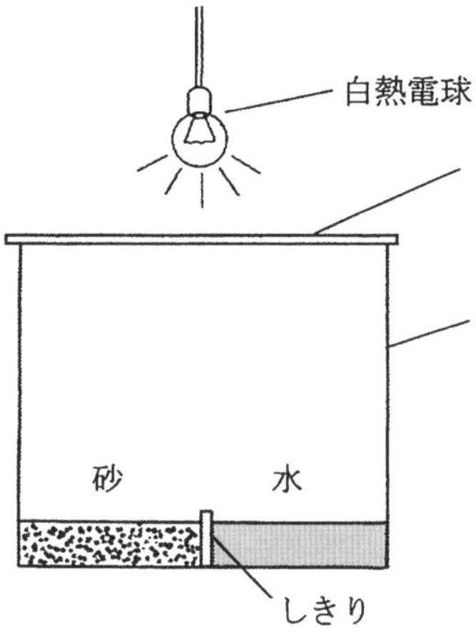

図２

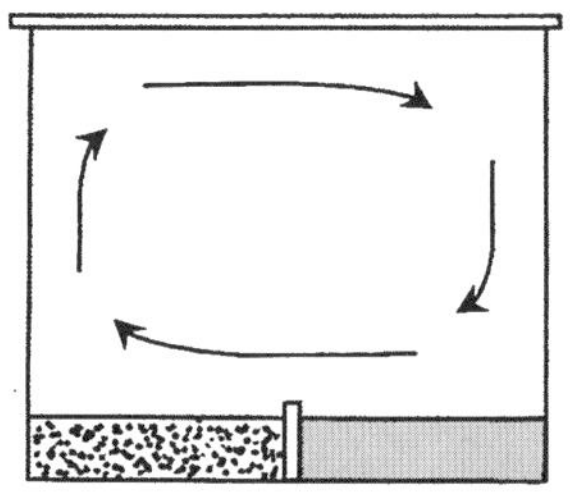

図３

問１　この【実験】からわかることとして正しいものを，次の（ア）～（エ）から１つ選び，記号で答えなさい。

（ア）温かい空気は上に動くことから，水に比べて砂の方が温まりやすいことがわかる。

（イ）温かい空気は上に動くことから，砂に比べて水の方が温まりやすいことがわかる。

（ウ）温かい空気は下に動くことから，水に比べて砂の方が温まりやすいことがわかる。

（エ）温かい空気は下に動くことから，砂に比べて水の方が温まりやすいことがわかる。

問2　次の文は，夜間の風のようすについて述べたものです。文中の空らん（　①　），（　②　）にあてはまる言葉の組み合わせとして正しいものを，下の（ア）～（エ）から１つ選び，記号で答えなさい。また，下線部の現象を何といいますか。ひらがな２字で答えなさい。

【実験】の砂を陸，水を海とみなすと，昼間の地表付近では，海から陸に向かって風がふいていることがわかります。【実験】の後に，白熱電球を消してしばらくたつと，水よりも砂の温度が早く下がりました。これらのことから，夜間は（　①　）の方が温かいので，（　②　）に向かって風がふくと考えられます。

また，太陽が沈《しず》み，陸と海の温度差が小さくなる時間帯には，風がぴたりとやんで蒸《む》し暑くなります。この現象は夏の広島沿岸部でよくみられます。

	①	②
（ア）	陸よりも海	陸から海
（イ）	陸よりも海	海から陸
（ウ）	海よりも陸	陸から海
（エ）	海よりも陸	海から陸

3．　あやめさんは，家族と一緒《いっしょ》に①ゲンジボタルを観察するため，広島市の山間部に向かいました。次は，そのときのお父さんとあやめさんの会話の一部です。後の問に答えなさい。

あやめ「ゲンジボタルをつかまえたよ！やさしい②光でかわいいね。」
父　「そうだね。だけど，今見ているこのホタルたちは1～2週間経《た》つと死んでしまうんだ。しかも，③卵から成虫になれるホタルは，ほんのひとにぎりだけだから，そっと見守ってあげようね。」
あやめ「そうか。成虫になるまでも大変なんだね。」
父　「こんなふうにホタルがたくさん見られる環境《かんきょう》は貴重なんだよ。最近は護岸工事が行われたり，街の光が明るすぎたりして，ホタルが見られない所が多くなってきたんだ。」
あやめ「わたしがおばあちゃんになったときも，ホタルがたくさん見られると良いなあ。」
父　「ホタルを守るためには，ホタル以外の生物も守っていく必要があるんだよ。④生き物どうしは食べたり食べられたりする関係でつながっているからね。」
あやめ「いろいろな生物にとって生活しやすい環境をつくらないといけないね。」

（1）　下線部①について，ゲンジボタルの成虫の観察に最も適している時期を，次の（ア）～（エ）から選び，記号で答えなさい。

（ア）2月～4月　（イ）5月～7月　（ウ）8月～10月　（エ）11月～1月

（2）　ゲンジボタルは昆虫《こんちゅう》の仲間です。右の図はゲンジボタルを背側と腹側から見たものです。体のつくりのうち，胸にあたる部分は，どこですか。図の（ア）～（オ）を用いて，例にならって答えなさい。

（例）　（ア）から（オ）

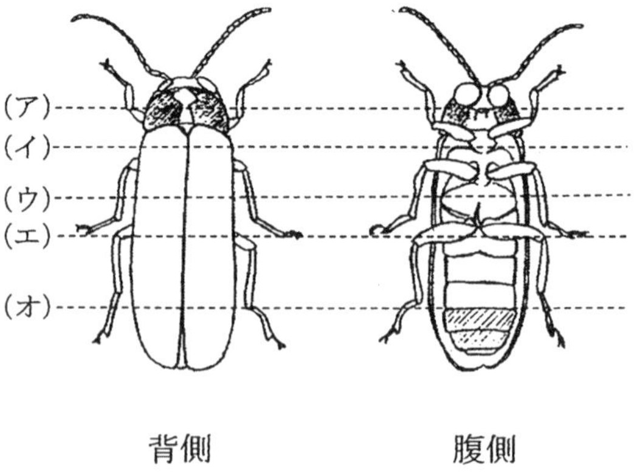

図

（3）　下線部②について，ゲンジボタルの発する光の色として最も適当なものを，次の（ア）～（オ）から選び，記号で答えなさい。

（ア）赤むらさき色　　（イ）青白色　　（ウ）黄緑色
（エ）青むらさき色　　（オ）白色

（4）　ゲンジボタルの幼虫は成虫になるまでに，あることを 5～6 回くり返しながら，体が大きくなっていきます。このあることを何といいますか。

（5）　下線部③について，次の文の空らん（　A　）～（　C　）にあてはまる数字を答えなさい。

ある川には，毎年ゲンジボタルの成虫が 100匹《ひき》いることがわかっています。オスとメスの数の比は 1：1 で，すべてのメスが 1 匹あたり 500 個の卵を産むとすると，毎年（　A　）個の卵が産まれることになります。そのうち成虫になることができるのは，わずか（　B　）%だけです。

また，卵から成虫になることができる割合は，幼虫の生息環境が悪化すると減少します。例えば，2022 年に産まれた卵が成虫になる割合が（B）%よりも低い 0.2%になると，2023 年の成虫の数は，100 匹未満になります。2023 年以降も卵が成虫になる割合が 0.2%のまま変化しないとすると，この川で見られる成虫が初めて 10 匹以下になるのは，（　C　）年になります。

（6）　下線部④について，このような生き物どうしのつながりを何といいますか。

４．　水は温度によって，固体，液体，気体とすがたを変えます。このようすを調べるために，次の【実験１】,【実験２】を行いました。後の問に答えなさい。

【実験１】

ビーカーに氷を入れ，ゆっくりと加熱し，１分ごとに温度をはかりました。図１は，加熱した時間と温度の変化を表したグラフです。

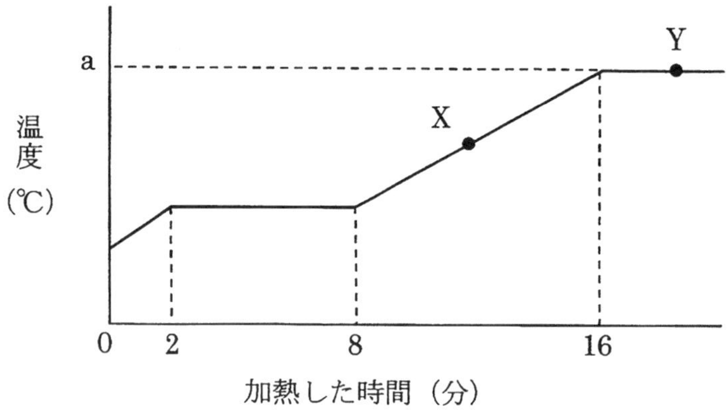

図１

（１）　図１のａの温度は何℃ですか。

（２）　この実験について述べた文として正しいものを，次の（ア）～（エ）から１つ選び，記号で答えなさい。

（ア）図１のＸでは，蒸発は起こっていない。
（イ）図１のＹでは，水はすべて水蒸気になっている。
（ウ）ふっとうが始まるのは，加熱を開始してから約 16 分後である。
（エ）氷がとけ始めてから，すべてとけ終わるまでに，約８分かかる。

（3）　氷の量を【実験１】の２倍にして，同様の実験を行いました。この結果をグラフに表したとき，図１の 2～8 分の平らな部分に相当する温度と時間は，【実験１】と比べてどうなりますか。最も適当なものを，次の（ア）～（カ）から選び，記号で答えなさい。

（ア）温度は高くなり，時間は長くなる。
（イ）温度は高くなり，時間は変わらない。
（ウ）温度は同じで，時間は長くなる。
（エ）温度は同じで，時間は変わらない。
（オ）温度は低くなり，時間は長くなる。
（カ）温度は低くなり，時間は変わらない。

（4）　【実験１】の途中《とちゅう》で，水面から湯気が出ているのが観察されました。次の文は，湯気の正体について説明したものです。空らん（　①　）～（　③　）にあてはまる言葉の組み合わせとして正しいものを，下の（ア）～（カ）から１つ選び，記号で答えなさい。

湯気は，（　①　）が（　②　），（　③　）になったものである。

	①	②	③
（ア）	水	熱せられて	空気
（イ）	水	熱せられて	水蒸気
（ウ）	水蒸気	熱せられて	空気
（エ）	水蒸気	冷やされて	水
（オ）	空気	熱せられて	水蒸気
（カ）	空気	冷やされて	水

水がふっとうしているとき，水の中からあわが発生していました。このあわの正体を調べるために，次の【実験２】を行いました。

【実験２】

1．図２のような装置を組み立てる。ポリエチレンのふくろはしぼませておく。

2．水を熱して出てくるあわを，ポリエチレンのふくろに集める。

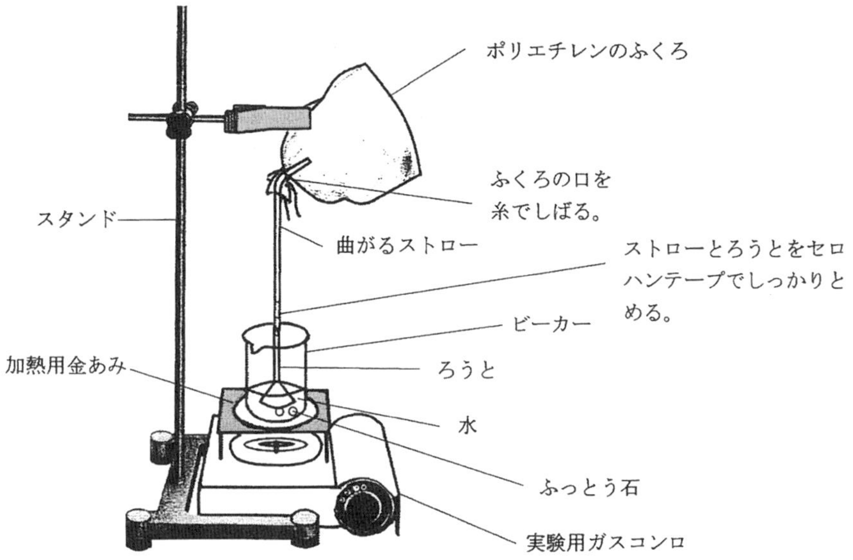

図２

この実験の結果は次のようになりました。

【結果】

水がふっとうしているとき，ポリエチレンのふくろはふくらみ，ふくろの内側はくもった。熱するのをやめると，ふくろはしぼみ，ほぼ実験前の大きさになった。しばらくすると，ふくろに水がたまった。これらのことから，あわの正体は水蒸気であることがわかった。

（5）　次の（ア）～（オ）の現象のうち，【結果】の下線部で観察される水のすがたの変化と関連の深いものをすべて選び，記号で答えなさい。

（ア）洗たく物が乾《かわ》く。
（イ）冷凍庫《れいとうこ》の中の氷がだんだん小さくなる。
（ウ）夏の暑い日に打ち水をすると涼《すず》しくなる。
（エ）ドライアイスのまわりに白いけむりができる。
（オ）寒いところから暖かい部屋に入ると，めがねがくもる。

（6）　あわの正体が空気であったとすると，【実験２】の結果はどのようになったと考えられますか。次の文の空らん（　①　）～（　③　）にあてはまる言葉の組み合わせとして正しいものを，下の（ア）～（ク）から１つ選び，記号で答えなさい。

水がふっとうしているとき，ポリエチレンのふくろは（　①　），ふくろの内側は（　②　）。熱するのをやめると，ふくろは（　③　）。

	①	②	③
（ア）	ふくらみ	くもった	しぼみ，ほぼ実験前の大きさになった
（イ）	ふくらみ	くもった	ほとんどしぼまなかった
（ウ）	ふくらみ	くもらなかった	しぼみ，ほぼ実験前の大きさになった
（エ）	ふくらみ	くもらなかった	ほとんどしぼまなかった
（オ）	ふくらまず	くもった	しぼみ，ほぼ実験前の大きさになった
（カ）	ふくらまず	くもった	ほとんどしぼまなかった
（キ）	ふくらまず	くもらなかった	しぼみ，ほぼ実験前の大きさになった
（ク）	ふくらまず	くもらなかった	ほとんどしぼまなかった

（7）　【実験２】から水は水蒸気に変わると，体積が大きくなることがわかります。また，水が氷に変わるときも体積が大きくなります。水 1 cm^3 あたりの重さを 1 g，氷 1 cm^3 あたりの重さを 0.92 g とすると，1 g の水が 1 g の氷になったとき，体積は何倍になりますか。割り切れないときは，小数第２位を四捨五入して，小数第１位まで答えを求めなさい。

5．電気とその利用について，次の問に答えなさい。

（1） 次の（ア）～（キ）のうち，電気を通すものをすべて選び，記号で答えなさい。

（ア）消しゴム　（イ）ダンボール　（ウ）１円玉
（エ）10円玉　（オ）ペットボトル　（カ）スチールウール
（キ）ガラスのコップ

（2） 次の①，②の電気製品はどのようなはたらきをもちますか。最も適当なものを，下の（ア）～（オ）からそれぞれ選び，記号で答えなさい。

①アイロン　②光電池

（ア）電気を音に変える　（イ）電気を熱に変える　（ウ）電気を光に変える
（エ）電気をつくる　（オ）電気をためる

（3） 図１のように，鉄のボルトにエナメル線を巻いて電流を流し，電磁石をつくりました。

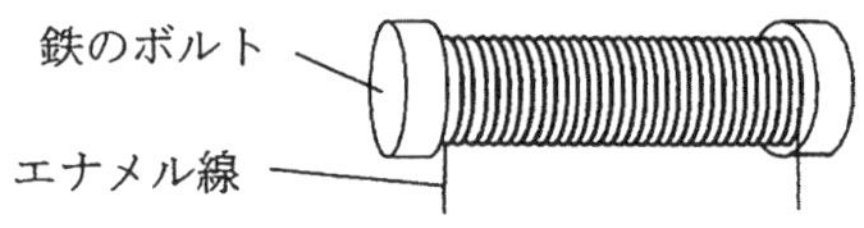

図１

問１　次の表は，棒磁石と電磁石の性質を比べてまとめたものです。表中の空らん（　　）にあてはまる文を，解答らんに書きなさい。

表

	棒磁石	電磁石
磁石としてのはたらき	変化しない	電流を流さないとなくなる
磁石としての強さ	変化しない	電流を大きくすると強くなる
磁石のＮ極とＳ極	変化しない	（　　）を変えると変わる

問２　（1）の（ア）～（キ）のうち，電磁石に引きつけられるものを１つ選び，記号で答えなさい。

問3　エナメル線の巻き数と電磁石の強さとの関係を調べるために，図2と図3の装置をつくりました。しかし，図2と図3の装置で比べても，その関係を正しく調べることができません。図2と比べて図3の何をどのように変えれば，正しく調べることができますか。解答らんの「図3の」という言葉に続けて書きなさい。ただし，図2と図3で使用する鉄のボルトと乾電池は同じものとします。また，エナメル線の長さは等しいものとします。

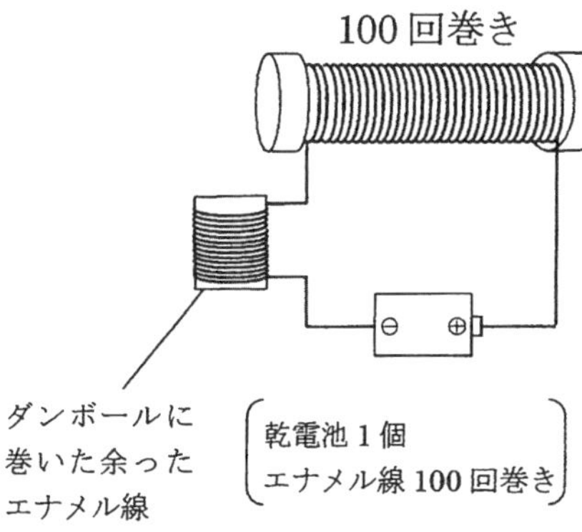

図2

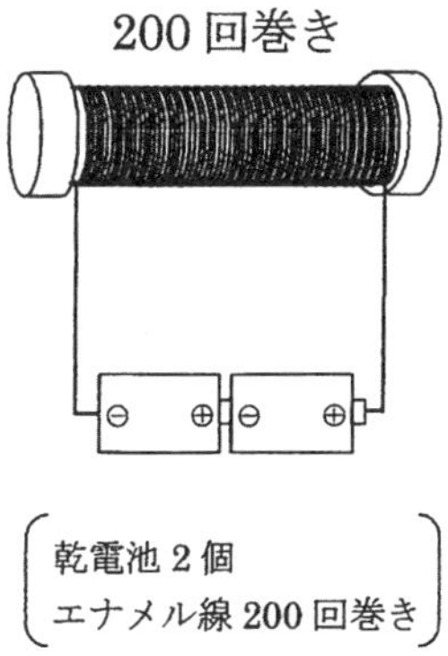

図3

6．　A～Fのものについて，重さと体積をはかり，水に浮《う》くか沈むかを調べました。表1はその結果をまとめたものです。次の問に答えなさい。

表1

	A	B	C	D	E	F
重さ（g）	20	35	40	36	54	40
体積（cm^3）	23	57	46	40	20	5
浮くかどうか	浮く	浮く	浮く	浮く	沈む	沈む

（1）　表1より，水に浮くものの性質を説明した文として正しいものを，次の（ア）～（エ）から1つ選び，記号で答えなさい。

（ア）重さが 40 g より小さい
（イ）体積が 40 cm^3 より大きい
（ウ）体積の値が重さの値より小さい
（エ）体積の値が重さの値より大きい

（2）　水に沈んだ E と F は，図1のように，高さが同じで底面積が異なる直方体です。図2のように，直方体の上面にそれぞればねばかりをつけ，底面から水に沈め，水面と底面の距離《きょり》が 1 cm 増えるごとにばねばかりの値を調べました。表2はその結果をまとめたものです。ただし，ばねばかりとは，ばねを利用してものの重さをはかる実験器具です。

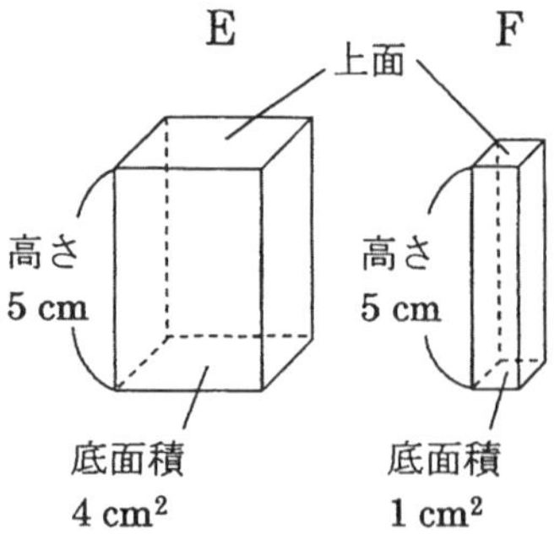

図1

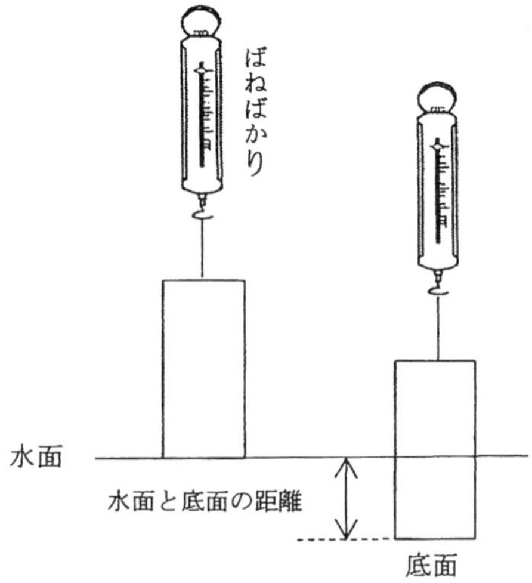

図2

表２

水面と底面の距離（cm）	0	1	2	3	4	5	6
Eのばねばかりの値（g）	54	50	46	42	38	34	34
Fのばねばかりの値（g）	40	39	38	37	36	35	35

次の文は，表２からわかることをまとめたものです。

水面と底面の距離が 5 cm になるまでは，ばねばかりの値はどちらも小さくなっていきます。これは，水から（　①　）とする力を受けるからで，水面と底面の距離が大きくなると，この力は（　②　）なります。そして，E，F ともに全体が水の中に入ると，この力の大きさは（　③　）なります。

また，E，F について，水に沈める前のばねばかりの値と，全体が水の中に入っているときのばねばかりの値の差は，それぞれの直方体の（　④　）と等しくなります。

問１　文中の空らん（　①　）～（　③　）にあてはまる言葉の組み合わせとして正しいものを，次の（ア）～（カ）から１つ選び，記号で答えなさい。

	①	②	③
（ア）	浮かせよう	大きく	大きく
（イ）	浮かせよう	小さく	小さく
（ウ）	浮かせよう	大きく	変わらなく
（エ）	沈ませよう	小さく	大きく
（オ）	沈ませよう	大きく	小さく
（カ）	沈ませよう	小さく	変わらなく

問２　文中の空らん（　④　）にあてはまる言葉として正しいものを，次の（ア）～（エ）から１つ選び，記号で答えなさい。

（ア）重さ　　（イ）体積　　（ウ）高さ　　（エ）底面積

二〇二二年度　広島女学院中学校入学試験

国語

五〇分／一二〇点満点

受験上の注意

一、試験開始の合図があるまで、この問題冊子の中を見てはいけません。
二、解答用紙は、この冊子の間にはさんであります。
三、問題は一ページから二十四ページまであります。試験開始の合図があったら、ページ数および解答用紙を確認し、受験番号、名前を解答用紙に記入し解答を始めなさい。
四、解答はすべて解答用紙に記入しなさい。

一、次の文章を読んで、後の問に答えなさい。（問題の都合上、本文を一部省略しています。句読点や記号はすべて一字に数えます。）

「科学的」と言うとき、私たちはそこに、客観的で揺《ゆ》るぎないものである、というイメージを持ちます。学校でも、理科が好きな人は「答えが一つに決まるから」「理屈《りくつ》で考えられるから」という理由をあげます。しかし、そうした科学への信頼《しんらい》を利用して人を信じ込《こ》ませようとする人たちもいます。代表的なものが「疑似《ぎじ》科学」です。

「疑似」とは「似ているけど違《ちが》う」という意味で、「ニセ」と言い換《か》えてもいいかもしれません。「科学もどき」と呼んでもいいでしょう。

科学的な手法で証明されたように見えますが、よく検討すると科学的根拠《こんきょ》がないもの、あやしい仮説に科学者がAお墨《すみ》付きを与《あた》えてそれらしく見せているものなどがあり、科学に詳《くわ》しくない人にとっては、見分けるのがやっかいです。

二〇年ほど前、①『水からの伝言』というタイトルの写真集がベストセラーになりました。各地の水道水や湖の水を凍《こお》らせ、できた氷の結晶《けっしょう》をカラー写真で紹介《しょうかい》したものです。

日本で初めて雪を人工的に作ることに成功した物理学者の中谷宇吉郎《なかやうきちろう》が「雪は天から送られた手紙」（『雪』、岩波文庫）という言葉を残したように、雪や氷の結晶が見せる表情はどこか神秘的で、眺《なが》めるだけでも心がいやされるものです。

さて、この写真集は「水は言葉を理解する」という仮説に基《もと》づいています。その主張や実証方法に私は当初から違和《いわ》感を覚えたのですが、まずは彼《かれ》らの手法を紹介します。

透明《とうめい》な瓶《びん》に水をいれ、日本語で「ありがとう」と書いた紙を瓶の内側に向けて張ります。

しばらくして瓶の中の水のしずくをガラス板の上に垂らして凍らせます。すると、きれいな結晶ができます。

いっぽう、「ばかやろう」とか「ムカツク」（中略）といった (1) な言葉を書いた紙を張った瓶の中の水は、結晶にならなかったり、整っていない結晶になったりするといいます。

英語やハングルなどの外国語で試《ため》した実験でも、同様の結果が得られたそうです。

言葉ではなく、さまざまな音楽をB「聴《き》かせた」水を凍らせてみる実験も紹介されています。クラシック音楽や仏教のお経《きょう》では、きれいな結晶になり、悲しい歌詞の民謡《みんよう》や、攻撃《こうげき》的な歌詞とリズムが特徴《とくちょう》のヘビーメタル音楽は、結晶ができない、という結果が紹介されています。

水が文字を認識《にんしき》し、意味を理解する能力を持っている、ということだけでもC天地がひっくり返るような発見ですが、聴覚《ちょうかく》まであるとは初耳です。あとがきには「ひとりよがりの本になるのではなく、みなさんからご意見をいただいて、この研究を科学的、哲学《てつがく》的な意味合いに引き上げていく方向に向かうことを願っています」と著者のコメントがありました。

Dみなさんはどう受け止めましたか。カガク力が少々身についた私からすれば、これは (2) な疑似科学です。

そう結論付ける理由を説明する前に、②科学のお作法について理解しておく必要があります。ここでは、有名な「万有《ばんゆう》引力の発見」を例に説明しましょう。

イギリスの科学者にアイザック・ニュートンがいます。「ニュートンのリンゴ」のエピソードで知っている人も多いでしょう。一六六五年、すべての物体がお互《たが》いに引っ張りあっている、とする「万有引力の法則」を発見しました。いまなおイギリス人が尊敬する有名人ベスト一〇に入ってくる偉人《いじん》です。

熟したリンゴの実が枝から落ちるのも、うっかり手を滑《すべ》らせたコップが床《ゆか》に落ちるのも、経験的には同じ現象です。ニュートンはこうした観察から「全ての物質には地球の引力が働いている」と考えました。

ニュートンはさらに「引力が存在するならば、地球の周りを回っている月はなぜ落ちてこない?」という謎《なぞ》にも取り組みました。考え続けた結果、「月も地球の引力に支配されている。だから地球から離《はな》れず、周りを回り続けるのだ」という結論に至り、この現象を説明する単純な公式を考え出しました。

距離《きょり》こそ違え、月もリンゴも地球の引力の作用を受け、同じ法則で運動しているというニュートンの発見は (3) なものでした。彼は成果を『プリンキピア』(『自然哲学の数学的諸原理』の略称《りゃくしょう》)という書物にまとめ、世に問います。太陽の周りを回っている惑星《わくせい》の振《ふ》る舞《ま》いにも、この法則はぴたりと当てはまり、その後の科学の発展を支えました。

このように観察から仮説を導き、その仮説を第三者によって検証し、正しさを確かめる。仮説通りにならなければ再考を重ねてより確かなものへと鍛《きた》えていく、それが科学です。

もう一つ、胃かいようを引き起こす細菌《さいきん》「ピロリ菌」を発見し、二〇〇五年のノーベル医学生理学賞を受賞したバリー・マーシャル博士とロビン・ウォーレン博士の痛快なエピソードを紹介しましょう。ヒトやウシの胃の中に、らせん形の細菌が見つかることは古くから知られていました。でも「強酸性の胃液の中で細菌は生きられるはずがない」というのが、医学界の常識でした。そんな中、二人は「この細菌が胃かいようの原因だ」との仮説を立てます。胃かいようの患者《かんじゃ》の胃から必ず見つかるからです。

この仮説を実証するには、細菌を培養《ばいよう》し、動物に投与《とうよ》して胃かいようが起きることを証明する必要がありました。二人は大変な苦労を重ねて体外での培養に成功。さらにマーシャル博士が培養した細菌を自ら飲み、実際に胃の病気を起こしてみせたのです。

マーシャル博士の胃の中から、飲んだものと同じ細菌が見つかったことが決め手となり、③一〇〇年以上の常識を覆《くつがえ》す新発見となりました。

(中略)

さて、「水からの伝言」は、表向きは「実験」の体裁《ていさい》を取っていますが、さまざまな点で科学的とは言えません。

まず、「水が言葉を理解する」という、常識を超《こ》えた仮説に基づいていることに注意が必要です。突飛《とっぴ》な仮説であればあるほど慎重《しんちょう》な検証が

※

必要ですが、この写真集では、仮説通りになった事例だけが紹介され、「どのように言葉を理解するのか」という、最も知りたいメカニズムについてまったく言及《げんきゅう》していないことに疑問を感じます。また、論文の形で実験手法が紹介されていないため、第三者が同じ実験をして再現することも不可能です。

「再現性」は、科学のプロセスではとても大切なことです。誰《だれ》がやっても、どこでやっても、同じ方法なら同じ結果が出ることを意味します。たとえば、「水が言葉を理解する」という仮説に興味を持った人物が、自分の実験室で実験を繰《く》り返したとしましょう。「ありがとう」の文字を「見せた」水を一〇〇回凍らせて、④きれいな（というのも判断が難しいですが）結晶になった回数が五〇回、そうではない回数が五〇回だった、という結果を得たとしても、実験手法が公開されていなければ、仮説の提唱者は「それは実験のやり方がまずいからだ。私は一〇〇回やって一〇〇回、きれいな結晶をつくれる」と言い逃《のが》れることができます。「誰がやっても、同じ条件ならば同じ結果がでる」という原則が守られていない以上、科学的な議論ができないのです。

この状態を、科学の世界では「反証可能性がない」と言います。これも、科学と疑似科学を見分ける大切なポイントです。「誰かが主張する仮説を反証できるとき、それは科学である」。言い換えると、「第三者が追試して反証できるだけの材料を提唱者が提示しないとき、その行為《こうい》や成果は科学とは呼べない」ということです。

こうして、長い時間をかけて、本人以外の多くの人が検証し、「ウソではない」と合意された知識の集まりが科学です。「観察する→仮説を立てる→結果を予測し、実験をする→成功、失敗を含《ふく》め結果を公表する→第三者によって追試され、議論される（検証）」という作業のくり返しによって、科学は精度を高めていきます。

科学のプロセスと比較《ひかく》した場合の、疑似科学の特徴は次のようなものです。

⑤

（C・M・ウィン／A・W・ウィギンス『疑似科学はなぜ科学ではないのか』、奈良《なら》一彦《かずひこ》訳、海文堂出版より）

「オッカムの剃刀《かみそり》」という言葉があります。一四世紀の哲学者、オッカムが残した言葉で、「ある事柄《ことがら》を説明するためには、必要以上に多くを仮定すべきではない」というものです。言い換えると「たくさんの仮定が必要な理屈は、屁《へ》理屈とみなせる」ということでしょうか。

そういえば、くり返し検証され確からしさを増した科学の法則は、往々にして［(4)］です。

一方、「水からの伝言」に置き換えて考えてみると、「水は言葉を理解する」という仮説を認めるために、かなり無理のある仮定（水には目や耳に代わる感覚器がある）を受け入れなければなりません。そこがあいまいなので「「ありがとう」ではなく「サンキュー」は分かるのか」「善悪をどう判断するのか」「音楽が分かるのか」など、つっこみどころが満載《まんさい》なのです。

疑似科学の代表として［X］があります。こちらも、先ほど説明した疑似科学の特徴があてはまりますね。

皮肉なことにこの写真集は、外国語に翻訳《ほんやく》されて人気を呼びました。⑥もう一つ「心配だな」と思ったことがありました。学校の道徳の授業でこの仮説が紹介されたと聞いたからです。授業では、「人間の体の七割は水、これは科学的な事実です。この本で実験が示したように、水は言葉を理解します。だから友達に悪口を言うと体の中の水が汚《よご》れます」と教えられたといいます。

「水は言葉を理解する」という、実証されていない仮説が、科学的な事実のように先生から生徒に伝えられれば、誤解される恐《おそ》れがあります。そもそも「友達に悪いことばを投げつけるな」ということを教えるのに、科学を持ち出す必要はないでしょう。

さらにこれを利用したビジネスも広がりました。「お宅の水が汚れているかどうかを判定してあげます」と持ちかけ、悪い結果を示して高額な浄水器《じょうすいき》を売りつける手法です。こういう業者にお金をだましとられないためには、正しく疑い、反論する知恵《ちえ》＝カガク力《りょく》が必要です。

「水からの伝言」を批判する記事を書いたら、反響《はんきょう》が来ました。「知り合いが似た商法に巻《ま》き込まれて損をした」というものもあれば、「これを疑似科学というなら、水が言葉を理解しないことを証明すべきだ」という反論もありました。

疑似科学を信じる人からの代表的な反論は、「批判するならニセモノであることを証明しろ」というものですが、証明の責任は、提唱する側にあります。本人たちが、万人《ばんにん》を説得できるデータやメカニズムを示さない限り、第三者が検証することは不可能です。

「反証できるものが科学である」。このことを知っていれば、これから疑似科学に出会っても、胸を張って「いいえ、私は信じません」と言えるはずです。

（元村《もとむら》有希子《ゆきこ》『カガク力を強くする！』岩波ジュニア新書による）

問一　本文中の(1)～(3)に入るのにふさわしいことばを、次の中から一つずつ選び、記号で答えなさい。
（同じ記号は一度しか使えません。）

ア　計画的　　イ　典型的　　ウ　画期的　　エ　原始的　　オ　否定的

問二　本文中の(4)に入る四字熟語として、最もふさわしいものを次の中から一つ選び、カタカナを漢字に直して答えなさい。

ニッシンゲッポ　・　インガオウホウ　・　タンジュンメイカイ　・　イッチョウイッタン

問三　A～Dの表現に、筆者はどのような意味を持たせていると言えますか。その説明として**ふさわしくないもの**を次の中から一つ選び、記号で答えなさい。

ア　A　お墨付きを与えて
　…慣用句を用いて、「科学者」が「疑似科学」の誤った部分をごまかしているという意味を持たせている。

イ　B　「聴かせた」
　…カギ括弧《かっこ》（「」）を用いて、水が音楽を聴くことを前提にした実験が科学的ではないという意味を持たせている。

ウ　C　天地がひっくり返るような発見
　…比喩《ひゆ》を用いて、「疑似科学」の考え方が常識から大きくかけはなれたものであるという意味を持たせている。

エ　D　みなさんはどう受け止めましたか。
　…読者の感想を問う形を取りつつ、筆者の主張の方に正当性があるという意味を持たせている。

問四　——①「『水からの伝言』というタイトルの写真集がベストセラーになりました」とありますが、写真集『水からの伝言』という事例を筆者が取り上げたのは、何のためですか。最もふさわしいものを次の中から一つ選び、記号で答えなさい。

ア　「疑似科学」を多くの人々が信じてしまう背景を、くわしく解説していくため。

イ　「疑似科学」が持っている魅力《みりょく》について、読者に興味関心を持ってもらうため。

ウ　「疑似科学」を利用して科学の信頼を失わせている科学者を強く批判するため。

エ　「疑似科学」とはどういうものかについて、読者にわかりやすく説明するため。

問五 ――②「科学のお作法」に基づき、筆者はこの本の中で、ニュートンの「万有引力の発見」について次の図のようにまとめています。図の[ⓐ]～[ⓒ]に入ることばの組み合わせとして最もふさわしいものを、次のア～エの中から一つ選び、記号で答えなさい。

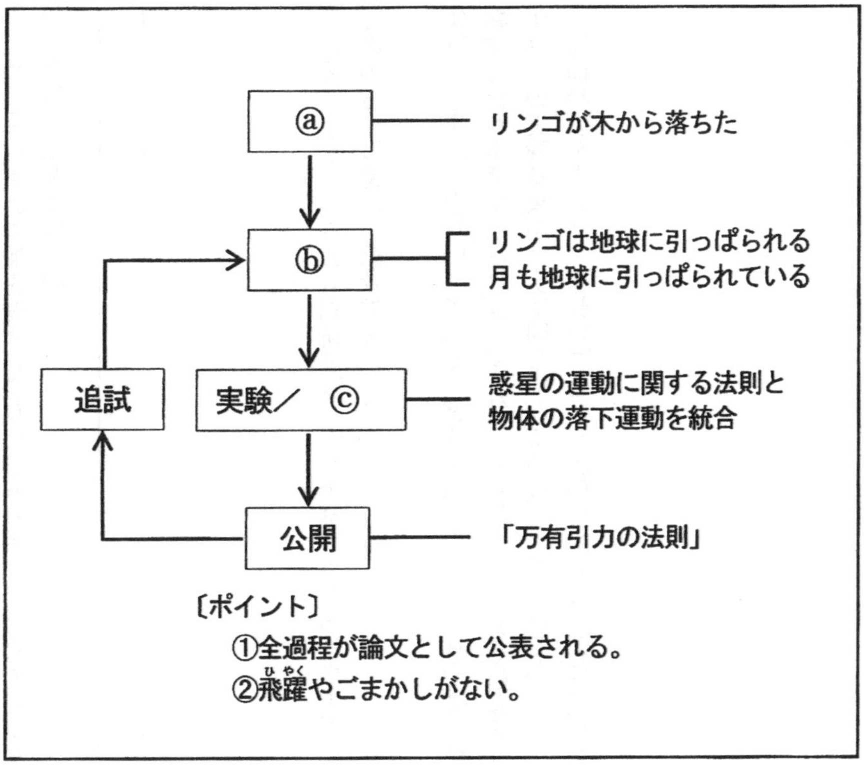

ア ⓐ実験―ⓑ考察―ⓒ予測

イ ⓐ仮説―ⓑ観察―ⓒ反証

ウ ⓐ観察―ⓑ仮説―ⓒ検証

エ ⓐ経験―ⓑ予測―ⓒ再考

問六　――③「二〇〇年以上の常識を覆す新発見」とありますが、どのようなことが「新発見」なのですか。次の空らんにあてはまるように四十字以内で具体的に答えなさい。

［　　　　　　　　　　　　　　　　　　　　］という事実を明らかにしたこと。

問七　――④「きれいな（というのも判断が難しいですが）」とありますが、なぜ「判断が難しい」と筆者は言うのですか。最もふさわしいものを次の中から一つ選び、記号で答えなさい。

ア　実験の結果が「きれい」であるかどうかは、人それぞれの感性によって異なるものであるから。
イ　熟練した科学者でなければ、「きれい」な結晶をつくる実験をくり返し行うことはできないから。
ウ　すべての実験結果が完全に同じになるのは、常識をはるかにこえたすばらしい成果と言えるから。
エ　仮説提唱者が出した「きれい」という評価に対して、部外者が別の判断を加えるべきではないから。

問八　本文中の［　］で囲まれた⑤の部分について、次の問に答えなさい。

（1）----い「感情に訴える仮説」とありますが、「水からの伝言」では、どのような「仮説」が立てられていますか。次の空らんにあてはまる内容を、※［］の部分から九字でぬき出しなさい。

［　　　　　］という仮説。

（2）----ろ「他者の検証を受けられるようになっていない」とありますが、「水からの伝言」においては、どのような状況《じょうきょう》のことを意味していますか。次の空らんにあてはまる内容を、※［］の部分から十八字でぬき出しなさい。

［　　　　　］ため、「仮説」の提唱者以外の人々が、同じ実験によって再現するという検証が行えない状況。

問九　本文中の［X］に入る「疑似科学」の具体的事例として、最もふさわしいものを次の中から一つ選び、記号で答えなさい。

ア　人間の体はさまざまな細胞《さいぼう》が集まった組織によってできているという、教科書の記述
イ　地球の平均気温がここ百年で0.72度上昇《じょうしょう》しているという、気象庁の報告
ウ　ブラックホールの撮影《さつえい》に成功したという、二百人以上の国際共同研究プロジェクトの発表
エ　ＵＦＯ（未確認《かくにん》飛行物体）が宇宙人の乗り物であるという、インターネット上の見解

問十　――⑥「もう一つ『心配だな』と思ったことがありました」とありますが、筆者はどのような点が「心配だ」と考えていますか。最もふさわしいものを次の中から一つ選び、記号で答えなさい。

ア　科学にくわしくない教師によって、科学的事実が道徳的に正しい説として紹介されてしまった点。
イ　道徳的な行動をうながすために、実証されていない仮説が科学的事実のように伝えられている点。
ウ　実証された事実と科学的仮説のちがいを教えるために、道徳の授業が悪用されてしまっている点。
エ　道徳の授業を行うべきであるのに、教師が意図的に疑似科学の授業にすりかえてしまっている点。

問十一　本文の出典は『カガク力を強くする！』となっていますが、「カガク力」とはどのような「力」のことだと考えられますか。本文全体の内容をふまえて、最もふさわしいものを次の中から一つ選び、記号で答えなさい。

ア　科学のすばらしさだけでなくその危険性を正確にとらえた上で、人々を道徳的に正しい方向に導いていく力のこと。
イ　専門的な知識や技術を身につけた科学者のように、疑わしい考えや主張を科学的に分析《ぶんせき》し、批判していく力のこと。
ウ　科学者にはおよばないにしても、科学的なものの見方を用いることで世の中の事象を正しく判断していく力のこと。
エ　有名な科学者たちの生き方を尊重し、人間の欲望を巧《たく》みに利用した商売にだまされることなく生きていく力のこと。

二、次の文章は、小関智弘《こせきともひろ》の「ことば」の一節です。**【登場人物の説明】**と**【文章Ⅰ】**・**【文章Ⅱ】**を読んで、後の問に答えなさい。（句読点や記号はすべて一字に数えます。）

【登場人物の説明】

加茂《かも》……この作品の主人公。長年勤めた工場の人員削減《さくげん》の話を知り、自ら退職を申し出ます。以前からコンピュータ制御《せいぎょ》による新型機械に興味を抱《いだ》いており（**【文章Ⅰ】**）、退職した工場の親会社に頼《たの》んで、その新型機械メーカー主催《しゅさい》の講習会に十日間参加し、そこで「矢部《やべ》ちゃん」と知り合います。

矢部ちゃん……この新型機械を導入している小さな町工場のベテラン技術者。新型機械を担当していた若い技術者が突然《とつぜん》辞《や》めてしまったため、やむを得ず講習会に参加し、そこで「加茂」と出会います。講習にはなかなかなじめず、胃痛で三日間ほど欠席した後、何とか復帰します。講習会が終わりにさしかかるころ、「会社とはもう話をつけてきた」と言って、自分の工場でしばらく働いてほしいと「加茂」に依頼《いらい》します。**【文章Ⅱ】**は、それに続く部分です。

【文章Ⅰ】

失業はしたが、加茂には失業中にやってみたいことがあった。

コンピュータ制御の機械を見たのは、半年ほど前のことだった。その機械にはハンドルがひとつもなかった。すべてはコンピュータでコントロールされていた。

親会社といってもたいして大きな工場ではなかったが、たまたま工場主さんと納品に行って、その機械を見学させてもらった。材料を機械に取りつけて、スタートのボタンを押《お》す。あとはコンピュータの指示通りに、刃物《はもの》を選んでは材料を削《けず》る。次の刃物に交換《こうかん》し、また削る。そうやって六本の刃物を自在に使って、削り終わる。刃物台が元の位置に戻《もど》ると、削り終わった機械部品を高速回転させて、部品を濡《ぬ》らしていた切削油《せっさくゆ》を飛ばした。川に落ちた犬が激しく身震《ぶる》いして水をはじく姿を連想させて、こんなことまで出来るのかと、加茂を驚《おどろ》かせた。

「そんなにむずかしいことはないですよ」

加茂の問いに答えたのは、社長の次男で、大学を出て、将来はその会社の技術部門を担当することになっているという青年だった。

「ただ問題は」

青年はちょっと言い淀《よど》んで、油に汚《よご》れた作業服姿の加茂を眺《なが》め、それから加茂の手を取って、柔《やわ》らかな指で加茂の＊ハンドル胼胝《だこ》をさすった。

「職人さんて、考えるより先に、手が動いてしまうじゃないですか。それがこの機械には通用しないんです。まず考える。次に、考えたことを全部ことばにする。コンピュータ言語っていうんです。進めも削れも、止まれも、あと百分の三ミリ削れも、みんな記号で教えます。手で機械に教えるんじゃなくて、ことばで教えます。いままでの機械は手で心を通わせていました。この新しい機械はことばでしか心を通わせることができないんですよ」

　ことばで心を通わせる機械。そのときからやみくもに、その機械に憧《あこが》れはじめた。

【文章Ⅱ】

　電車を二度乗りかえ、さらにバスに揺《ゆ》られて、矢部ちゃんの工場に着いたら、約束の八時を二十分も過ぎていた。バス停を降りて道を急いだときに、足元がおぼつかない。見ると、霜柱《しもばしら》を踏《ふ》んでいた。あたりは畑が拡《ひろ》がっている。工場団地の大きな看板がなければ、どうしてこんなところに工場が、とＡいぶかしくなるような場所だった。

　矢部ちゃんは工場の門の前に立っていて、遠くから加茂を見つけると、待ちきれなかったとばかりに手を振《ふ》った。

　脱衣場《だついじょう》の隣《とな》りが食堂で、通路の先に便所があると、それだけを頭に入れて、加茂は機械場に入った。大きな建屋の片隅《かたすみ》に、メーカーの現場で見慣れたのと同じ機械が据《す》えてあった。

　作業帽《さぎょうぼう》に二本線の入った男を、矢部ちゃんが工場長だと紹介《しょうかい》した。

「話は、矢部ちゃんから聞いています。矢部ちゃんも心細いらしいので。＊なにしろ納期があまりない仕事で、一日も早く稼動《かどう》してもらわないとね」

　工場長は、そう言いながら素早《すばや》く加茂の頭から足先までを眺《なが》めおろした。まだ若いくせに人を瀬《せ》ぶみするな、と加茂はちょっと腹立たしかったが、

「勉強させて貰《もら》います」

と、①そこは愛想《あいそ》よく頭を下げた。

　矢部ちゃんが機械の前で拡げた図面を見て、加茂は一瞬《いっしゅん》ひるんだ。

　それはつい一昨夜、ほとんど徹夜《てつや》でプログラムをし、昨日合格のサインを貰ったあとで、メーカーの現場の機械で試《ため》しに削《けず》ったものとは、較《くら》べようもなく複雑な機械部品だった。

むろんこれまでに、その程度の部品なら手動の＊旋盤《せんばん》で削ったことはある。しかしそれを、まったく新しい、コンピュータ制御の機械で削らなければならない。機械の操作もプログラムも、まだ机上《きじょう》で習ったばかりで、実際に機械に触《さわ》ったのは、昨日の最後の半日、一人あたりにすれば十分間ほどの経験しかない。それでいきなりこれを削れか、と②加茂はしばらく腕《うで》を組んだまま身動きもできなかった。

それなのに矢部ちゃんときたら、通りすがりの仲間に声を掛《か》けては、雑談をしている。

「なんの、なんの。まあ理屈《りくつ》はともかく、なにごとも挑戦《ちょうせん》よ」

「ちょっと胃が痛かったけれどな」

「そこは＊蛇《じゃ》の道に蛇《へび》さ。失業中だとさ」

「講習を受けただけで、ハイサヨナラってのも気の毒だと思ってね」

あちこちの機械の騒音《そうおん》に混じって、そんな話が聞き取れる。加茂は人一倍耳がいい。

軽い嘘《うそ》に罪はない。加茂は矢部ちゃんの声を聞き流すことにして、再び図面に見入った。

③

三日、四日はまたたくうちに過ぎた。

加茂は、あの親会社の社長の次男が言った「ことばでしか心を通わせることはできない」ということばを、なんども思い返し、思い知らされた。

プログラムを作るマニュアルと首っ引きで、ああでもない、こうでもないと思案するうちに、古い機械で削ればなんのことはない、という誘惑《ゆうわく》に負けそうになった。

おまけに、矢部ちゃんときたら、

「わからないことがあったらなんでも聞けって、メーカーで言ってたじゃないか。電話すれば教えてくれるよ」

と、すぐにメーカーを頼《たよ》り、あげくには、

「俺《おれ》、図面を持ってメーカーに行ってくるよ。あそこの連中なら、すいすいっとプログラムしてくれるよ。そのくらいのサービスさせたっていいんだ」

なんて言い出した。

矢部ちゃんは、もうすっかり人まかせで、電車の事故があって出勤が三十分遅《おく》れただけなのに、心配になって加茂の家に電話を掛けたくらいだった。来社して頂けるんでしょうか、と矢部ちゃんのことばつきを真似《まね》て、女房《にょうぼう》は、すっかり頼られているみたいね、と笑っていた。

実際この二、三日矢部ちゃんは、小さな机に向かってプログラム作りに頭を痛めている加茂のまわりをうろつくだけで、食堂からお茶を汲《く》んできたり、何十年も立ち仕事をしてきた人間には、座《すわ》って仕事をするほうが苦痛だと、腰《こし》を叩《たた》いてみせたりするばかりだった。

ところが、加茂が思いついて、こんどの仕事のために必要な＊治具《じぐ》と呼ばれる道具の略図を書いたことがあった。すると矢部ちゃんは、ちょっと［(1)］をひねってから、
「あんた、そう言うけどよ、ここはこんな形にしたほうがよかないのかい」
と、加茂を唸《うな》らせるような工夫《くふう》をした。
矢部ちゃんはその半日、加茂の前から姿を消していたが、やがてみごとな治具を作ってきた。その素早さと出来映《できば》えのよさは、自己紹介のときに、ハンドルのついた機械なら、矢でも鉄砲《てっぽう》でも持ってこいと威張《いば》ったのが、嘘ではないことを物語っていた。
「いい腕してるよ。さすが職人だよ」
加茂がそう誉《ほ》めると、矢部ちゃんは照れて、そうおだてるなと言ったが満足そうだった。

五日目の朝、家に持ち帰って完成させた新しいプログラムを作って工場にたどり着いた。門の横の水道の蛇口《じゃぐち》から氷柱《つらら》が垂れていて、前の夜の寒さが思い出された。寝《ね》すごして、また遅刻《ちこく》した。
工場が鳴りをひそめているので、おやと思いながら、脱衣場で作業服に着更《きが》えていると、食堂で人声がする。
始業前の朝礼か、ミーティングらしい。
冬の着更えは時間がかかる。聞くともなしに、隣りの食堂の声が聞こえてしまう。
「④それで矢部ちゃんは、どんな講習を受けてきたんだい」
「講習から帰って、いったいなにをしているんだよ。みんなが一生懸命《いっしょうけんめい》働いてるっていうのに、ぶらぶらしているだけじゃないか。目障《めざ》わりなんだよな」
矢部ちゃんがみんなから吊《つる》し上《あ》げられているのが、それでわかった。
「不可能に挑戦するのが職人だろう。あんな矢部ちゃんて、自分で恥《は》ずかしくないのか」
そりゃあないよ、と加茂はベニヤ板の壁越《かべご》しに叫《さけ》びたい衝動《しょうどう》をこらえた。
手が悴《かじか》んで、シャツの貝ボタンがうまくかからない。焦立《いらだ》ちが重なる加茂の耳に、工場長の声が追い打ちをかけた。
「みんなはね、職場の先輩《せんぱい》だと思うから、ずっと言いたいことも我慢《がまん》してきたんだ。もうすこし身を入れて働いてもらわないとね。会社は、慈善《じぜん》事業とはちがうんだから」
「矢部ちゃん、なんとか言いなよ」
しばらくの沈黙《ちんもく》が続いて、加茂も物音を立てまいと体が硬《かた》くなった。矢部ちゃんのくぐもった声が、聞き取れない。
「そりゃあないよ矢部ちゃん。土下座なんてやめようよ」

加茂は安全靴《あんぜんぐつ》を突《つ》っかけて脱衣場を出た。
⑤なにがなんでも、今日は完成させて仕事を軌道《きどう》に乗せないわけにはいかなかった。
昨夜のプログラムを新しいテープに打ち替《か》えて、さて試しに削ってみようかというころには、ミーティングも終わって、工場の建屋は動きはじめた機械の騒音で埋《う》まった。
矢部ちゃんは、
「会社が赤字続きなものだから、みんなB気持ちがささくれだっていてな」
と言ったが、加茂はそれにはこたえずに、
「こんどのプログラムでうまくいかなかったら、お手上げだよ」
と、機械のスイッチを入れた。
そして、万事《ばんじ》がうまくいった。
最初は、加茂の心臓の音が矢部ちゃんにも聞こえやしないか、というほど［(2)］が高鳴った。しかし、機械は加茂が想定したとおりスムーズに動き、次つぎと刃物《はもの》を交換《こうかん》して鉄を削り進んだ。言うことを聞いてくれよ、と祈《いの》りながらも、右手の人さし指は、緊急《きんきゅう》停止の大きな赤いボタンの上に吸いついている。しかし、最後までその指に力を込《こ》める必要はなく、削り終わって刃物台がもとの位置に戻《もど》ると、＊〝犬の身震《みぶる》い〟をして、機械は静止した。時計を見ると、スタートしてから十分と経《た》ってはいない。昨日より四分以上も短縮しているし、工場長の要求の目標を上まわってもいる。
「おお、ばっちりだ」
測定器を当てて出来ぐあいを検査した矢部ちゃんが、C聞こえよがしにそう叫んだ。
二個め三個めと、もう加茂は鼻歌まじりで、腕組《うでぐ》みをしたまま機械の動きを眺めることができた。
手ではなくことばで、機械に心を通わせることができた瞬間《しゅんかん》を、加茂は心ゆくまで味わっていた。

軌道に乗ってしまえば、あとは矢部ちゃんにまかせておけばよかった。
「⑥ありがとな。これで俺も明日から、大手を振って働けるよ」
矢部ちゃんは、もう工場中に吹聴《ふいちょう》してしまったらしく、通りすがりの仲間から口笛を吹《ふ》かれたり、目くばせされるたびに、指で丸い輪をつくって合図を送ってみせた。矢部ちゃんの目が、輝《かがや》きをとり戻していた。〝犬の身震い〟が終わるが早いか、削り終えた機械部品を取りはずし、新しい材料を取り付ける。それだけの動作にも、いきいきとしたリズムがあって、矢部ちゃんは十歳《さい》も若返ったように加茂には思えた。
洗い場で手を洗い、脱衣場で着更えをしていると、工場長がやってきた。ちょうど出かける用事ができたので、駅まで送りましょうと言う。

工場長の車の助手席に座ると、加茂が予想したとおりだった。

「どうでしょう。うちで働いてくれませんか。上にはもう話してあるんです。条件も」

「ありがたい話ですが」

「矢部ちゃんは、あのとおり恥《はじ》を知らないというか、厚かましいというか。根は悪い人間ではないんですが。ああいう古いタイプの職人ですから」

「もう必要ないとでも」

「⑦時代が変わっているんですよねえ」

他人《ひと》ごとのような工場長の口振《くちぶ》りに、加茂は、心に刺《とげ》の立つのを感じた。みんな時代のせいにする。講習を受けに来ていた若い技術者たちもそうだった。

「目標の一個あたり十二分という加工時間の根拠《こんきょ》は、どこから出ていたんですか」

加茂が昨日からずっと、気になっていたことだった。

「あれは注文してきた大手企業《きぎょう》が、コンピュータではじき出した数字です。いまでは、切削スピードや切削量を入力すれば、およその加工時間をコンピュータがはじき出します。でも、あなたはまだあの機械の初心者だというのに、それを二分余りも短縮してしまいました。あれにはびっくりしました」

工場長は、いかにもそこまで心得ているとばかりに、ハンドルをゆっくりと左に切りながら、助手席の加茂に言った。

「十分を切ったのは、矢部ちゃんのおかげですよ。あの治具に矢部ちゃんがひと工夫してくれなかったら、あんな無理な削りかたはできなかったんです。さすがですよ、矢部ちゃんは」

工場長の心の動きが、ハンドル捌《さば》きにはっきりと読めた。

「⑧矢部ちゃんは、そんなこと、ひとことも言わなかったでしょうが」

車はもう駅前に来ていた。

加茂は、工場長に返事をしていなかったことに、歩き出してから気付いたが、振《ふ》り返《かえ》るとその車はもう、いま走ってきた道を戻りはじめていた。

家に着いたのがいつもより二時間も早かったので、女房はびっくりしたが、

「⑨あら、ずいぶん晴れ晴れとした顔をして。なにかいいことでもあったの」

と、加茂の顔を覗《のぞ》き込《こ》んだ。

加茂は、就職をすすめられたことを、女房には話さなかった。

かわりにそっと、指を折って数えた。失業保険が打ち切られるまでには、まだ間があった。

（小関《こせき》智弘《ともひろ》「ことば」『鉄の花』より）

＊ハンドル胼胝…長年、手動の切削機械のハンドル操作をする中でできた、いぼのように盛り上がった皮膚《ひふ》の一部分のこと。

＊なにしろ納期があまりない仕事で ～ もらわないとね
…注文を受けた製品を急いでつくるために、コンピュータ制御の機械をすぐにでも動かさなくてはならないことを言っている。

＊旋盤　…金属などを回転させて削る機械のこと。

＊蛇の道に蛇　…同類の者はたがいにその社会の状況《じょうきょう》を知っていることのたとえ。

＊治具　…本文に出てくる最新の機械が切削するときに必要な道具・部品。

＊犬の身震い　…【文章Ⅰ】に「刃物台が元の位置に戻ると、削り終わった機械部品を高速回転させて、部品を濡らしていた切削油を飛ばした。川に落ちた犬が激しく身震いして水をはじく姿を連想させ」とある。この機械のこの動作のことを、「加茂」は「犬の身震い」と呼んでいる。

問一　――A〜Cの語句の本文における意味として、最もふさわしいものを次の中からそれぞれ一つずつ選び、記号で答えなさい。

A　いぶかしくなる

ア　疑いたくなる　イ　興味関心がわく　ウ　批判したくなる　エ　残念に思う

B　気持ちがささくれだっていて

ア　気持ちが沈《しず》んでいて　イ　気持ちがあれていて　ウ　気持ちが高まっていて　エ　気持ちがゆれ動いていて

C　聞こえよがしに

ア　周りには聞き取れないように　イ　いかにもうれしそうに

ウ　周囲に聞こえるように　エ　自慢《じまん》するかのように

問二　文脈をふまえ、本文中の［(1)］・［(2)］に入るのにふさわしい、からだの一部分を示す漢字一字をそれぞれ答えなさい。

問三 ——①「そこは愛想よく頭を下げた」とありますが、この部分における「加茂」の説明として、最もふさわしいものを次の中から一つ選び、記号で答えなさい。

ア 年下の工場長から試されているように思って、多少怒《いか》りの感情がわきあがってきたが、ひかえめな態度を取ることでうまくその場をしのいでいる。

イ 対面するなり人を見下すような態度を取った工場長に対して腹立たしさを覚えたが、「矢部ちゃん」の手前、その感情を押《お》し殺そうと努めている。

ウ 外見だけで人物を判断しようとする工場長の立ち居振《ふ》る舞《ま》いについ感情が高ぶってしまったが、下手《したて》に出ることで見返してやろうとたくらんでいる。

エ 品定めをするような工場長のしぐさにいら立ちを感じたが、失業中である以上やむを得ないことだとあきらめ、仕事で取り戻《もど》そうと決意している。

問四 ——②「加茂はしばらく腕を組んだまま身動きもできなかった」とありますが、その理由の説明として、最もふさわしいものを次の中から一つ選び、記号で答えなさい。

ア 講習で習った内容よりも複雑な図面を書くことを求められ、真剣《しんけん》に講習会に参加していなかった自分が嫌《いや》になったから。

イ 複雑な部品を削る方法を知らない状況で仕事を引き受けてしまったことに気づき、後悔《こうかい》の念がわき起こってきたから。

ウ 講習会よりも複雑なプログラムを書き上げていく必要があることに驚き、対処方法をすぐには見いだせなかったから。

エ 複雑な部品が備わる最新の機械が設置してあることを知り、経験不足がはっきり出てしまうことに不安を感じたから。

問五　本文の③［　］内の「加茂」の説明として、**あてはまらないもの**を次の中から**二つ**選び、記号で答えなさい。

ア　手動の機械とは異なり、最新の機械を思うように動かすことのできない自分にもどかしさを感じている。
イ　手動の機械を扱《あつか》う点において、「矢部ちゃん」よりも自分の方が高い技術を身につけていると思っている。
ウ　周囲に頼りっぱなしで、最新の機械を動かす仕事から逃《に》げてばかりいる「矢部ちゃん」の姿にあきれている。
エ　手動の機械に関する高い技術だけでなく、職人としてのするどい勘《かん》を持つ「矢部ちゃん」のことを見直している。
オ　コンピュータで制御する最新機械のプログラムを作る工程に「矢部ちゃん」も参加するべきだと考え直している。

問六　――④「それで矢部ちゃんは、どんな講習を受けてきたんだい」とありますが、この発言から、工場で働く人たちのどのような思いや気持ちが読み取れますか。最もふさわしいものを次の中から一つ選び、記号で答えなさい。

ア　古い機械を扱っていた時には難しい仕事もこなし、ベテランの職人として存在感のあった「矢部ちゃん」が、働く意欲を失ってしまったことを残念に思う気持ち。
イ　最新の機械が予定通りに動く手がかりをつかむためにも、「矢部ちゃん」が講習会で習ってきた内容をくわしく知り、職場の仲間で協力する体制をつくろうという思い。
ウ　コンピュータ制御の機械をうまく動かせないことに加え、他人に仕事を任せてばかりで、まじめに働く様子すら見受けられない「矢部ちゃん」を問いつめようという思い。
エ　もともとまじめに働いていなかった「矢部ちゃん」が、新型機械の仕事にかこつけて楽ばかりしていることに不満を抱き、心を入れかえるべきだと非難する気持ち。

問七 ——⑤「なにがなんでも、今日は完成させて仕事を軌道に乗せないわけにはいかなかった」とありますが、「加茂」がこのように思うに至ったのはなぜですか。最もふさわしいものを次の中から一つ選び、記号で答えなさい。

ア 自分がコンピュータ制御の機械をうまく動かしたことで、「矢部ちゃん」の職場における評価を落としてしまったと感じ、悲しくなったから。

イ 「矢部ちゃん」が職場において弱い立場に置かれている現実を知ったのに、かばってあげることもできない自分自身にいらだちを覚えたから。

ウ 「矢部ちゃん」のかげの努力を知らない状況で、その人間性を否定して若い職人から評価されようとする工場長のやり方が許せなかったから。

エ 職人のすぐれた技術に気づくこともできない工場の人たちから、「矢部ちゃん」が一方的に責め立てられていることを知り、いたたまれなかったから。

問八 ——⑥「ありがとな。これで俺も明日から、大手を振って働けるよ」とありますが、この言葉から「矢部ちゃん」のどのような状況が読み取れますか。ふさわしいものを次の中から**二つ**選び、記号で答えなさい。

ア 手動ではないが、最新の機械を扱う仕事に関われる喜びを感じ、職人としての自信を取り戻しつつある。

イ 機械のプログラムを完成させた加茂ではなく、自分の方が評価されていることを、内心では喜んでいる。

ウ プログラム通りに機械が動きはじめ、肩身《かたみ》のせまい思いをしていた状況から解放されてほっとしている。

エ 加茂への感謝を伝える一方で、自分を見下していた工場長や職場の同僚《どうりょう》を見返せたことに満足している。

オ コンピュータ制御の機械を思い通りに動かす喜びを知り、プログラムの書き方を学ぶ必要性を感じている。

問九 ――⑦「時代が変わっているんですよねえ」とありますが、この「工場長」の発言に対する「加茂」の気持ちを説明したものとして、最もふさわしいものを、次の中から一つ選び、記号で答えなさい。

ア 自分たちのような古いタイプの技術職人は、「時代のせい」で消えていく運命にあることに気づき、いらだちを隠《かく》せないでいる。

イ 古い機械しか操作できない職人よりも、大手企業との関係を優先せざるをえない工場長の経営方針に、やるせなさを感じている。

ウ 工場長だけでなく若い技術者たちが、「時代」の先端《せんたん》を行くコンピュータ技術ばかりに目を向けていることに深く傷ついている。

エ 手動の機械を扱う技術者である「矢部ちゃん」を、「時代のせい」にしてやめさせようとしている工場長に、反感を覚えている。

問十 ――⑧「矢部ちゃんは、そんなこと、ひとことも言わなかったでしょうが」とありますが、この部分における「加茂」の説明として、最もふさわしいものを、次の中から一つ選び、記号で答えなさい。

ア 加茂の書いたプログラムによって機械が正確に動くようになったと勘違いしている工場長に対し、「矢部ちゃん」の成果を強調し、評価するよう迫《せま》っている。

イ 大手企業が計算した工程よりも時間短縮した点を評価されるのはうれしいが、「矢部ちゃん」に誘《さそ》われたことを恩に感じ、工場長の前では遠慮《えんりょ》がちになっている。

ウ 大手企業の計算よりも作業時間を短縮できた背景に、「矢部ちゃん」の職人としての高い技術があったことは、せめて工場長に伝えておきたいと思っている。

エ 大手企業の出した加工時間を基準に人間を評価するのではなく、古いタイプの職人が育んできた心の交流こそが大切だと、工場長に訴《うった》えようとしている。

問十一 ――⑨「あら、ずいぶん晴ればれとした顔をして」とありますが、それはなぜだと考えられますか。最もふさわしいものを、次の中から一つ選び、記号で答えなさい。

ア コンピュータで動く機械を扱う技術を工場長から高く評価されたから。
イ 工場長との会話の中で、この工場で働く誘いを断る決心がついたから。
ウ ベテランの技術者として「矢部ちゃん」と働くことができそうだから。
エ 次の働き口が決まりそうで、家族にもいい報告ができそうだったから。

問十二 本文の内容を説明したものとして、最もふさわしいものを次の中から一つ選び、記号で答えなさい。

ア 人間味のあるベテラン技術者「矢部ちゃん」が職場を追われていくのとは対照的に、まじめで素直《すなお》な性格の加茂が周囲からの信頼を得て、新たな職をつかみ取っていく過程が、生き生きと描《えが》かれている。
イ 手動の機械を扱う技術にすぐれた職人「矢部ちゃん」に助けられながら、コンピュータ制御の機械が主流となる新時代の技術者として、少しずつ成長していく加茂の様子が、細かく描かれている。
ウ コンピュータで動く最新の機械が導入されたことでベテラン技術者の居場所がなくなっていく時代に、加茂と「矢部ちゃん」が協力し、職人としての誇《ほこ》りを取り戻していく様子が、淡々《たんたん》と描かれている。
エ ベテラン職人の持つすぐれた技術とコンピュータ制御の機械が融合《ゆうごう》してはじめて、最新の機器の持つ力を最大限引き出せるのだと加茂が確信し、技術者としての喜びを知っていく過程が、丁寧《ていねい》に描かれている。

三、次の①～⑧の――のひらがなの部分を漢字にしなさい。必要があれば送りがなも書きなさい。また、⑨・⑩の――の漢字の読みをひらがなで書きなさい。

① たんこう業で栄えた街だ。

② ゆうらんせんに乗る。

③ じゅうれつで車をとめる。

④ 学校の近くにぜいむしょがある。

⑤ 方位じしゃくで方角を調べる。

⑥ きぬの服を着る。

⑦ 学問をおさめる。

⑧ きゅうごの手をさしのべる。

⑨ 海外旅行で見聞を広めた。

⑩ このような事例は枚挙にいとまがない。

２０２２年度

広島女学院中学校入学試験

算　数

５０分／１２０点満点

受験上の注意

１．試験開始の合図があるまで，この問題冊子の中を見てはいけません。

２．解答用紙は，この冊子の間にはさんであります。

３．問題は１ページから９ページまであります。
　　試験開始の合図があったら，ページ数および解答用紙を確認し，
　　受験番号，名前を解答用紙に記入し，解答を始めなさい。

４．解答はすべて解答用紙に記入しなさい。

1．次の計算をしなさい。（3）と（4）では，$\boxed{}$にあてはまる数を求めなさい。

（1）　$118+134+152-128-112-146$

（2）　$10\times(8.765-2.345)-18\div9\times2-1.86\div0.3$

（3）　$\left(15-\boxed{}\div3\right)\times\frac{1}{16}+\frac{1}{6}=\frac{2}{3}$

（4）　$\frac{3}{4}=\frac{42}{42+\boxed{\text{ア}}}=\frac{42-\boxed{\text{イ}}}{42+\boxed{\text{イ}}}$　　ただし，$\boxed{\text{イ}}$には同じ数が入ります。

２．次の問に答えなさい。

（１）A，B，C，D，Eの５人がテストを受けました。A，B，Cの平均点は 43 点，C，D，Eの平均点も 43 点で，５人全員の平均点は 42.4 点でした。Cの点数は何点ですか。

（２）はじめに，あやめさんと妹の持っている金額の比は７：４でした。２人とも 400 円の品物を買うと，残った金額の比は３：１になりました。あやめさんは，はじめに何円持っていましたか。

（３）１時と２時の間で，時計の長針と短針が作る角の大きさがはじめて直角になる時刻は１時何分ですか。

（4）ある学校の中学１年生の通学方法を調べました。バスを利用している生徒は全体の４割であり，そのうちの５％の生徒は電車も利用しています。また，バスも電車も利用していない生徒は全体の１割です。電車を利用している生徒が130人であるとき，次の問に答えなさい。

① バスと電車の両方を利用している生徒は全体の何％ですか。

② 中学１年生全体の人数は何人ですか。

（5）A，B，C，Dの４人がそれぞれプレゼントを持ち寄って，プレゼント交換《こうかん》をしました。４人とも自分の持ってきたものではないプレゼントを受け取るような交換の仕方は全部で何通りありますか。この問題は，求める過程もかきなさい。

3．次の問に答えなさい。

（1）図のような平行四辺形 ABCD があります。AD と EF，AB と GH はそれぞれ平行で，AE と EB，BI と FG はそれぞれ長さが等しいです。このとき，角アの大きさを求めなさい。

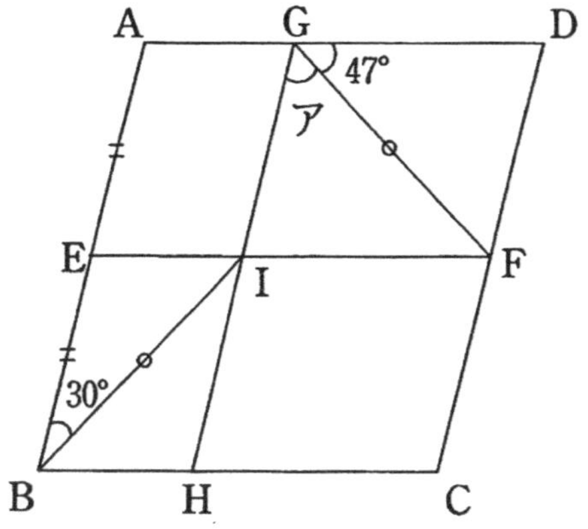

（2）図は，台形の形をした建物を真上から見たものです。A の場所に牛が長さ 10 m のロープでつながれています。この牛は建物の中には入れませんが，建物の外を動きまわることができます。牛が動くことのできる範囲《はんい》の面積を求めなさい。ただし，円周率は 3.14 とします。

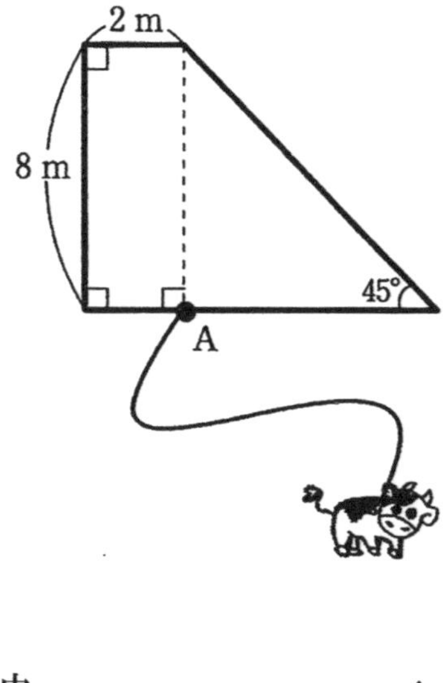

（3）図は，底面積が 6 cm² である三角柱を 1 つの平面で，ななめに切った立体の見取図です。図の斜線《しゃせん》の部分が切り口です。この立体の体積を求めなさい。

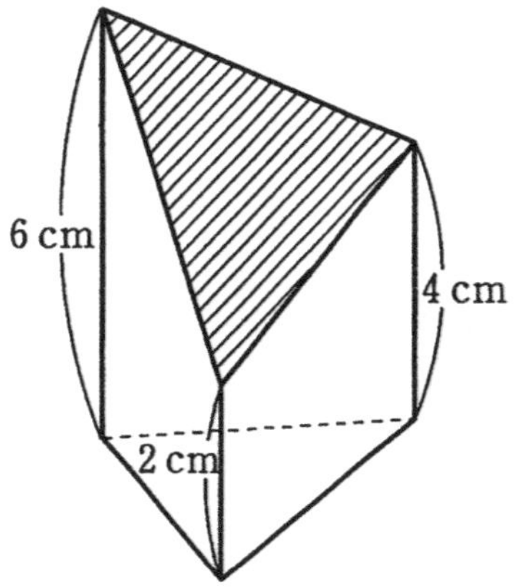

（4）1 辺の長さが 1 cm の立方体をすきまなく積み上げ，ある立体を作りました。図は，その立体を正面，右側，真上から見たものです。この立体に使われた立方体の個数は，最も多い場合で何個ですか。ただし，図の斜線の部分は同じ立方体を表しています。

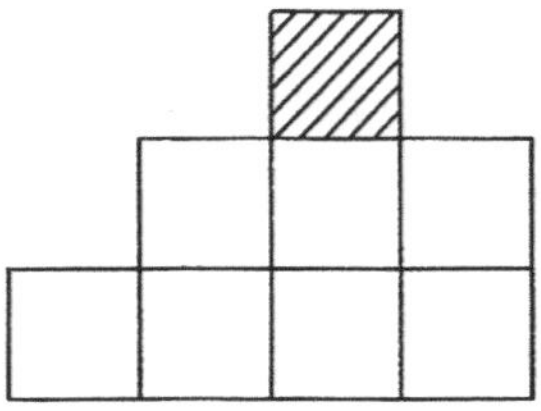

【正面】

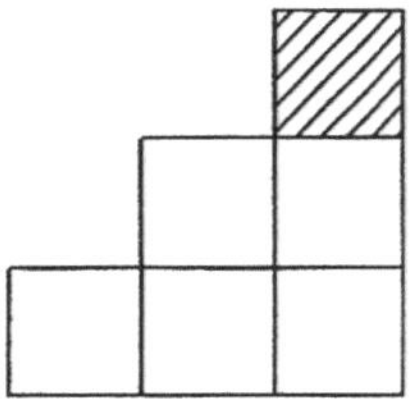

【右側】

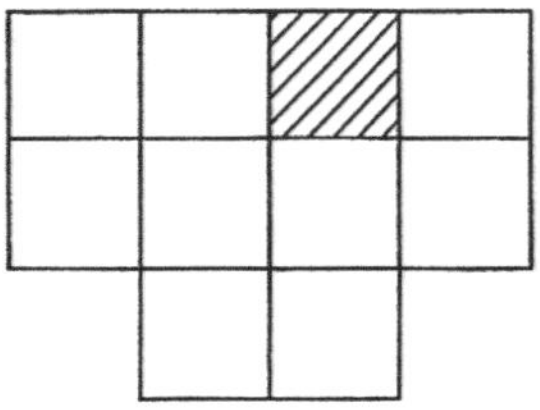

【真上】

4．図のような五角形 ABCDE があります。点 P は頂点 A を出発して，五角形の周上を A→B→C→D→E と一定の速さで動いて頂点 E で止まります。また，下のグラフは，点 P が頂点 A を出発してから頂点 E に着くまでの時間（秒）と，三角形 APE の面積（cm^2）の関係を表したものです。このとき，次の問に答えなさい。

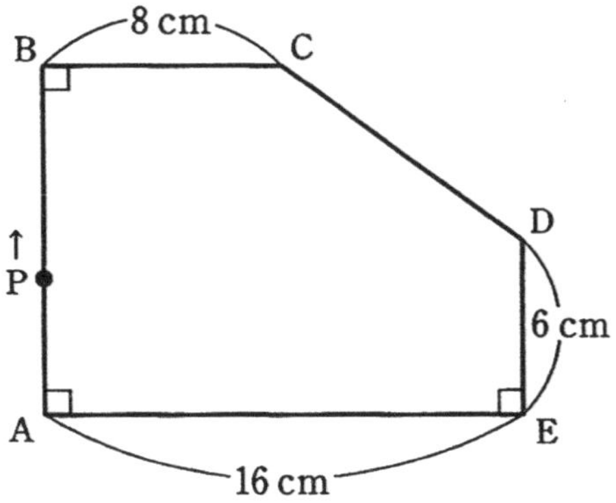

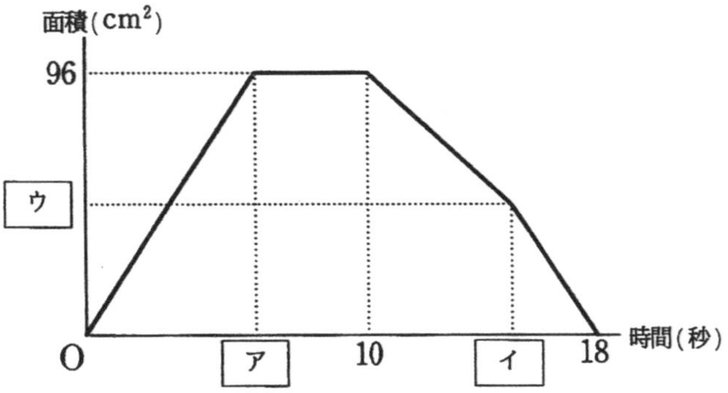

（1）AB および CD の長さを求めなさい。また，点 P の速さは毎秒何 cm ですか。

（2）ア から ウ にあてはまる数を答えなさい。

（３）① 点Ｐが頂点Ａを出発して，4.5 秒後の三角形 APE の面積を求めなさい。

② 三角形 APE の面積は，①で求めた値と等しくなることがもう一度あります。それは，点Ｐが頂点Ａを出発して，何秒後ですか。

点Ｐが頂点Ｂに着いたとき，点Ｑは頂点Ａを出発して，五角形の周上をＡ→Ｂ→Ｃ→Ｄ→Ｅと一定の速さで動いて頂点Ｅで止まります。また，点Ｒは点Ｑと同時に頂点Ｅを出発して，五角形の周上をＥ→Ｄ→Ｃ→Ｂ→Ａと一定の速さで動いて頂点Ａで止まります。このとき，点Ｒは頂点Ｅを出発してから４秒後に点Ｐと出会い，その２秒後に点Ｑと出会いました。

（４）点Ｑと点Ｒの速さは，それぞれ毎秒何 cm ですか。

（５）点Ｐが頂点Ｄに着いたとき，次の問に答えなさい。

① 点Ｑと点Ｒのおおよその位置をかき，三角形 PQR を完成させなさい。ただし，解答用紙の白い点は各辺の真ん中の点です。

② 三角形 PQR の面積を求めなさい。

5．次のような計算機A，B，C，Dがあります。

計算機Aは，入力された数を 3 で割った余りを表示します。

計算機Bは，入力された数を 10 で割った余りを表示します。

計算機Cは，入力された数を 6 で割った余りを表示します。

計算機Dは，入力された数を 7 で割った余りを表示します。

（1）8765 を計算機A，B，C，Dにそれぞれ入力したとき，表示される数を答えなさい。

（2）1 から 50 までの整数を 1 つずつ計算機Aに入力したとき，表示されるすべての数の和を求めなさい。

次のような操作を［操作①］とします。

［操作①］

1．計算機Bに「ある数」を入力する。
2．計算機Bに表示された数を計算機Aに入力する。
3．計算機Aに表示された数を記録する。

（3）「ある数」を 733 として［操作①］を行ったとき，記録される数を求めなさい。

（4）1 から 50 までの整数に対して［操作①］を行ったとき，記録されるすべての数の和を求めなさい。

次のような操作をそれぞれ[操作②]，[操作③]とします。

[操作②]
1．計算機Cに「ある数」を入力する。
2．計算機Cに表示された数を計算機Aに入力する。
3．計算機Aに表示された数を記録する。

[操作③]
1．計算機Dに「ある数」を入力する。
2．計算機Dに表示された数を計算機Aに入力する。
3．計算機Aに表示された数を記録する。

（5）次の（ア）～（オ）の中で，正しいものをすべて選び，記号で答えなさい。

（ア）1から50までの整数に対して[操作②]を行ったとき，記録されるすべての数の和は（2）の値と等しくなる。

（イ）1から50までの整数に対して[操作③]を行ったとき，記録されるすべての数の和は（2）の値と等しくなる。

（ウ）1から49までの整数に対して[操作①]を行ったとき，記録されるすべての数の和は（4）の値と等しくなる。

（エ）51から100までの整数に対して[操作①]を行ったとき，記録されるすべての数の和は（4）の値と等しくなる。

（オ）1から100までの奇数に対して[操作①]を行ったとき，記録されるすべての数の和は（4）の値と等しくなる。

２０２２年度
広島女学院中学校入学試験

社会・理科

社会・理科合わせて４５分／各５０点満点

受験上の注意

１．試験開始の合図があるまで，この問題冊子の中を見てはいけません。

２．解答用紙は，この冊子の間にはさんであります。

３．問題は社会 1 ページから 15 ページまで，理科 16 ページから 29 ページまであります。解答用紙は社会白色，理科緑色のそれぞれ 1 枚ずつです。試験開始の合図があったら，ページ数および解答用紙を確認し，受験番号，名前をそれぞれの解答用紙に記入し，解答を始めなさい。

４．解答はすべてそれぞれの解答用紙に記入しなさい。

社　会

1．　次の【図1】の地図について，後の問に答えなさい。

【図1】

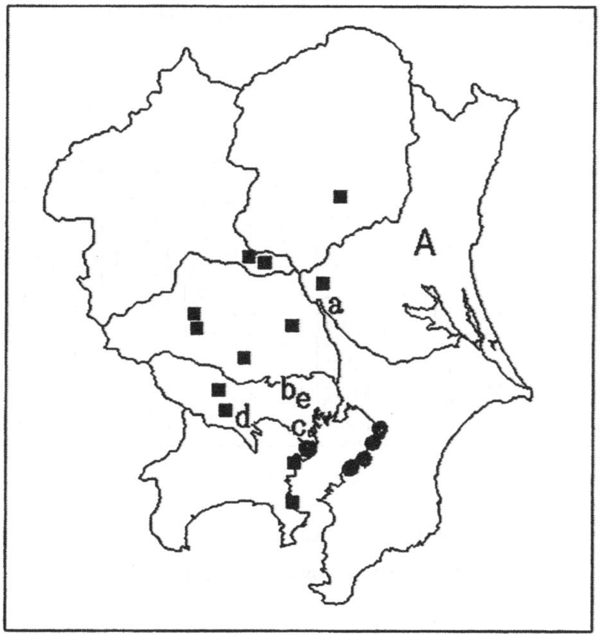

（1）　関東地方の農業について，次の問に答えなさい。

問1　【図1】の地図中のAは次の【表1】中のAと同じ県で，農業がさかんでレタスなどの野菜がたくさん生産されています。Aの県名を答えなさい。

【表1】レタスの生産量が多い都道府県（2019年）

都道府県	生産量（t）	割合（%）
長　野	197800	34.2
A	86400	14.9
群　馬	51500	8.9
長　崎	36000	6.2
兵　庫	30100	5.2
全　国	578100	100.0

（『日本のすがた 2021』より作成）

問２　レタスの生産量は長野県が全国１位ですが，【図１】中のＡの県も地図中ａの坂東《ばんどう》市など県南部でさかんに生産され，生産量は全国２位となっています。とくに東京都の市場への出《しゅっ》荷《か》量を見るとＡの県は大きな割合をしめています。【図１】と【図２】からＡの県のレタス生産の特徴《とくちょう》について説明しなさい。

【図２】東京都の市場のレタスの県別出荷量（2020年）

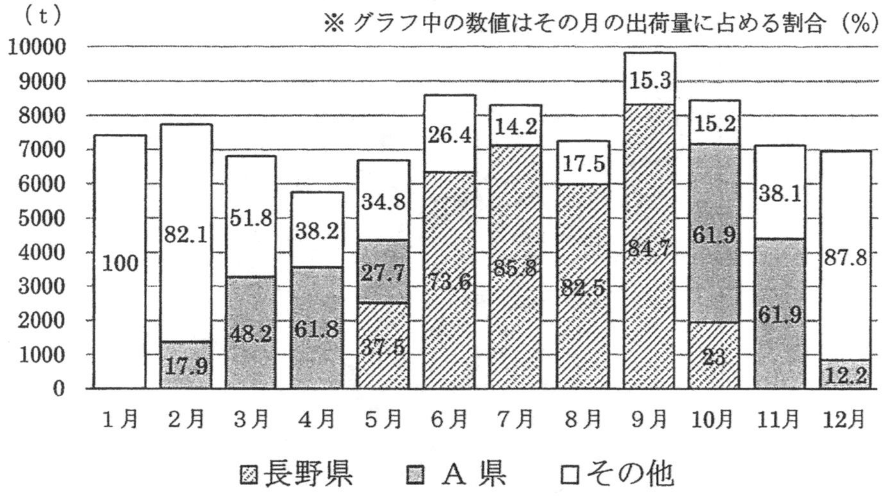

（『東京都中央卸売市場　市場統計情報（月報・年報）』より作成）

問３　【図１】中のｂで示した東京都練《ねり》馬《ま》区で行われている農業について述べた文として**適当でないもの**を，【図３】の地図を参考にして，次の（ア）～（エ）の中から１つ選び，記号で答えなさい。

（ア）伝統野菜やフランス料理で使われるめずらしい野菜，果物《くだもの》のようにあまいプチトマトなど，なるべく価格の高い農産物を栽培《さいばい》している。

（イ）コンビニエンスストアや飲食業のチェーン店を運営する大企《き》業《ぎょう》が，ＩＴ技術を利用した設備を整えた大農場で，大規模な農業を行っている。

（ウ）農園周辺の住宅地に住む人たちを対象にして，農業体験や農園貸し出しによる農業指導を行っている。

（エ）農園周辺の小中学校では，都市の農業や練馬大根について学習し，農園で生産された野菜を給食で使っている。

【図３】東京都練馬区大泉学園《おおいずみがくえん》町周辺の地形図

（電子地形図 25000　2021 年ダウンロード）

（２）　関東地方の工業について次の問に答えなさい。

問１　【図１】中の■と●はそれぞれ大規模な工場を示しています。■と●で示した工場で行われている工業として適当なものを，それぞれ次の（ア）～（エ）の中から１つずつ選び，記号で答えなさい。

（ア）繊維《せんい》　（イ）印刷製本　（ウ）輸送機械　（エ）石油化学

問２　【図１】中のｃで示した区は中小企業が多く，経済の変化や不景気の影響《えいきょう》を受けやすいところです。しかし，高い技術による精密なロケット部品や医療《いりょう》用機器やオリンピック競技で使われる道具などの生産を行って高い評価を受けてきました。最近では高い技術を持つ工場が協力して，さらに新しい製品をつくったり，海外に工場を進出させたりしています。ｃは東京都の何区ですか。適当なものを次の（ア）～（エ）から１つ選び，記号で答えなさい。

（ア）文京《ぶんきょう》区　（イ）千代田《ちよだ》区　（ウ）杉並《すぎなみ》区　（エ）大田《おおた》区

2022(R4) 広島女学院中
教英出版

（3） 1960年代，東京の人口増加と住宅不足のため，国と東京都が協力して，【図1】中の d で示した多《た》摩《ま》市を中心に多摩ニュータウンを開発しました。【図4】は多摩市の人口構成の変化を表したものです。このグラフから読み取ることができる1990年代以降の社会問題を何と呼びますか。

【図4】多摩市の人口構成の変化

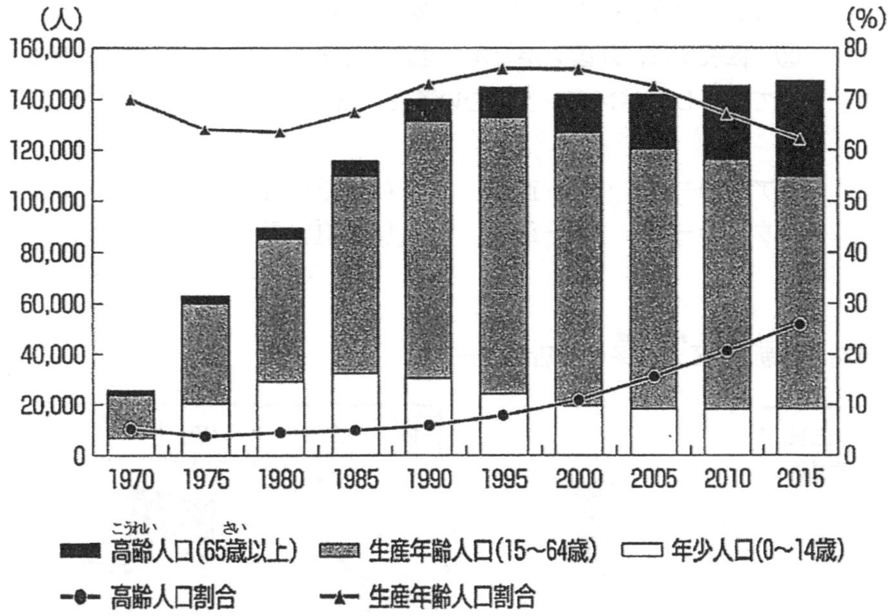

（地理教育研究会『人の暮らしと動きが見えてくる日本地理』
日本実業出版社，2016年より）

（４）　国際化が進んで，東京都内の各地で町の様子が大きく変化してきています。このことに関連して，【図５】・【図６】は【図１】中のｅで示した新宿《しんじゅく》区の様子を表した資料です。これらの資料から読みとれることについて説明した①・②の文の正誤の組み合わせとして正しいものを，後の（ア）～（エ）の中から１つ選び，記号で答えなさい。

①　様々な国の人たちが住むようになって，商店街には各国の美容室や食材・料理店，語学教室などができ，多くの外国人や日本人が集まってきている。

②　区役所は，外国人が日本で生活をするのに困らないよう，日本の生活について説明したパンフレットをいろんな言語で発行している。

（ア）①－正　②－正　　（イ）①－正　②－誤
（ウ）①－誤　②－正　　（エ）①－誤　②－誤

【図５】新宿《しんじゅく》区《く》大久保《おおくぼ》の商店街の一つ

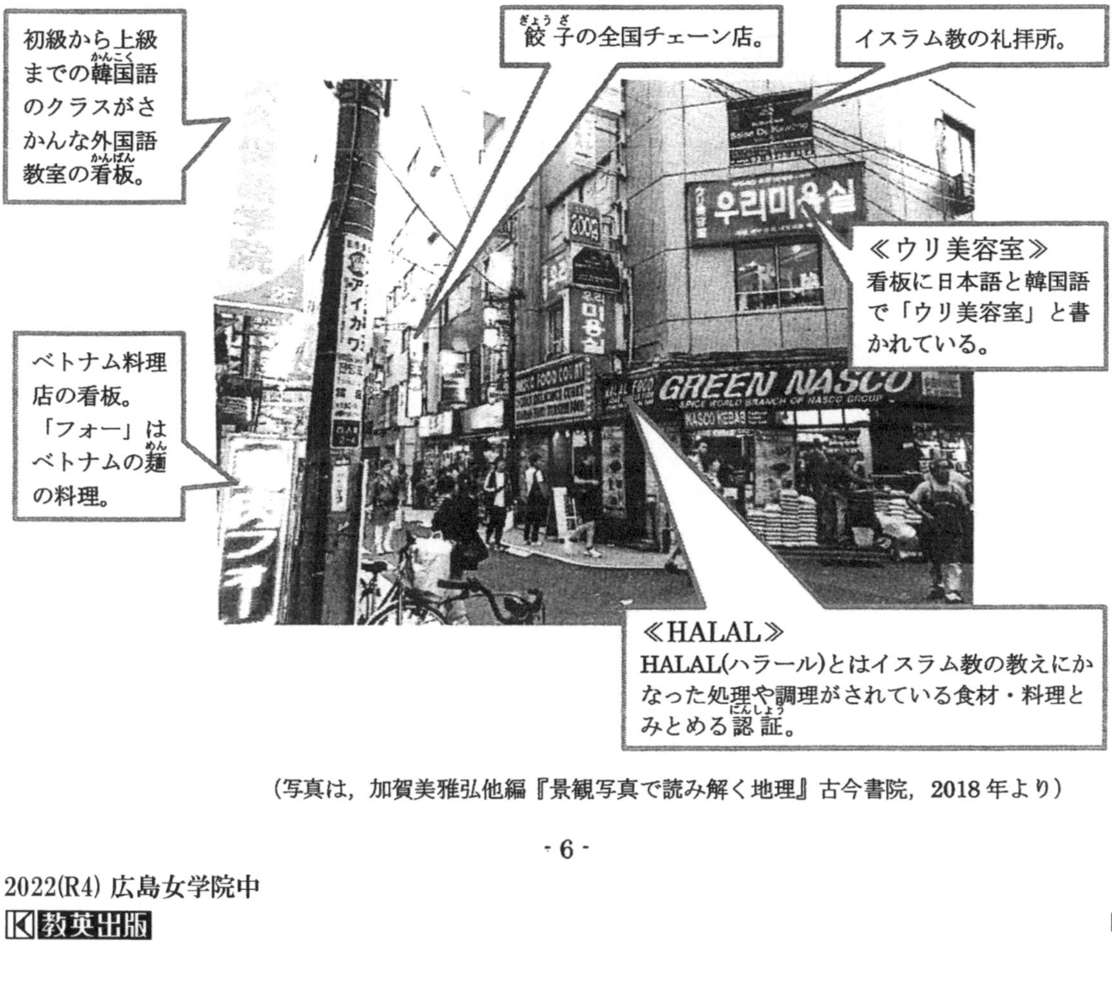
初級から上級までの韓国《かんこく》語のクラスがさかんな外国語教室の看板《かんばん》。
餃子《ぎょうざ》の全国チェーン店。
イスラム教の礼拝所。
우리미용실
《ウリ美容室》
看板に日本語と韓国語で「ウリ美容室」と書かれている。
ベトナム料理店の看板。「フォー」はベトナムの麺《めん》の料理。
GREEN NASCO
《HALAL》
HALAL(ハラール)とはイスラム教の教えにかなった処理や調理がされている食材・料理とみとめる認証《にんしょう》。

（写真は，加賀美雅弘他編『景観写真で読み解く地理』古今書院，2018 年より）

【図６】『新宿生活スタートブック』

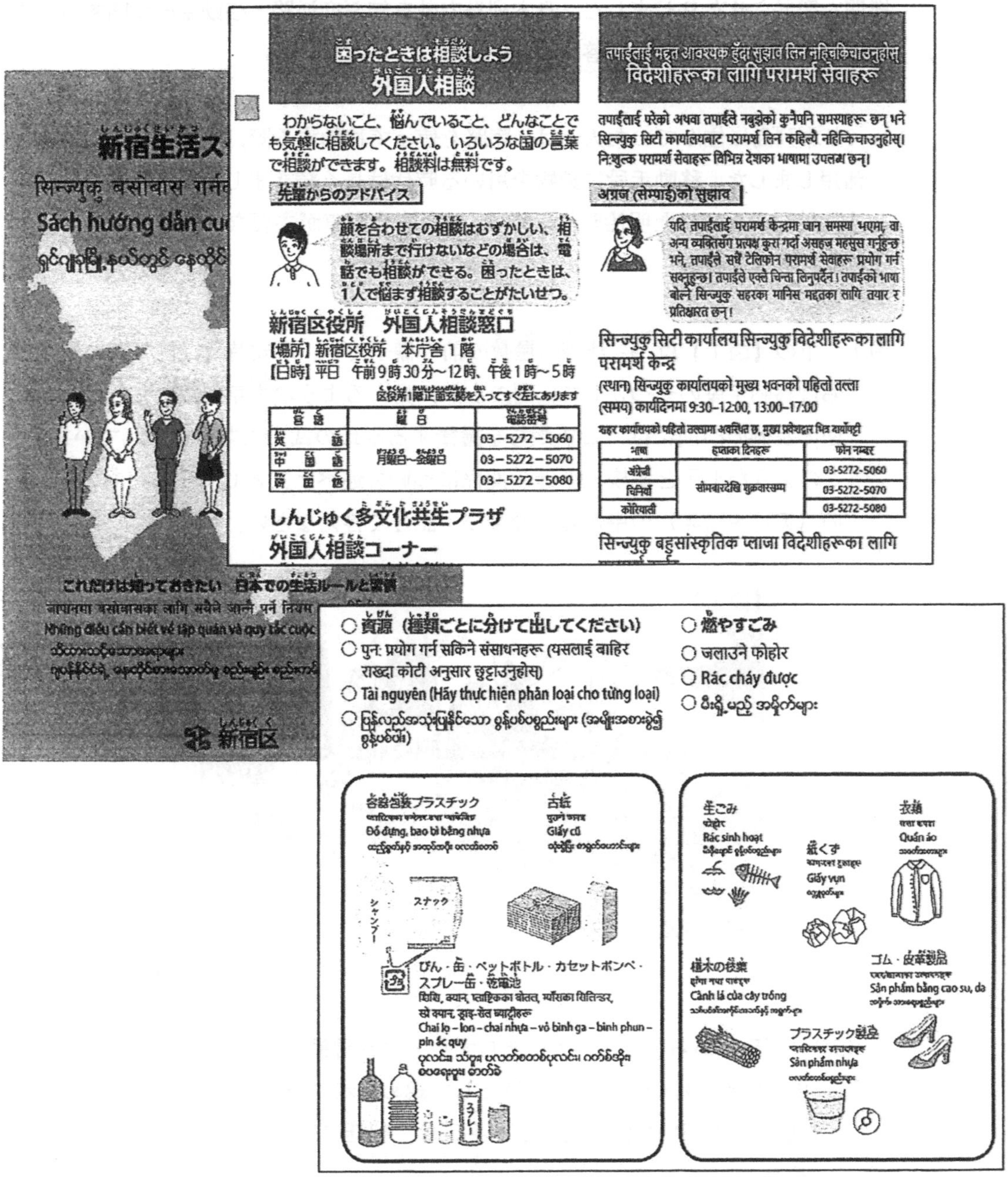

（新宿区のホームページより）

2． 離《はな》れた地域の間で人や物を行き交《か》わせるために，人々は交通路を整備したり輸送機関を発展させたりしました。日本列島内外を結ぶ交通路・移動手段に関する文章や資料を読んで，後の問に答えなさい。

（1） 日本列島に住んでいた人々は，陸路を使って移動する際，牛や馬などの動物を活用しました。移動手段に動物を用いる時代は長く続きましたが，西洋の技術が本格的に導入された明治時代以降は，鉄道や自動車が主要な移動手段へ移り変わっていきました。

問１ 下の【図１】は平清盛《たいらのきよもり》の屋敷《やしき》の前の様子です。平安時代，位の高い貴族たちは移動手段の一つとして，図の上部に見えるような牛車《ぎっしゃ》を用いました。また図の左側の門前には，貴族たちを護衛する平氏の武士たちが描《えが》かれています。このような平氏と貴族・朝廷《ちょうてい》の関係について述べた文として正しいものを，後の（ア）～（エ）の中から１つ選び，記号で答えなさい。

【図１】

（「平治物語絵巻」より）

（ア）「平氏にあらざれば，人にあらず」という言葉があるように，貴族社会の中では平氏は一人前の政治家として認《みと》められていなかった。
（イ）壇ノ浦《だんのうら》の戦いで源氏を倒《たお》した平氏は，朝廷に迫《せま》って太政大臣《だいじょうだいじん》の地位を求めた。
（ウ）平清盛は，自分の娘《むすめ》を天皇のきさきとし，生まれた子を天皇に立てた。
（エ）平氏一族は朝廷の重要な官職につき，平清盛も征夷大将軍《せいいたいしょうぐん》に就任して政治の実権を握《にぎ》った。

問２　下の【図２】は関《せき》ケ《が》原《はら》の戦いを描《えが》いた屏《びょう》風《ぶ》の一部です。武士が馬に乗って移動していることがわかります。【図３】は，「東海道《とうかいどう》五《ご》十《じゅう》三次《さんつぎ》」に収められている浮《うき》世《よ》絵《え》です。人々が馬に荷物を背負わせて移動している様子がわかります。【図２】・【図３】に描かれている場所の組み合わせとして正しいものを，後の（ア）～（エ）の中から１つ選び，記号で答えなさい。

【図２】

（「関ケ原合戦図屏風」より）

【図３】

（「東海道五十三次」より）

（ア）【図２】：①　【図３】：③　　（イ）【図２】：①　【図３】：④

（ウ）【図２】：②　【図３】：③　　（エ）【図２】：②　【図３】：④

問３　首都東京と日本最大の貿易港横浜《よこはま》を結ぶため，1872 年に日本初の鉄道が開通しました。幕末にある条約が結ばれて以降，横浜では西洋諸国との貿易がさかんになっていきました。この条約の名前を答えなさい。

問４　高度経済成長のころになると，自動車は人々の移動に不可欠なものとなっていきました。下の【図４】は高度経済成長のころの広島県の道路の様子です。現在と同じように自動車は道路の左側を通っていることが分かります。一方，【図５】は同じころの（　あ　）県の道路の様子であり，自動車は右側通行であることが分かります。これは（　あ　）県には日本の法令が適用されなかったためです。（　あ　）に入る県名を答えなさい。

【図４】

（広島電鉄株式会社ホームページより）

【図５】

（You Tube（　あ　）県公式チャンネルより）

（2） 日本列島は海に囲まれ，そして多くの川があります。人々は (A) 豊富な水資源によって，産業や経済，文化を発達させてきました。古くから海上（水上）交通を整備し，地域間の様々な交流を実現させてきました。(B) その中で船の果たしてきた役割は大きなものでした。

問１ 下線部（A）について，水資源と人々の結びつきについて述べた文として正しいものを，次の（ア）～（エ）の中から１つ選び，記号で答えなさい。

（ア）高度経済成長中に海の汚染《おせん》が深刻化し，水俣病《みなまたびょう》などの公害が発生した。
（イ）室町時代，龍安寺《りょうあんじ》のような川の水を屋敷内にふんだんに引きこんだ庭園が作られるようになった。
（ウ）足尾《あしお》鉱山からの廃水《はいすい》が周囲の河川《かせん》に大きな被害《ひがい》をあたえたため，東郷平八《とうごうへいはち》郎《ろう》が政府に訴《うった》えを起こした。
（エ）縄文《じょうもん》時代，人々は貝を食べていたが，海や川の魚は食べていなかった。

問２ 次の①～③は下線部（B）について述べた文章です。時代の古い順に並べたものとして正しいものを，後の（ア）～（カ）の中から１つ選び，記号で答えなさい。

① 足利義満《あしかがよしみつ》の時代，遣明船《けんみんせん》を通して中国の品々が日本に輸入された。
② 欧米《おうべい》の国々を視察するため，大久保利通《おおくぼとしみち》らが蒸気船に乗って出発した。
③ 中国商人の船に乗って，フランシスコ・ザビエルが鹿児島《かごしま》に到着した。

（ア）① → ② → ③　　（イ）① → ③ → ②
（ウ）② → ① → ③　　（エ）② → ③ → ①
（オ）③ → ① → ②　　（カ）③ → ② → ①

（3） 飛行機が発明され，移動手段の一つとなっていったのは 20 世紀のことです。郵便・貨物輸送にも使用されましたが，戦争のための兵器という側面が強くなっていきました。(A) 第二次世界大戦を見ても，ハワイ真珠湾攻撃《しんじゅわんこうげき》，日本本土への空襲《くうしゅう》，原爆《げんばく》投下など，戦争と飛行機は切っても切りはなせないものであったことは，容易に想像がつきます。

問1 下線部 (A) について，次の年表中の空らん（ あ ）・（ い ）にあてはまる国名をそれぞれ答えなさい。

1939 年	（ あ ）がポーランドを侵略《しんりゃく》した。ポーランドと同盟を結んでいるイギリスやフランスが（ あ ）と戦争状態になり，第二次世界大戦がはじまった。
1940 年	日本が（ あ ）やイタリアと軍事同盟を結び，アジア地域の支配を図った。
1941 年	日本がハワイのアメリカ軍や，マレー半島のイギリス軍を攻撃し，太平洋《たいへいよう》戦争がはじまった。
1944 年	アメリカ軍の飛行機による，日本本土への空襲が本格化した。
1945 年	日本とは互いに戦わないという条約を結んでいた（ い ）がその条約を破り，満州《まんしゅう》や樺太《からふと》南部，千島《ちしま》列島に侵攻《しんこう》した。

（4） 様々な輸送機関が人類の歴史の中で発達してきましたが，最も日常的な移動手段は徒歩でした。(A) 納税や旅行，学問，仕事などのために (B) 遠距離《きょり》にもかかわらず人々は徒歩で目的地を目指しました。また (C) 大勢の人が同時に集まって行進することで，徒歩は自分たちの権利を訴える要求手段にもなりました。

問1 下線部 (A) について，8 世紀のはじめ，中国にならった国の仕組みである律令国家《りつりょうこっか》が成立し，人々は税や兵役《へいえき》を負担しました。徒歩によって都に運ばれる税がありましたが，このうち特に地方の産物を都に納める税を何といいますか。その名前を答えなさい。

問２　下線部（B）に関し，江戸《えど》幕府は街道《かいどう》の重要な場所に関所を設置し，物や人の出入りを取り締《し》まりました。

次の【資料１】・【資料２】は関所での取り締まり内容を表したものです。【資料３】は【資料１】・【資料２】で定められる制度がつくられたころの様子をまとめた年表です。なぜ関所を設置し，このように物や人の取り締まりを行ったのですか。【資料１】～【資料３】を関連付け，その理由を説明しなさい。なお，資料は読みやすく改めています。

【資料１】

一，関所では，老中《ろうじゅう》の証明書がなければ鉄砲などの武器の通行を禁止する。

（「諸国関所通行書留文書」より）

【資料２】

箱根《はこね》の関所で検閲《けんえつ》・取り締まる事柄《ことがら》について。

一，この関所においては，関西方面から江戸に向かう女性は特に取り調べを行わない。しかし，江戸からこの関所を通る女性は，証明書がなければ通行禁止とする。

（「御関所御規定心得方書記」より）

【資料３】

1600年　関ケ原の戦いが起こった。

1603年　徳川家康が江戸に幕府を開いた。

1615年　大阪夏の陣《じん》で豊臣氏が滅《ほろ》びた。

1635年　参勤交代《さんきんこうたい》の制度が武家諸法度《ぶけしょはっと》に加えられ，大名の妻と子供は江戸の屋敷で暮らすことが義務付けられた。

問３　下線部（C）について，下の【図６】は大正時代に行われた普通《ふつう》選挙実現を要求するデモ行進の様子です。明治時代から太平洋戦争終結までの日本の選挙制度に関して述べた文①・②の正誤の組み合わせとして正しいものを，後の（ア）～（エ）の中から１つ選び，記号で答えなさい。

【図６】

（『新しい社会６　歴史編』東京書籍，令和３年より）

①　太平洋戦争が終結するまで，納税資格によって選挙権が制限されていた。

②　民主主義の意識が高まったことから，大正時代に女性の選挙権が保障された。

（ア）①－正　②－正　　（イ）①－正　②－誤

（ウ）①－誤　②－正　　（エ）①－誤　②－誤

二〇二二年度　国語　解答用紙

受験番号

名前

※のらんには記入しないこと

※

※120点満点
（配点非公表）

一、

問一

(1)

(2)

(3)

問二

問三

問四

問五

問六

という事実を明らかにしたこと。

問七

1 ※

2 ※

3 ※

4 ※

(1)	度	(2)	m^2	(3)	cm^3	(4)	個

4

(1)	AB　cm	CD　cm	毎秒　cm
(2)	ア	イ	ウ
(3)	①　cm^2	②　秒後	
(4)	Q 毎秒　cm	R 毎秒　cm	
(5)	②　cm^2		

(5) ①

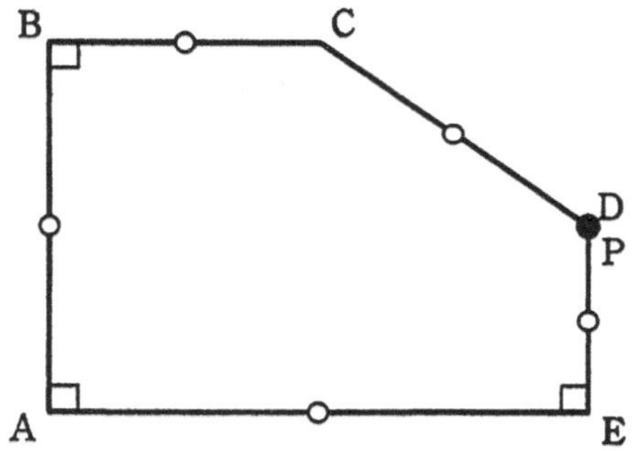

5

(1)	A		B		C		D		(2)		(3)	
(4)		(5)										

E ※

F ※

G ※

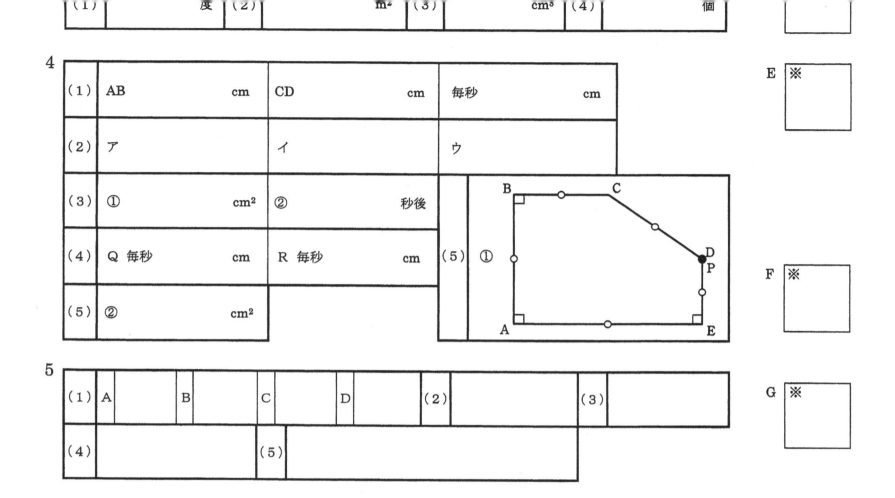

2

(1)	問1	問2	問3　　　　条約
	問4　　　県		
(2)	問1	問2	
(3)	問1(あ)	(い)	
(4)	問1		
	問2		
	問3		

E	※
F	※
G	※
H	※

(4)	問1		問2	①	g	②

4

(1)		(2)		(3)	
(4)	の向きに, 度 回転させる。				

5

(1)		(2)		(3)		(4)	

6

(1)		(2)		(3)	
(4)	地層		理由		(5)
(6)	問1		問2		

C ※

D ※

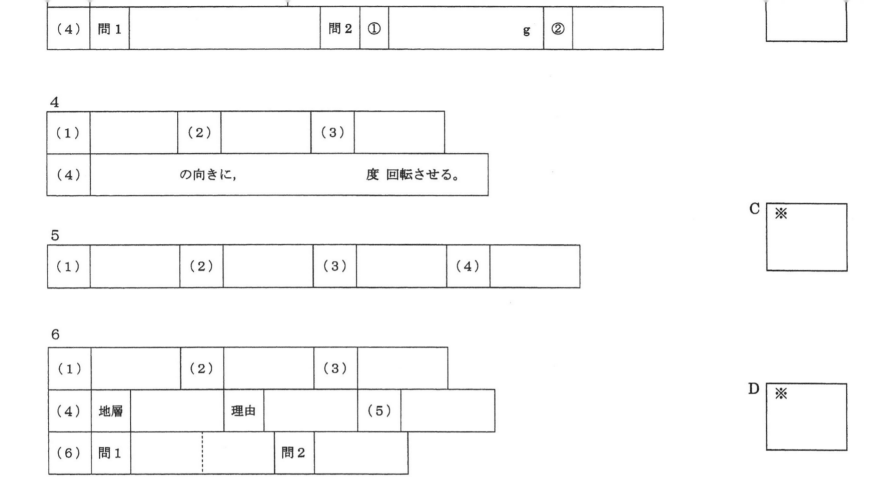

理科

２０２２年度
理科　解答用紙

受験番号		名前	

※50点満点
（配点非公表）

※のらんには記入しないこと

1

（1）		（2）	①		②		（3）		（4）	

※

2

（1）		（2）		（3）	
（4）	モンシロチョウは				

A ※

3

（1）	①		②	
（2）	問１	→ → → →	問２	→

【解答

２０２２年度
社会　解答用紙

受験番号		名前	

※50点満点
（配点非公表）

※のらんには記入しないこと

※

A	※
B	※
C	※
D	※

1

（1）	問１　　　　　　県			
	問２			
	問３			
（2）	問１ ■	●	問２	

【解答

２０２２年度
算数　　解答用紙

受験番号		名前	

※120点満点
（配点非公表）
※のらんには記入しないこと

1

(1)		(2)		(3)		(4)	ア	イ

※

2

(1)	点	(2)	円	(3)	1時　　分
(4)	①　　%		②　　人		
(5)	（求める過程） 通り				

A	※
B	※
C	※

【解答

ため、「仮説」の提唱者以外の人々が、同じ実験によって再現するという検証が行えない状況。

問九

問十

問十一

5 ※

6 ※

二、

問一 A B C

問二 (1) (2)

問三

問四

問五

問六

問七

問八

問九

問十

問十一

問十二

7 ※

8 ※

9 ※

三、

① ② ③ ④ ⑤ ⑥ ⑦ ⑧ ⑨ ⑩

10 ※

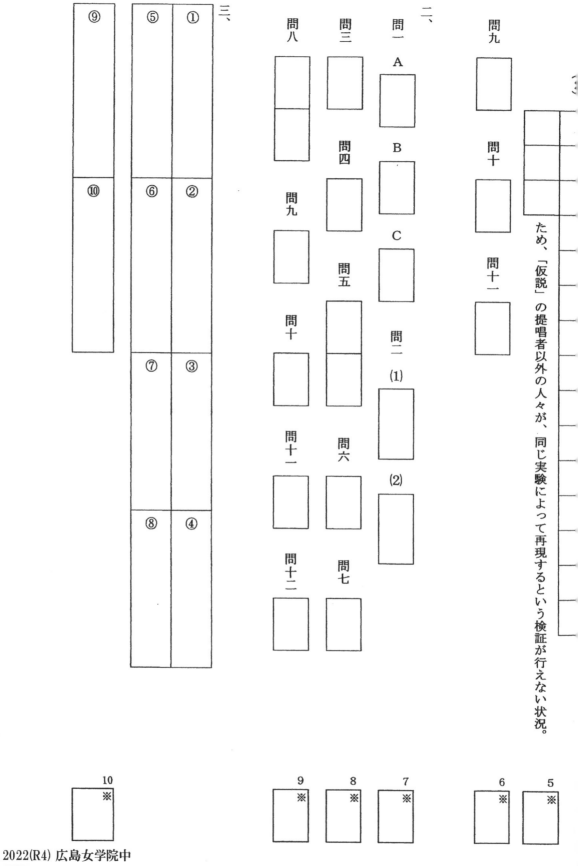

ここで社会は終わり。理科は次ページから。

理　科

１．身のまわりのさまざまな生き物について，次の問に答えなさい。

（１）　次の（ア）～（オ）から，光合成を行わない生き物を１つ選び，記号で答えなさい。

（ア）ボルボックス　（イ）アオミドロ　（ウ）ミカヅキモ
（エ）ミドリムシ　（オ）ラッパムシ

（２）　次の（ア）～（カ）から，①おもに動物を食べる生き物，②さなぎにならない昆虫《こんちゅう》をそれぞれ１つずつ選び，記号で答えなさい。

（ア）アブラゼミ　（イ）オオクワガタ　（ウ）カイコガ
（エ）スズメバチ　（オ）ミミズ　（カ）モンシロチョウ

（３）　もともとは日本にいない，外国から来た生物は「外来種《がいらいしゅ》」とよばれ，もとから日本にいる生物に対してさまざまな影響を与えているといわれています。次の（ア）～（オ）から外来種ではないものを１つ選び，記号で答えなさい。

（ア）ブラックバス　（イ）ウシガエル　（ウ）オオサンショウオ
（エ）アカミミガメ　（オ）セイヨウタンポポ

（４）　日本固有の生物が多く生息することや，生物多様性《たようせい》の保全に重要な地域であることが認められ，2021年７月に新たに世界自然遺産に登録された場所はどこですか。正しいものを（ア）～（オ）から１つ選び，記号で答えなさい。

（ア）知床《しれとこ》　（イ）白神《しらかみ》山地　（ウ）小笠原諸島《おがさわらしょとう》
（エ）屋久《やく》島　（オ）奄美《あまみ》大島，徳之《とくの》島，沖縄《おきなわ》島北部，西表《いりおもて》島

2．　あやめさんは，夏休みの自由研究について考えています。この自由研究とは，自分が疑問に思っていることを，自分で実験して確かめるものです。

はじめに，あやめさんは次の A～C の研究テーマを思いつきましたが，学校から配布されたプリントを見て，これらが自由研究のテーマにふさわしくないのではないかと，なやんでいます。

A　10 年後の自分は何をしているか
B　霧《きり》はどうして発生するのか
C　宇宙はどのようにしてできたのか

自由研究プリント　　＜研究テーマを決めよう＞

●自由研究のテーマとしてふさわしくないもの

①調べればすぐに答えがわかるもの。
②高度に専門的な知識が必要なもの。
③未来の予言をするもの。
⋮

（1）　A～C のテーマは，プリントの①～③のどれにあてはまりますか。最も適切な組み合わせを，次の（ア）～（カ）から選び，記号で答えなさい。

	A	B	C
(ア)	①	②	③
(イ)	①	③	②
(ウ)	②	①	③
(エ)	②	③	①
(オ)	③	①	②
(カ)	③	②	①

あやめさんは研究テーマを考え直し，「モンシロチョウはどうやって花をみつけるのか」について研究することにしました。庭の花にモンシロチョウがやってくる様子を見ていて，高い木がまわりを囲っていて外から庭は見えないのに，どうしてモンシロチョウには花があることがわかるのだろうと考えたからです。

結果をあらかじめ予想してから実験をするとよい，とプリントに書いてあったので，「モンシロチョウは，においで花があることがわかる」と，自分なりに予想をしました。

（２）　下線部の予想を立てるときに，確かめておく必要があることは何ですか。最も適当なものを，次の（ア）～（エ）から選び，記号で答えなさい。

（ア）チョウの活動時間は，昼間であること。
（イ）チョウには，においを受け取る器官があること。
（ウ）チョウの口は，ストローのような形をしていること。
（エ）チョウの目は，小さな目が集まったつくりをしていること。

（３）　実験計画を立てたり観察や実験をして調べたりするときに，しない方がよいことを，次の（ア）～（エ）から１つ選び，記号で答えなさい。

（ア）どのような実験をするのがよいか，昆虫《こんちゅう》館の学芸員の人に相談する。
（イ）他の人が以前に同じような研究をしていれば，実験方法を参考にする。
（ウ）情報はたくさん集めず，１つのインターネットサイトだけを参考にする。
（エ）うまく調べられなかったときは，もう一度実験計画から考え直す。

モンシロチョウについて調べると，紫《むらさき》色の花を好むことや，その花に近づいた時には巻いた口をのばすことがわかりました。そこで，次のような【実験】を行い，結果をまとめました。

【実験】

1．モンシロチョウと，次の（W）～（Z）を用意する。

（W）何もしていないろ紙

（X）モンシロチョウがよく訪《おとず》れる花のにおいをつけたろ紙

（Y）紫色の折り紙でつくった造花

（Z）紫色の折り紙でつくった造花に，モンシロチョウがよく訪れる花のにおいをつけたもの

2．（W）を入れたフタつきの水そうの中にモンシロチョウを１匹入れ，近づいて巻いた口をのばす行動が 30 分間に何回みられるかを記録する。

3．（X）～（Z）についても２と同様の実験を行う。

4．１～３を数回くり返して行い，結果をまとめる。

【結果のまとめ】

・（W）にはほとんど近づかなかったが，（Y）に近づく様子は多くみられた。

・（W）よりも（X）の方が，また（Y）よりも（Z）の方が，巻いた口をのばす行動の回数が多くみられた。

（4）　実験結果からいえることを，「モンシロチョウは」という言葉に続けて説明しなさい。

3．　次の水溶《よう》液（A）～（E）について，後の問に答えなさい。

(A) 石灰水	(B) 塩酸	(C) アンモニア水
(D) 水酸化ナトリウム水溶液		(E) 食塩水

（1）　次の①，②にあてはまる水溶液を，（A）～（E）からそれぞれすべて選び，記号で答えなさい。

①赤色リトマス紙を青色に変える。　②水を蒸発させると，何も残らない。

（2）　（1）の②で水を蒸発させるとき，ガスバーナーで水溶液を加熱しました。

問1　ガスバーナーを使って加熱するときについて，次の（ア）～（コ）から必要なものを5つ選び，その操作の順に並べなさい。

（ア）ガス調節ねじを開けてから，マッチの火を近づける。
（イ）空気調節ねじを開けてから，マッチの火を近づける。
（ウ）マッチの火を近づけてから，ガス調節ねじを開ける。
（エ）マッチの火を近づけてから，空気調節ねじを開ける。
（オ）マッチの火をつける。
（カ）元せんを開ける。
（キ）ガス調節ねじで炎《ほのお》の大きさを調節する。
（ク）空気調節ねじで炎の大きさを調節する。
（ケ）ガス調節ねじを開けて炎を青色にする。
（コ）空気調節ねじを開けて炎を青色にする。

問2　ガスバーナーの炎が小さいので，大きくしようと思います。どのような操作をすればよいですか。次の（ア）～（エ）から必要なものを2つ選び，操作する順に並べなさい。

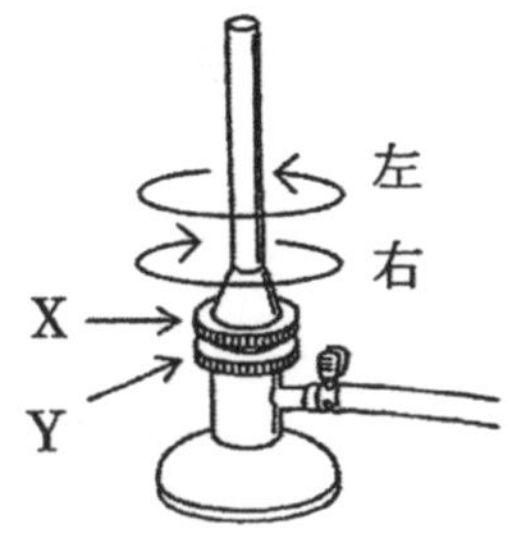

（ア）Xのねじを左に回す。　（イ）Xのねじを右に回す。
（ウ）Yのねじを左に回す。　（エ）Yのねじを右に回す。

（3）　（A）～（D）のうち，2つを混ぜると（E）の水溶液になります。混ぜた2つの水溶液を選び，記号で答えなさい。

（4）　(B) にアルミニウムを入れると，気体が発生して，アルミニウムがとけました。

問１　このとき発生した気体の名前を答えなさい。

問２　うすい塩酸 20 mL にいろいろな量のアルミニウムを加えて，発生する気体の体積を調べました。実験の結果は図１のグラフのようになりました。下の問に答えなさい。

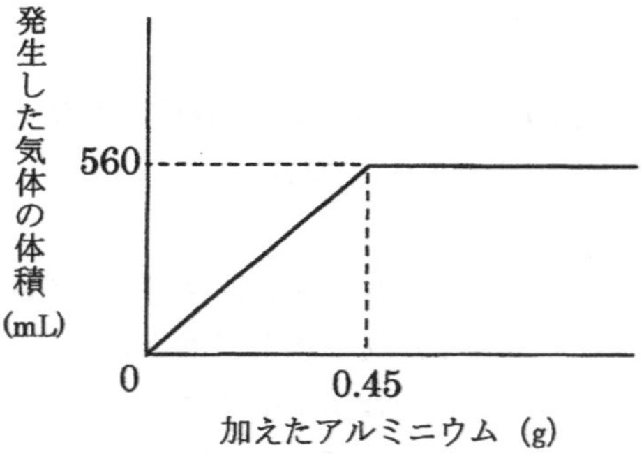

図１

①　300 mL の気体を発生させるためには，アルミニウムは何 g 必要ですか。割り切れないときは，小数第３位を四捨五入して，小数第２位まで答えなさい。

②　この塩酸の濃《こ》さを２倍にして同じ実験をすると，どのようなグラフになりますか。最も適当なものを，次の（ア）～（エ）から１つ選び，記号で答えなさい。ただし，点線は図１のグラフを表し，塩酸の体積は 20 mL のままとします。

(ア)

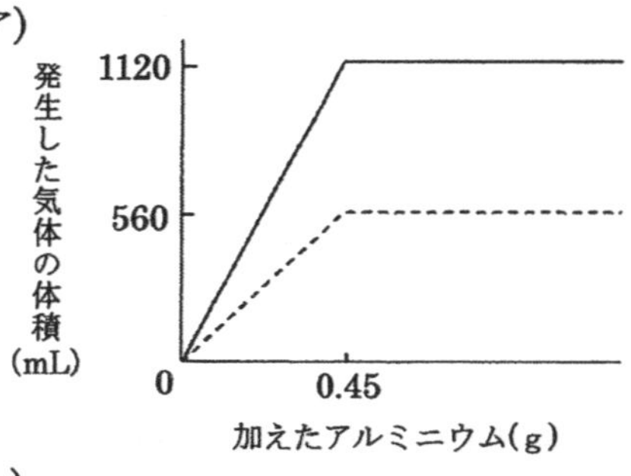

(イ)

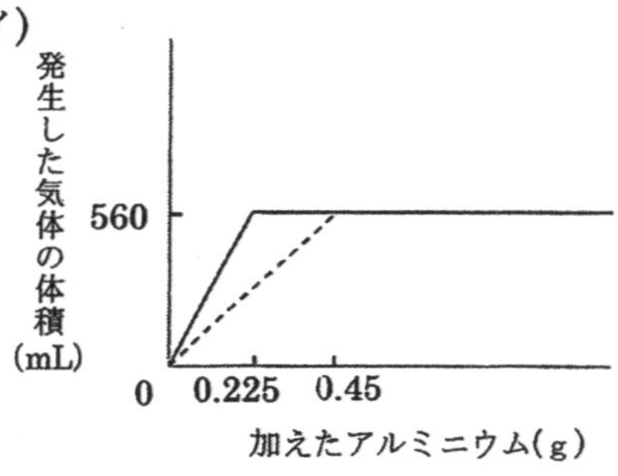

(ウ)

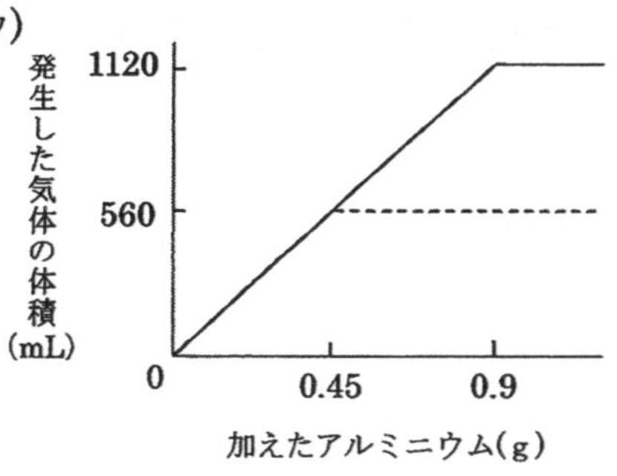

(エ)

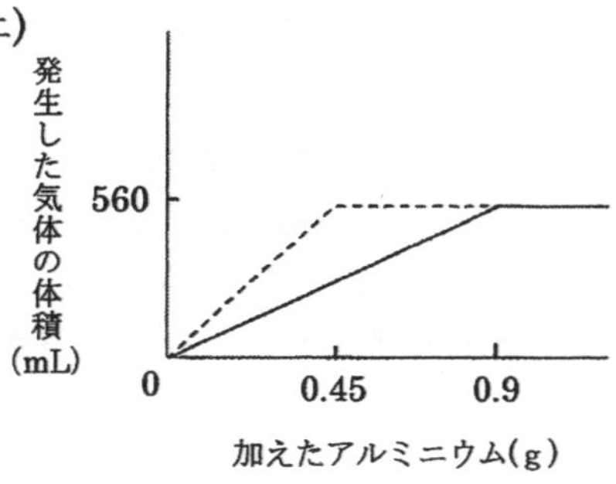

4．　あやめさんは，ある雨の日に家にいました。外がピカッと明るく光ったと思ったら，しばらくしてドーンとかみなりの音がしました。あやめさんはかみなりの音がしているとき，家の窓ガラスがふるえていることに気づきました。

（1）　光と音について説明した次の（ア）～（エ）のうち，**誤っているもの**を1つ選び，記号で答えなさい。

（ア）音の速さに比べて，光の速さの方が速い。
（イ）光は水中では伝わるが，真空中では伝わらない。
（ウ）音は水中では伝わるが，真空中では伝わらない。
（エ）光や音は，電気に変えることができる。

（2）　下線部について，あやめさんは図1のようにガラスびんに水を入れ，びんの口にくちびるをつけて吹くと，音が出ることを思い出しました。びんに入れる水の量が多いほど，高い音が出ます。このとき，ふるえて音を出しているものを，次の（ア）～（エ）から1つ選び，記号で答えなさい。

図1

（ア）びんのガラス　　（イ）くちびる
（ウ）びんの中の水　　（エ）びんの中の空気

（3）　光は，まっすぐに進む「直進」という性質をもっています。次の（ア）～（エ）のうち，この性質にあてはまる現象を1つ選び，記号で答えなさい。

（ア）月が太陽の光を受けてかがやく。
（イ）夕日を見ていると，東側に自分の影ができる。
（ウ）雨上がりに虹《にじ》ができる。
（エ）虫めがねで，日光が集まる。

（4） 光は，鏡にあたるとはね返る「反射」という性質をもっています。反射するときには図2のように，鏡に入る光の角度Aの大きさと，はね返る光の角度Bの大きさはいつも等しくなります。

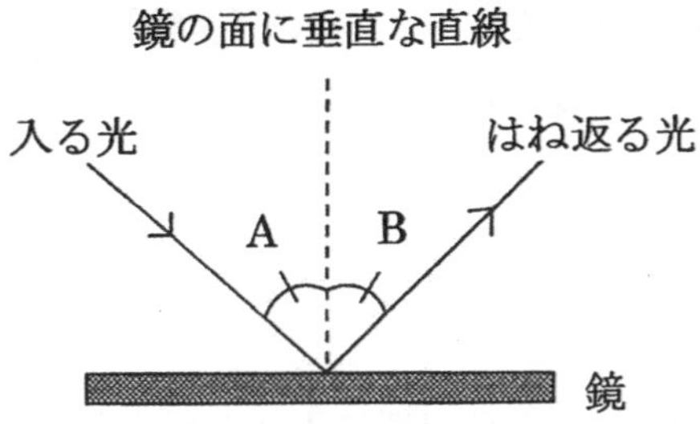

図2

図3のように，かい中電灯，鏡，リンゴが置いてあります。かい中電灯の光を鏡ではね返してリンゴにあてるには，図3の状態から鏡を（ア），（イ）のどちらの向きに，何度回転させればよいか答えなさい。

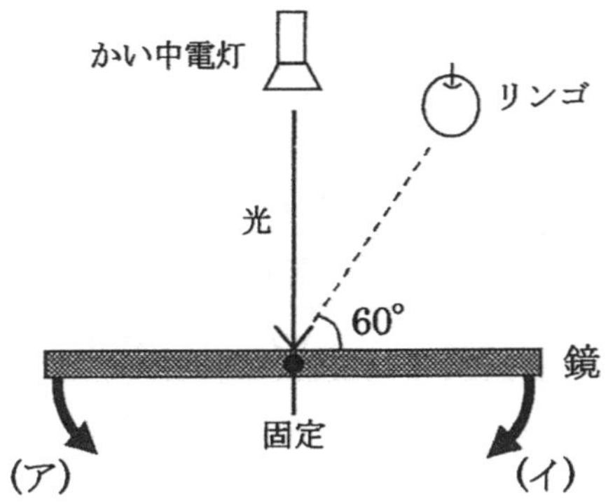

図3

5．　空気を閉じこめて遊ぶおもちゃに，図１のような空気鉄砲《てっぽう》があります。筒《つつ》の中に空気を閉じこめて押《お》し棒で後玉を押すと，前玉が飛び出します。しかし，空気の代わりに水を筒の中に閉じこめると，前玉はうまく飛びません。この理由を調べるために，次の【実験】を行いました。後の問に答えなさい。

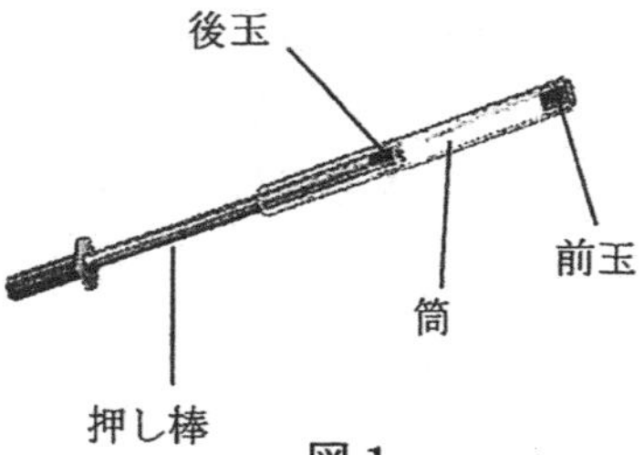

図１

【実験】

図２のように，空気 25 mL を注射器に入れてピストンで閉じこめ，ゴム板の上にまっすぐ立てます。ピストンの上におもりをのせ，空気の体積変化を調べました。

次に，空気の代わりに水 25 mL を注射器に入れて同様の実験を行いました。表１は結果をまとめたものです。

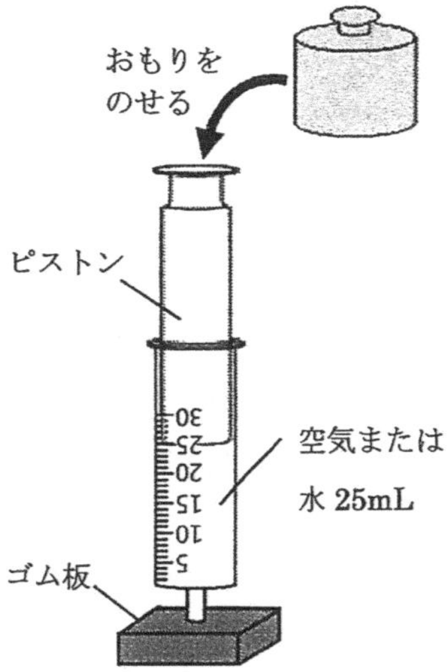

図２

表１

おもり(kg)	0	0.5	1	1.5	2
空気の体積(mL)	25	23	21.5	20	19
水の体積(mL)	25	25	25	25	25

（１）　次の文は，【実験】からわかることを説明したものです。空らん（　Ａ　）～（　Ｃ　）にあてはまる語句の組み合わせとして正しいものを，次の（ア）～（ク）から選び，記号で答えなさい。

ピストンにのせるおもりを重くすると，空気の体積は（　Ａ　）が，水の体積は（　Ｂ　）。力には，押したら同じ大きさで押し返されるという「作用・反作用」の関係があるので，空気は体積が小さくなるほど，ピストンを押し返す力が（　Ｃ　）なることがわかる。

	A	B	C
(ア)	大きくなる	変わらない	小さく
(イ)	大きくなる	変わらない	大きく
(ウ)	大きくなる	小さくなる	小さく
(エ)	大きくなる	小さくなる	大きく
(オ)	小さくなる	変わらない	小さく
(カ)	小さくなる	変わらない	大きく
(キ)	小さくなる	大きくなる	小さく
(ク)	小さくなる	大きくなる	大きく

（2）　（1）の下線部「作用・反作用」の関係で説明できる現象を，次の（ア）～（エ）から1つ選び，記号で答えなさい。

(ア) 気球の中の空気をあたためてふくらませると，空高く飛ぶことができる。
(イ) ふりこの糸を短くすると，ふりこの往復する時間を短くすることができる。
(ウ) くぎぬきのできるだけ端《はし》を持った方が，くぎを簡単にぬくことができる。
(エ) スケートぐつをはき，氷の上でスケートリンクのかべを押すと，遠くまで進むことができる。

次に，空気 25 mL と水 5 mL を注射器に入れ，ピストンで閉じこめました。ピストンの上におもりをのせると，図3のように，目盛の値が 25 mL になりました。ただし，おもりは 0.5 kg，1 kg，1.5 kg，2 kg の4種類しかありません。

（3）　図3でピストンにのせたおもりは何 kg と考えられますか。最も適当なものを，次の（ア）～（エ）から選び，記号で答えなさい。

(ア) 0.5 kg
(イ) 1 kg
(ウ) 1.5 kg
(エ) 2 kg

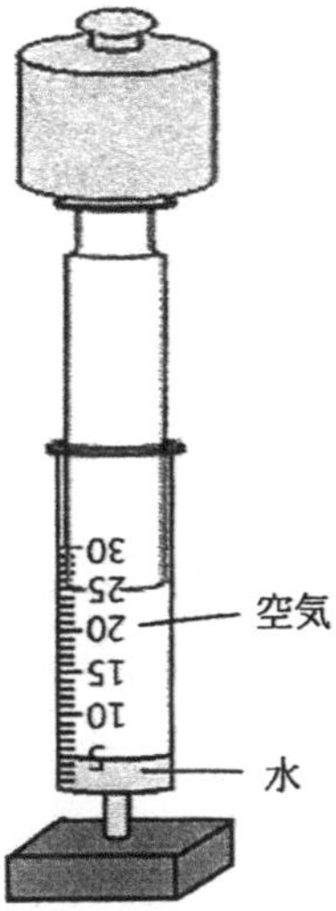

図3

（4） 閉じこめた空気や水の性質を利用したおもちゃに，ペットボトルロケットがあります。次の文は，このロケットを遠くまで飛ばす方法について説明したものです。下線部（ア）～（エ）のうち，**誤っているもの**を１つ選び，記号で答えなさい。

まず，ペットボトルに水を半分くらい入れます。次に，空気入れで空気を入れていくと，ペットボトル内の空気の体積は (ア) 大きくなるので，空気が水を押す力が大きくなり，その反動でロケットに勢いがついて遠くまで飛びます。

もし水を入れなければ，(イ)空気が勢いよく出るだけでうまく飛びません。また，空気に対して水が多すぎると (ウ) ロケットが重くなり，逆に水が少なすぎるとペットボトル内の (エ) 水がすぐになくなり，うまく勢いがつかないので遠くまで飛びません。

6．　坂になった道路の横に，図１のようながけがあります。がけの地層全体を観察するために，あやめさんは道路上のＡ・Ｂ・Ｃのそれぞれの地点から上に３ｍの高さまでをスケッチしました。図２は，それらをまとめたものです。また，がけ全体が見わたせるところから地層を観察すると，各層はすべて水平に重なっており，1か所だけ地層のずれＸ—Ｙがみられました。次の問に答えなさい。

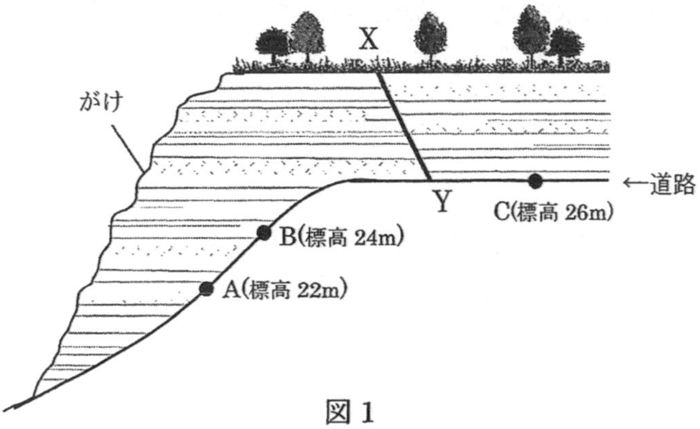

図１

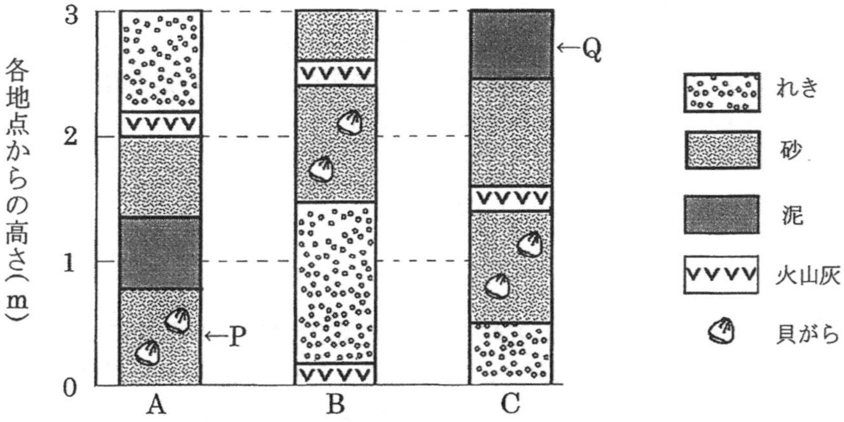

図２

（1）　がけの火山灰の層を少しけずり取り，持ち帰りました。火山灰をかいぼう顕微鏡《けんびきょう》で観察するためには，どのような準備を行えばよいですか。正しいものを，次の（ア）～（エ）から１つ選び，記号で答えなさい。

（ア）火山灰を乳ばちに入れ，細かくすりつぶした後に，ふるいにかける。
（イ）火山灰を少量スライドガラスにのせ，水を１滴《てき》たらしてカバーガラスをかける。
（ウ）火山灰に水を加え，ろ紙を用いてろ過し，ろ液を乾燥させる。
（エ）火山灰に水を加えて指で軽く押して洗い，にごった水を捨てる操作を数回くり返す。

（2）　砂の層と泥《どろ》の層を，どのような基準で区別しますか。正しいものを，次の（ア）～（エ）から１つ選び，記号で答えなさい。

（ア）つぶが角ばっているのが砂で，丸いのが泥である。
（イ）つぶが丸いのが砂で，角ばっているのが泥である。
（ウ）つぶの大きさが 0.06 mm～2 mm なら砂で，0.06 mm 以下なら泥である。
（エ）つぶの大きさが 2 mm～4 mm なら砂で，0.06 mm～2 mm なら泥である。

（3）　P の層には，アサリの貝がらがたくさんみられました。P の層ができたとき，この地域はどのような環境だったと考えられますか。最も適当なものを，次の（ア）～（エ）から選び，記号で答えなさい。

（ア）浅い海　　（イ）深い海　　（ウ）川の上流　　（エ）湖や沼《ぬま》地

（4）　離れた地点の地層のつながりを考えるときに，手がかりにできるのはどのような地層ですか。最も適当なものを，次の（ア）～（エ）から選びなさい。また，その理由を（オ）～（ク）から１つ選び，記号で答えなさい。

＜地層＞（ア）れきの層　　（イ）砂の層　　（ウ）泥の層　　（エ）火山灰を含む層

＜理由＞（オ）暗い色で目立つ地層だから。　　（カ）固くくずれにくい地層だから。
（キ）広い範囲に広がる地層だから。　　（ク）どこでも見られる地層だから。

（5） 図2のスケッチによると，Pの層がつくられてからQの層がつくられるまでの間に，何回火山の噴火《ふんか》があったと考えられますか。最も適当なものを，次の（ア）～（オ）から選び，記号で答えなさい。

（ア）1回　　（イ）2回　　（ウ）3回　　（エ）4回
（オ）図2のスケッチからは，はっきりわからない

（6）下線部について，次の問に答えなさい。

問1　X—Yのような地層のずれを何といいますか。漢字2字で答えなさい。

問2　次の文は，地層のずれ X—Y ができたときの大地の動きについて説明したものです。空らん（　①　），（　②　）にあてはまる言葉の組み合わせとして正しいものを，下の（ア）～（エ）から1つ選び，記号で答えなさい。

図1と図2から考えると，C地点の地層は，最初にできたときの状態から1mほど（　①　）にずれていることがわかるので，（　②　）力がはたらいて，地層のずれX—Yがつくられたと考えられる。

	（　①　）	（　②　）
（ア）	下	左右から押す
（イ）	下	左右に引く
（ウ）	上	左右から押す
（エ）	上	左右に引く

二〇二一年度　広島女学院中学校入学試験

国語

五〇分／一二〇点満点

受験上の注意

一、試験開始の合図があるまで、この問題冊子の中を見てはいけません。
二、解答用紙は、この冊子の間にはさんであります。
三、問題は一ページから二十ページまであります。試験開始の合図があったら、ページ数および解答用紙を確認し、受験番号、名前を解答用紙に記入し解答を始めなさい。
四、解答はすべて解答用紙に記入しなさい。

一、次の文章を読んで、後の問に答えなさい。（問題の都合上、一部改変した部分があります。句読点や記号はすべて一字に数えます。）

芸術が美しさを持つということはどういうことか。これも僕《ぼく》が小学生の時のことである。僕の故郷の広島県のとなりの山口県に錦帯橋《きんたいきょう》という橋がある。五つの丸い太鼓《たいこ》橋、絵のような美しい橋である。僕たちは汽車に乗ってよくこの橋を写生しに行った。その橋を写生しながら僕はふと不思議に思ったことがあった。それで先生にこう聞いた。

「橋はこちらの岸から向こうの岸へ人を渡《わた》すもの。二つの場所を結ぶもの。より便利により快適に、よりはやく渡ることができるもの。雨が降っても風が吹《ふ》いても、橋を渡れば、誰《だれ》かに会いに向こう岸までいける。そのために作られた橋が、どうしてこんなに渡りにくいのでしょう。雨が降ったらツルツル滑《すべ》り、日照りの日には汗《あせ》をかく、本当に渡りにくいこんな橋を、どうして作ったんでしょうか」。

すると、先生がにっこり笑ってこう答えて下さった。

「たしかに君の言う通りだ。けれどいざ橋ができてしまうと①人間は便利さや快適さの奴隷《どれい》となって橋のありがたさをすぐに忘れてしまう。それが当たり前になってしまう。そうすると川や海にゴミを投げる。川の向こうの人と互《たが》いに持っていた友情や礼儀《れいぎ》を忘れてしまう。二つの場所の人が出会うという喜びを忘れて争いすらおきてしまう。②橋は凶器《きょうき》にもなってしまう。そういう人間が、おろかに間違《まちが》いを犯《おか》すことがないために、いつもありがとうという気持を忘れないでいるために、この橋は渡りにくくできているんだよ」と。

渡りにくい橋を我慢《がまん》して渡る時、昔は雨の日には渡れなかった、風の強い日には渡ることができなかったと考える時間を、この ③ 橋は与《あた》えてくれている。先生は最後にこう言った。「大林君、だからこの橋はこんなに美しいだろう」と。芸術作品の美を生む力とは、便利である、あるいは効率が良い、快適であるなどということではなく、不便が多いことの中からこそ ④ は生まれてくる。ここが芸術の面白《おもしろ》いところである。

⑤

では便利で快適な科学文明というものはどういうものかと考えていくと、いつでもより新しく、より効率がよく、僕たちの手や足に代わって便利で快適な暮らしを作ってくれるものである。文明の力とはこのように素晴《すば》らしいものである。では文明に対して文化とはどういうものかというと、困ったことに文化と文明は全く反対の性格を持っているのである。つまり、いつでもより古く、より深く、従って効率はより悪く、不便や我慢がいっぱいある。でもそれを知恵《ちえ》と工夫《くふう》で乗り越《こ》えていくから人間は賢《かしこ》くもなる、心が豊かにもなる。これが文化である。この文明と文化が常に共存しているということが大切だ。便利であるということの素晴らしさと、不便であるということの素晴らしさ。効率が良いということの幸福と、効率が悪いということの幸福が共にある。これが大事なことである。効率が良い方がいいではないか、古いものよりも新しいものの方がいいではないか、と僕たちは考えるかもしれないが、実はそれが間違いなのだ。

【 a 】、僕たち人間という存在を考えてみよう。人間の面白いところは「前」と「後ろ」があるところである。目がついている方、鼻がついている方、口がついている方が前である。耳は横に付いているが、なぜか耳たぶがついていて、前からの音だけを聴《き》く。⑥人間は丸い世界の中に生きている生き物のはずなのに、前しか見ることのできない、前を向いてしか喋《しゃべ》ることのできない、前からくる匂《にお》いしか嗅《か》ぐことができない、前からくる音しか聞くことができない存在である。全能の神からすればずいぶん不便な形に人間を作られたものである。後ろには排泄《はいせつ》のための器官しかない。不思議だ。でもそれにはきっと意味がある。

その意味を考えてみると、僕たちは前を向いた世界の半分としか向き合えず、その世界の半分について一所懸命《けんめい》、目や鼻や耳や口の力を用いて観察したり理解したりする。そして理解をすれば、この世界に対する優《やさ》しさを身につけることができる。だが、後ろにも目や鼻や口があったら、もっと優しくなれるかもしれないというのは間違いである。語りかけられない後ろ、聞こえない後ろ、それは観察することはできないが想像することはできる。どんなものがあるんだろう、どういう声を発しているのだろう、どういう匂いを発しているのだろうと、僕たちは一所懸命想像する。その想像することがまた優しさを生む。

映画の中では俳優は鼻や口や相手から聞こえる耳を一所懸命使って演技をする。しかし、名優は後ろ姿で演技をする。目も鼻も口も何もない後ろ姿で。後ろ姿を見るとなぜか僕たちはその人の優しさや悲しさや喜び、願いや夢を見ることができる。【　b　】、後ろ姿からはその人物の心を感じることができる。僕たちの想像力がそれを捉《とら》えるのである。

心とは何か。どんなに目を見開いても見ることはできない。どんなに語りかけても心は答えてくれない。しかし、目を閉じると心が見える。心の声が聞こえてくる。心とは観察力ではなく、想像力の世界にあるのだ。

人間に前と後ろがあるように、世界にも昼と夜とが同時にある。人間がこの地球上で幸せに生きていくことを考えたら、一日中昼の方がよく見えるし、何でも情報になるし、便利で快適なはずである。それなのになぜ、一日の半分は何にも見えない、不便な怖《こわ》い夜なのだろうか。

人間は一日の半分の昼間、一所懸命世界を見つめ、観察し、理解する。しかし一日の半分は、見えない闇《やみ》の中で思いやる。想像する。そして優しさを身につける。世界に対して本当の優しさを得ることができる。そのように僕たちは神様から作られてきたわけである。僕たちには、後ろ姿や闇が大事なのだ。けれども見えないということは不便である。そして恐《おそ》ろしい。誤解も生まれる。そこで、見えない闇の中で何かを見ようという好奇心《こうきしん》によって、見えないものが見えるようになった。

今は、夜でさえも明るい。ビデオやカメラによって見えないはずの後ろの世界が見えるようにもなった。現代の科学文明の力である。今の東京大学が帝国《ていこく》大学と呼ばれていた時代の入学試験で、「神様があなたの体にもう一つ目をつけて下さるとすれば、あなたはどこにほしいですか」という問題が出されたそうだ。多くの学生は「背中にほしい」と答えた。【　c　】背中に目があれば、世界をまるごと見ることができる。しかし⑦正解は小指の先だったのである。小指の先に目があれば、後ろだけではなく、例えばポケットの中でも耳の穴の中でも覗《のぞ》き込《こ》むことができる。世界をすべて情報化することができる。

これが僕たちの願望だったのである。その力によって科学文明を発達させてきた。だから、ビデオやカメラや情報機器は、神様が与えてくれた小指の先の目だといえるのではないか。それを使うことで、世界をまるごと情報として捉え、観察し、理解してきた。【　d　】それによって幸福になったかといえば、どうもそうではないようである。

なぜか。背中の後ろの見えない部分を、夜を、世界の半分の闇を失ったからである。飛行機や新幹線を得て便利になったけれども、馬の背で旅をする幸福感を失ったのである。ここに僕たちが生きる難しさがある。行き過ぎた科学文明は凶器となり、人間を滅《ほろ》ぼしてしまう。その行き過ぎた科学文明を幸福に使う力、⑧が凶器になる部分を緩《ゆる》やかに穏《おだ》やかにする力こそが⑨なのである。

⑩とは本来、暗いもの、古いもの、遅《おそ》いもの、科学の技術の高さのかわりに深みのあるもの、便利になるかわりにゆっくりと考える力のことである。芸術・美術とは、科学文明の力に対して、文化の力の強さや素晴らしさを学び、そこから世界とまるごと共存できる人間の力を得ることである。

この百年は科学文明の世紀だった。あるいは映像の世紀だった。すべてが情報化され、闇が昼になった。そして同時に、戦争の世紀でもあった。自由に夢を見て、その夢を自由に表現しようとする欲望が、人の夢を奪《うば》い、自分の夢だけを実現しようとして戦争を生んだ。これからの僕たちは自分の夢よりも人の夢を大切にし、便利さだけではなく、不便さも大切にし、我慢の力を尊び、そして真の人間の幸福を考えていくようにならなければならない。僕たちは、⑪「人間がA地点からB地点に移動するには馬が一番ですよ」と言った＊レオナルド・ダ・ヴィンチの言葉の意味を、もう一度考え直さなければならないと思う。

（大林宣彦《のぶひこ》『中学生の教科書——今ここにいるということ』）

注

＊　レオナルド・ダ・ヴィンチ　一四五二年～一五一九年。イタリアの画家。彫刻《ちょうこく》・建築・科学・音楽など多くの分野で才能を示した。

問一　文中の【　a　】〜【　d　】に入れるのに最もふさわしい語をそれぞれ次の中から選び、記号で答えなさい。同じ記号は一度しか使えません。

ア　つまり　　イ　例えば　　ウ　なぜならば　　エ　たしかに　　オ　しかし

問二　――①「人間は便利さや快適さの奴隷となって」とありますが、「便利さや快適さの奴隷とな」るとはどういうことを意味していますか。最もふさわしいものを次の中から選び、記号で答えなさい。

ア　不便なことが減って余計な仕事をしなくてもよくなると、周囲のために働く努力をしなくなるということ。
イ　自分にとって都合がよく、楽ができることばかりにとらわれ、大切なことに目が向かなくなるということ。
ウ　楽ができるようになった反面、余った時間で他の仕事をするようになって苦しい思いをするということ。
エ　日々の生活において快適さや自由を求めすぎて、かえって不便になり自由ではなくなってしまうということ。

問三 ――②「橋は凶器にもなってしまう」とありますが、ここでの「凶器」はどのような意味で用いられていますか。最もふさわしいものを次の中から選び、記号で答えなさい。

ア さまざまな自然災害につながるもの。

イ 人々を恐《おそ》れさせる危険なもの。

ウ 周りを傷つけるきっかけになるもの。

エ 建設に多くの犠牲《ぎせい》をはらうもの。

問四 ③ に入れるのに最もふさわしい語を次の中から選び、記号で答えなさい。

ア 快適な　イ 平凡《へいぼん》な　ウ 丈夫《じょうぶ》な　エ 不便な

問五 ④ に入れるのに最もふさわしい語を文中から漢字一字でぬき出しなさい。

問六　〔　　〕⑤の段落について、次の問に答えなさい。

(1)筆者の考える「文化」の特徴《とくちょう》としてふさわしいものを次の中から**二つ**選び、記号で答えなさい。

ア　人々に快適さをもたらしてくれるもの。
イ　人間を賢くし、心を豊かにしてくれるもの。
ウ　知恵や工夫で乗り越えて科学の進歩につながるもの。
エ　便利さのために新しく生み出されていくもの。
オ　古いものであり、効率がよいとはいえないもの。

(2)筆者は「文明」と「文化」について、どのように考えていますか。最もふさわしいものを次の中から選び、記号で答えなさい。

ア　文化より文明の方が大切なものであると考えがちだが、比べられるものではなくどちらも必要なものである。
イ　文化と文明のどちらも幸福を与えてくれるが、科学の発展のために文化を文明に変えていくべきである。
ウ　文明は文化を乗り越えることで発展していくのだから、文化は文明のために存在しているといえるのである。
エ　文明と文化は一見逆の性格を持っているように見えるが根本の所では同じであり、切り離《はな》せないものである。

問七 ――⑥「人間は丸い世界の中に生きている生き物のはずなのに、～できない存在である」とありますが、人間はなぜ「前」ばかりで、「後ろ」が分からないように作られていると筆者は述べていますか。解答らんに合うように二十字以内で答えなさい。

筆者は［（二十字以内）］と考えているから。

問八 ――⑦「正解は小指の先だった」とありますが、なぜ「小指の先」が「正解」だったのですか。最もふさわしいものを次の中から選び、記号で答えなさい。

ア 不便なところに目がついている方が、より細かな情報を手に入れられるから。

イ 表面だけ見ていては気づかない心の内側まで見通すことができるから。

ウ 背中に目があるよりも、周囲の様々なものを観察することができるから。

エ 世界を知るためには、まずは自分の身近なことから観察する必要があるから。

問九 文中の［⑧］～［⑩］には、「文化」か「文明」のいずれかが入ります。「文化」が入る場合は「ア」を、「文明」が入る場合は「イ」を、それぞれ解答らんに書きなさい。

問十 ――⑪『人間がA地点からB地点に移動するには馬が一番ですよ』と言ったレオナルド・ダ・ヴィンチの言葉の意味」とありますが、筆者は本文とは別の箇所《かしょ》でレオナルド・ダ・ヴィンチのこの言葉についてふれています。その文章を読んで後の問に答えなさい。

かつて人は馬に乗って旅をした。たしかに時間はかかる。不便も多い。けれども、その旅の中で、人と出会って話をしたり、いろんな場所でいろんな食べ物を食べたり、あるいは日が照ったり、雨に降られたり、暗い夜があったり、星の輝《かがや》きを見たり、風に吹かれたり、そういういろいろなことが旅をする人の人生の中に、心の中にどれだけ豊かな幸福感をもたらしてくれただろうかということを思い起こさなければならない。ダ・ヴィンチの言葉は現代にこそ意味を持つのだと僕は今思う。ダ・ヴィンチは彼《かれ》にとっての遥《はる》かな未来である今のこの時代を思いやっていたのではないか。未来とは地球の明日を生きる人たちの時代であるということを考えるとすれば、芸術の力は未来の人間の幸福を予測する力、そしてそれを予測したがゆえに、どんどん便利快適ということに流されていく、僕たちの暮らしを制御《せいぎょ》する、そういう力にもなる。そこに芸術というものの素晴らしさがあるのではないかと思う。

(1) 「馬」の「旅」はどのようなものだと筆者は考えていますか。最もふさわしいものを次の中から選び、記号で答えなさい。

ア 途中《とちゅう》で寄り道がたくさんできて快適で都合のよいもの。
イ 急いでいては気づけない様々な経験を与えてくれるもの。
ウ 効率よく物や人を目的地に運ぶことができるもの。
エ 早く目的地に着くので時間や心に余裕《よゆう》を生み出すもの。

(2) 「芸術の力」とはどのようなものだと筆者は考えていますか。最もふさわしいものを次の中から選び、記号で答えなさい。

ア 文化の力を通して科学文明の発展を止めることができるもの。
イ 文化も文明も美しいということを人々に教えてくれるもの。
ウ 未来の人々に地球の素晴らしさを教えてくれる力を持つもの。
エ 便利さを優先する社会のあり方に対してひとつの歯止めになるもの。

二、次の文章は伊藤整《いとうせい》の小説「少年」の一節です。小学生の「私」は、上級生の房太郎《ふさたろう》とよく行動を共にしています。いたずら好きで勉強が苦手な房太郎は中学受験をひかえています。その房太郎の家で二人は勉強する間柄《あいだがら》です。そんな中、「私」の同級生で、町からの転校生である西川京子とのある出来事をきっかけに、房太郎は彼女《かのじょ》のことが気になり始めます。それに続く次の文章を読んで、後の問に答えなさい。（問題の都合上、一部改変した部分があります。句読点や記号はすべて一字に数えます。）

京子は時々同級の女の子たちと遊んでいることがあった。しかしその様子はまだこの村の女の子たちとしっくりしていなかった。女の子たちは京子をのけて、ちらっと仲間だけで目を見交《か》わしたりしていることがあった。村の女の子たちが町の子をのけもの扱《あつか》いにすることを私はよく知っていた。男の子たちですら、漁場の子と農家の子が別なグループを作っていた。私が村で育った子なのに、漁夫でも農家でもない軍人あがりの*収入役の子だということで私をのけものにしがちであった。私が房太郎のような同級でもない妙《みょう》な子と遊ぶようになったのも、そういう　①　から来ているのであった。

②私は京子に同情した。京子は勉強は実によく出来て、伏見《ふしみ》先生は、私と岩田六郎《ろくろう》と京子とに、難しい問題を選んで授業時間中でも別にやらせたりした。それは京子が来るまでは、岩田と私の二人がさせられていた特別課題であったのだ。外の子供たちでも、その時間の課題を早く仕上げると、私たちの課題の中から一題か二題割りあてられて、するのであった。

「来年上級学校を受験するものは、今からその気になって、一題でも二題でも特別問題をしなければいけない」と先生は皆《みな》に言った。入学試験では都会の生徒に負けるのが常であったから、教師も生徒も真剣《しんけん》であった。算術の特別課題をもらうと、京子はやり甲斐《がい》があるという風に、一刻も早くという調子で問題にとりかかるのであった。女生徒の席の一番後ろの隅《すみ》っこに彼女はいた。私と岩田は男生徒の席の一番後ろにいるので、それが自然と競争のようになった。もう出来たという頃《ころ》になると京子はちらっと顔をあげて、素早く私と岩田の方を見るのであった。私も、海にもぐるような息苦しい気持ちでその問題にとりかかって、もう一息という所まで来ると岩田の方を見、それから京子の方を見るのであった。岩田は特別に数理的な頭のいい子で、たいてい一番先に仕上げて、③そしらぬ顔をしているが、その次が私と京子との競争であった。一種の敵意のある、それでいて親しみのある目つきを、私は京子と交わすのであった。それでいて、外のときは私は京子と話をしたこともなかった。

（中略）

北の国では秋の早いうちに突然《とつぜん》霰《あられ》が降ったり、冷たい雨が障子を濡《ぬ》らしたりした。目に見えて日が短くなった。房太郎の家では炉《ろ》に炭火をおこした。その頃から房太郎は前より勉強に熱中しはじめた。房太郎は前と変わって何だか真面目《まじめ》になった。そして彼が真面目になると、私は彼との交友が面白《おもしろ》くなくなるのだった。房太郎が女の子に悪戯《いたずら》したり、先生たちの内緒《ないしょ》ごとをあばいたり、店の金を持ち出して、小母《おば》さんのくれる煎餅《せんべい》や旭豆《あさひまめ》でない、本当に甘《あま》い饅頭《まんじゅう》や羊羹《ようかん》の買い食いをして私を仲間に入れるのでなければ、私はつまらなかった。④私が自分では出来ないことを、彼が、彼の責任でやる、そして得をするのは私だ、という形の中に、いつの間にか私は溺《おぼ》れていたのだった。

風は次第《しだい》に寒くなり、村の周囲の山々の樹《き》が紅葉しはじめた頃、ある朝房太郎は登校の途中《とちゅう》の私を自家の横の*戸袋《とぶくろ》のかげへ呼び込んで「おい、靖《やす》ちゃん、これを西川京子にやってくれよ」といつもと同じ青い尖《とが》った顔で言い、掌《てのひら》に入るような小さな封筒《ふうとう》を握《にぎ》らせた。「うん」と私は言って懐《ふところ》へしまったが、学校にいる間じゅう、それを開いて読みたいという誘惑《ゆうわく》を感じていた。西川京子に渡《わた》してやるものか、と私は思った。それは怖《おそ》ろしいことでもあり、憎《にく》らしいことでもあった。しかも私は読むことを怖《おそ》れた。家へ帰る途中、私はそれをちりぢりに引き裂《さ》いて、橋の上から川の上へ投げた。紙は一度かたまって落ちて行ったが、橋脚《きょうきゃく》のところでぱっと散り、川上の方へと遠く吹き飛ばされるのもあり、柳《やなぎ》の木の枝の中へ吹き上げられるのもあった。

私はそのとき一刻も早くそうしないではいられぬような気持ちがしたのだ。その手紙を読まずに破いたことは私の心にやましさは覚えさせなかった。でも私は興奮していた。これまでに知らなかった一種の強烈《きょうれつ》な不安の感じだった。紙が風に吹かれて川の面《おもて》に散って行ったのを見ると、私はそれを誰《だれ》かに見られはしなかったかと考え、怖ろしくなった。私は橋から人家のある方へ歩きながら、あたりに気を配った。川のそばには、漁に行ったり小作をしたりする人たちの小さな侘《わび》しい家が並んでいた。軒下《のき》で縄《なわ》の尻尾《しっぽ》が風に吹かれて、はためいていた。鱗《うろこ》形に油を塗《ぬ》った紙障子の戸には煤《すす》けた小さな硝子《がらす》窓などが見えたが、誰も人の姿はなかった。私は胸のあたりが焼けるようになっているのを感じた。私は家の方へ急いで帰った。畑の畔《あぜ》に落葉樹が四、五本立っていて、横に伸《の》びた⑤枝は小きざみに風にゆすぶられていた。私は家に入り、自分の小さな机の前に坐《すわ》った。すると自分がこうしていられない罪人になったような気がした。房太郎にも言えないし、母にも言えないこの秘密は私の胸をおしつけた。弟や妹たちが縁《えん》先で紙を細長く裂いては飛ばしていたが、その弟や妹たちにも自分の顔を見られるのはいやであった。

（中略）

私は食事がすむといつものように本と*帳面を包んで房太郎の家へ行った。風は落ちついて静かな晩になっていた。いつもと同じに食卓《しょくたく》の両側に私と房太郎が坐り、先生が真ん中にいて勉強をはじめた。その日房太郎の父は留守で、小母さんだけが針仕事を持って炉端《ろばた》にいた。先生は白い美しい指で私の帳面に算術の問題を幾《いく》つか書いて与え、あとは房太郎の方にかかっていた。房太郎は、その晩私の方をほとんど見なかった。私は、*運算し、一つずつ答えを書き出して行ったが、これまでと違って、⑥私たちの勉強ということが、小さな意味しか持っていないような気持ちがするのであった。房太郎も私も大きな秘密を持っていて、そして私の方は、その房太郎をも裏切っているのだった。しかし私は、自分のしたことが正しいと考えて自分を落ちつかせようとした。房太郎のように女の生徒に手紙をやることは、いけないことにちがいないのだから。

だが、子供の世界には、子供の世界での大人の真似《まね》があった。あの子はあの子が好きだ、とか、あの子とあの子は何々だ、とかいうことは、その村の子供たちの間では、むしろ大人たちよりもむき出しに、残酷《ざんこく》に、そして正確に言い伝えられたり、面とむかって喋《しゃべ》られたりしていた。どの子がどの子に手紙をやったなどということもよく子供の世界の噂《うわさ》になった。そして私ははじめて、身近にその実際のことにぶつかり、途方《とほう》に暮れて破いてしまったのだった。

勉強がすんでお菓子《かし》が出てからも、その晩は*田崎《たざき》先生は二階の室《へや》へ上がって行かず、炉端で小母さんと話し込《こ》んでいた。私は本を包んで帰る支度《したく》をした。いつもお菓子のあとで、房太郎の室でしばらく遊ぶのであったが、その日は私は早く帰りたいと思った。すると房太郎がちらと私の方を見た。頬《ほお》のとがった蒼《あお》い顔で、白眼《め》が目立つ彼の眼は、私の様子をじっと見つめていた。彼は不安そうに疑わしげに私を睨《にら》んだ。

「おや、靖ちゃん、今夜は早いんだね。もう帰るの？」と小母さんが言い、膝《ひざ》の針仕事を下ろして立ち上がった。

私は房太郎に感づかれたような気がした。私はそこへ本の包みをおき、帰るのをやめて、だまっていつものように房太郎の後について彼の室へ行った。

「おい、靖ちゃん、あれ渡したかい？」と廊下《ろうか》で立ちどまって房太郎が言った。

「うん」私は⑦宙に眼をやって答えた。

「どこで？」

「橋のとこで」

「何とか言ったかい？」

彼の白い眼が私の顔を撫《な》でまわすように見た。私は、ぐっとつまった。そこから房太郎の室へ入るまでに返事を考えなければならなかった。京子はどうするだろう。そういう時に。私が帽子《ぼうし》をかぶってあの橋のそばにいる。京子が学校の方からやって来る。すると私が呼びとめる。私は何と言って呼びとめるだろう？　彼女が町の学校から移って来てからまだ半年ほどにしかなっていない。⑧本当は私はまだ京子に話しかけたことがないのだった。たった一度、校庭掃除《そうじ》の割りあてがあったとき、副級長の私は組の者の名を伏見先生のくれた紙のとおり呼び上げたことがあった。「西川」というと、京子は「はいっ」と、この村のどの女生徒ともちがうはっきりした返事をして、私の方をまっすぐに見た。たいてい女の生徒は「はい」と口の中で小さな声で言うのだが、京子はちがっていた。

いま房太郎の目の前で、私は懸命《けんめい》に頭を働かせた。ああいう返事のしかたをする京子は、私がもし房太郎の手紙を渡したら何と言うだろう。そんな取りつぎをする副級長の私を彼女が黙《だま》って睨みつけるような気がした。そしてその手紙を持ったまま、もじもじしている私を残して、さっさと行ってしまうにちがいない。
そのうちに、私と房太郎とは室へ入って坐ってしまった。私は追いつめられて飛び込むように、手紙を裂いた自分と、京子の気質と思われるものとを結びつけた。
「おれね、西川が来たから手紙渡したんだよ。そしてこっちの方へ歩いて来たんだ。角のとこで見たら、西川は、手紙を小さく裂いて川の上へ投げていたよ」
私はそう言って、房太郎の顔をちらっと見た。⑨自分の眼が熱く燃えているような気がした。すると、房太郎の顔は急に一層蒼ざめて、ほっそりとなったように見えた。
「ふーん」と彼は⑩【　　】であしらうような返事をしたが、今度は俯向《うつむ》いて考える様子になった。彼は中学の入学試験の算術の*種本だと言っていた鼠《ねずみ》色の表紙の本をぐるぐる巻くようにした。それは軟《やわ》らかい表紙であったが、本がかなり厚いものであったので、思うように巻くことができず、頁《ページ》がぱらぱらとはじけた。それでも彼は考え込みながら、それを巻こうとするのであった。来年彼が中学に入れれば、その本を、その次の年に受験する私に貸してくれると彼は言っていた。中学の先生の種本だということで、私はその本を借りるためには、どんなことでも彼の言うとおりになっていようと覚悟《かくご》していた。それが分かっているせいか、彼は何かというと私の眼の前でその本を見せびらかすのだ。でもいま彼の頭はそれどころでなく、混乱してしまっていることが分かった。京子が手紙のことを先生や両親にいいつけはしないかと彼は心配になって来たのだ。房太郎の混乱が私にすぐ感染《かんせん》した。私も彼と同罪だという考えが、ちらと心に浮《う》かんだ。だが、渡さなかったんだ。手紙は渡さなかったんだ。私が房太郎のように手紙の*露顕《ろけん》するのを心配するのはいらないことであった。それでも、彼と一緒《いっしょ》になって、あの手紙のことで、先生や親たちに叱《しか》られそうな怖れを感じなければならないような気持ちが去らなかった。
「いいや、あんなやつ。ちょっとからかってやっただけなんだからな」と房太郎は不安を抑《おさ》えるように言った。
「うん」と言って、私も彼と同じように、西川京子に手紙を渡してしまった感じを自分の内側に持ちつづけていた。その晩房太郎は黙りがちであったし、私は彼のために京子との交渉《こうしょう》をうまく取りはかれなかったのを残念に思う風にもの静かにしていた。
この日からあと、私は奇妙《きみょう》な、二つのちがった心の動きを本当らしく進めていかねばならないという*作為《さくい》の世界に入って行った。
甘やかされて育ち学校で出来の悪い上級生で、来年の中学校の入学試験に落ちるにきまっていても、何となく狡《ずる》くて鋭《するど》いところのある房太郎をそそのかしては、店の売り上げで羊羹の買い食いのお*相伴《しょうばん》をしたり、田崎先生に男から来る手紙の話を聞いたりすることは、私にとってぼんやりと楽しいことであった。⑪しかし今度のことはそれと違っていた。もっとはらはらする、危なっかしいことで、怖ろしいが、何となく新しい張り合いもその中にあった。

（伊藤整『少年』筑摩書房）

注

＊収入役　市町村の会計を担当する役人。

＊戸袋　雨戸を収納しておく所。

＊帳面　ノート。

＊運算　計算。

＊田崎先生　房太郎と「私」に勉強を教えてくれている女性の先生。

＊種本　試験などを作る際に参考にする本。

＊手紙の露顕する　今回の手紙の一件が人に知られること。

＊作為　作りごと。

＊お相伴　付き合って自分も一緒に食べること。

問一 ［①］に入れるのに最もふさわしい語を次の中から選び、記号で答えなさい。

ア 好奇心　イ 同情心　ウ 孤独《こどく》感　エ 安心感

問二 ――②「私は京子に同情した」とありますが、なぜですか。解答らんに合うように、文中の語を用いて五字以上十字以内で答えなさい。

自分と京子が、［（五字以上十字以内）］という共通点を持っているから。

問三 ――③「そしらぬ顔」とありますが、ここでの意味として最もふさわしいものを次の中から選び、記号で答えなさい。

ア 何でもないような顔　イ 得意そうな顔　ウ つまらなそうな顔　エ 見下《くだ》したような顔

問四 ――④「私が自分では出来ないことを、〜私は溺れていたのだった」とありますが、ここから「私」のどのような心境が読み取れますか。最もふさわしいものを次の中から選び、記号で答えなさい。

ア 房太郎の行動にあこがれて、自分もそうありたいと願っている。
イ 房太郎の悪事を利用して楽しみ、そんな自分に満足している。
ウ 房太郎の悪事を注意して、自分の評判を上げようとたくらんでいる。
エ 自分のおこなった悪事も全て房太郎の責任にしたいと望んでいる。

問五 ――⑤「枝は小きざみに風にゆすぶられていた」とありますが、この情景から「私」のどのような状態が読み取れますか。最もふさわしいものを次の中から選び、記号で答えなさい。

ア 房太郎に早く謝《あやま》らなければならないと思いつめている状態。
イ だれかに見られたにちがいないと確信してこわくて仕方がない状態。
ウ 何かとんでもないことをしたと感じ、動揺《どうよう》している状態。
エ 手紙の中身を確認《かくにん》せずに裂いてしまったことをくやんでいる状態。

問六 ――⑥「私たちの勉強ということが、小さな意味しか持っていないような気持ちがする」とありますが、そのような気持ちになっているのはなぜですか。その理由として最もふさわしいものを次の中から選び、記号で答えなさい。

ア これまでは勉強のことだけを考えていればよかったが、大好きな京子を房太郎にとられるのではないかという心配で頭の中がいっぱいになっているから。

イ 男子と女子の間の手紙のやりとりは子供がやってよいことではないのに、あえてそこに踏《ふ》み込もうとしている房太郎のことが自分よりも大人に見えてとまどっているから。

ウ 房太郎に手紙を渡すように頼《たの》まれたことをきっかけに、今まで関わりのなかった男女の問題がいきなり目の前にあらわれて、どうすればよいか分からない気持ちがふくらんでいるから。

エ これまで不真面目であった房太郎が熱心に勉強に取り組んでいる姿を見て、そんな房太郎を裏切っている自分のことが悪者に思われ、悩《なや》みが大きくなっているから。

問七 ――⑦「宙に眼をやって」とありますが、ここでの「私」の説明として最もふさわしいものを次の中から選び、記号で答えなさい。

ア できるだけ房太郎が傷つかない答えを冷静に考えている。

イ 房太郎にどのように謝れば許してもらえるか悩んでいる。

ウ なぜ房太郎に手紙の件がばれてしまったのかとあわてている。

エ 房太郎にうそをついてしまった後ろめたさを感じている。

問八　――⑧「本当は私はまだ京子に話しかけたことがないのだった」とありますが、「話しかけたこと」はなくても、お互《たが》いに一瞬《いっしゅん》心を通じ合わせていることがわかる授業中のやりとりがあります。その部分を一文で見つけ、最初の五字をぬき出しなさい。

問九　――⑨「自分の眼が熱く燃えているような気がした」とありますが、ここでの「私」の説明として最もふさわしいものを次の中から選び、記号で答えなさい。

ア　房太郎のようなひきょうな人物に、京子を渡してなるものかと、敵対心を燃やしている。
イ　正直に話そうと思っていたのに、ついうそを重ねてしまう自分をはずかしく感じている。
ウ　自分のうそが房太郎なんかにばれるわけがないと、自信をもって得意になっている。
エ　追いつめられてついたうそが相手に通じているか反応を気にしながら緊張《きんちょう》している。

問十　――⑩「【　】であしらう」とありますが、「冷たくあつかう」という意味になるように、【　】に入る体の一部分を示す語を、漢字一字で答えなさい。

問十一　――⑪「しかし今度のことはそれと違っていた」とありますが、どういった点で「違って」いるといえますか。最もふさわしいものを次の中から選び、記号で答えなさい。

ア　これまでは房太郎を利用し見下すことのできる立場であったが、だましてしまった後ろめたさから、今は常に房太郎のごきげんをとって従わなければならない点。

イ　これまではあくまでも安全な立場で得をするだけであったが、手紙を裂き房太郎にうそをつき続けるという形で深く関《かか》わり、今は当事者の一人になっている点。

ウ　これまでは房太郎と一緒にいることを心から楽しく感じていたが、今はあこがれの女の子を取り合うライバルのような関係になってしまったという点。

エ　これまでは房太郎と対等な立場で悪事を一緒に楽しんでいたが、今は房太郎の悩《なや》む姿を見て一方的に楽しむことができる立場になったという点。

三、次の——のひらがなの部分を漢字にしなさい。必要があれば送りがなも書きなさい。

① 部屋をあたためる。
② 彼は植物研究のせんもん家だ。
③ 新しいプランをていあんする。
④ 相手を大声でひなんする。
⑤ 転んでしまってたいせいがくずれる。
⑥ かくいつ的なものの考え方だ。
⑦ 参加者のいちらんを見る。
⑧ ケーキをきんとうに分ける。
⑨ 入念にさくを練る。
⑩ 申しこみの期限がのびる。

四、次の（　）に漢字を入れて四字熟語を完成させなさい。

① （　）（　）未聞
② 馬耳（　）（　）
③ （　）心不（　）

五、次の意味を参考にして、（　）に漢字を入れて慣用句を完成させなさい。

① 知らなければ幸せでいられるということ　＝　知らぬが（　）
② 本当にためになることは聞きづらいものであること　＝　（　）（　）は口に苦《にが》し

２０２１年度

広島女学院中学校入学試験

算　数

５０分／１２０点満点

受験上の注意

１．試験開始の合図があるまで，この問題冊子の中を見てはいけません。

２．解答用紙は，この冊子の間にはさんであります。

３．問題は１ページから９ページまであります。
　試験開始の合図があったら，ページ数および解答用紙を確認し，
　受験番号，名前を解答用紙に記入し，解答を始めなさい。

４．解答はすべて解答用紙に記入しなさい。

1．次の計算をしなさい。（4）では，$\square$にあてはまる数を求めなさい。

（1）　$24+22+20+18+16-23-21-19-17$

（2）　$(48\div8+3)\times4-\{18\times2-(18-8\div2)\}$

（3）　$\left(2.4-\frac{3}{5}\right)\div\left(0.24+1\frac{1}{3}\times0.9\right)$

（4）　$\left(56-\square\times1.5\right)\div1.6=20$

２．次の問に答えなさい。

（１）ある商品の仕入れ値に，100 円の利益を見込んで定価をつけました。消費税の 10 ％分を加えたところ，506 円になりました。この商品の仕入れ値はいくらですか。

（２）１本 160 円のジュースを何本か買うために，おつりが無いようにお金を持ってお店へ行きました。１本 120 円に値下げしてあったので，予定より１本多く買ったところ，80円余りました。持って行ったお金はいくらですか。

（3） 1～60までの整数の中で，次のものはいくつありますか。

① 3の倍数

② 3が使われている数

③ 3の倍数でもなく，3も使われていない数

（4） A，B，C，Dは4つの数2，5，7，14のいずれかで，次の条件を満たします。

（i） AとBをたすと奇数になる。

（ii） BとCをかけると偶数になる。

（iii） DはAで割り切れる。

A～Dの数をそれぞれ求めなさい。この問題は，求める過程も書きなさい。

3．次の問に答えなさい。

（1）図で，点Oが円の中心であるとき，角アは何度ですか。

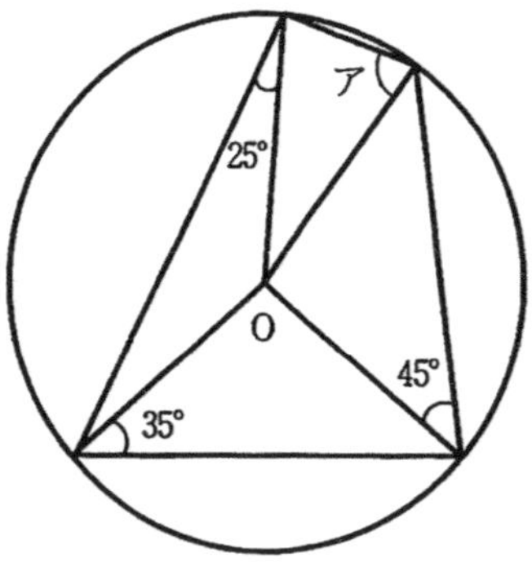

（2）図は点Aを中心とする半径が6 cmの円の一部と，点Bを中心とする半円を組み合わせたものです。斜線《しゃせん》部分の周の長さを求めなさい。円周率は3.14とします。

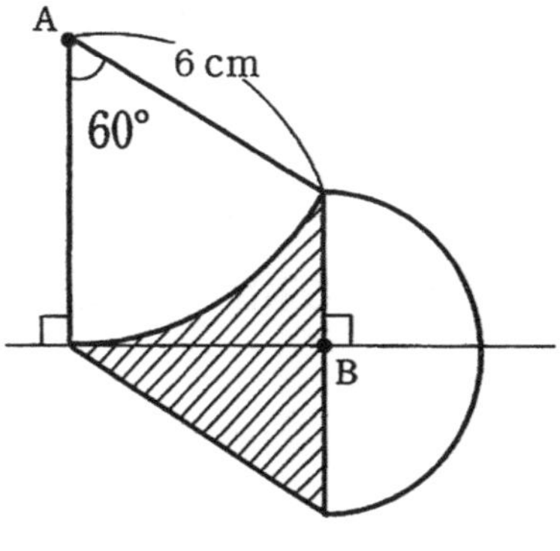

（３）縦 25 cmの長方形の工作用紙を，図のように３つの部分に分けたところ，３つの面積がすべて等しくなりました。もとの長方形の工作用紙の面積を求めなさい。

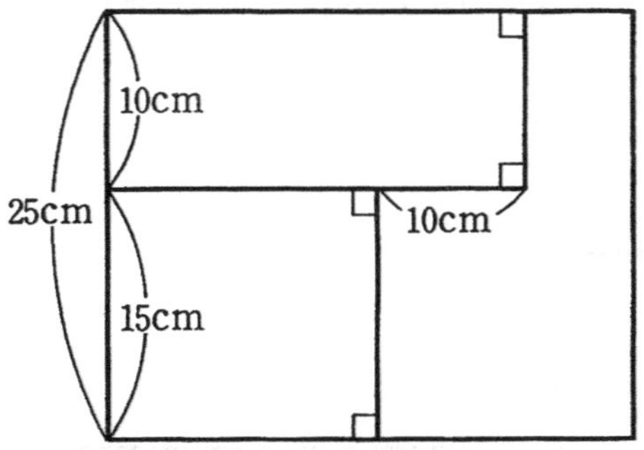

（４）１辺が１cmの立方体を重ねて，図のような１辺５cmの立方体を作りました。図の色のついた部分を反対の面までまっすぐ，くりぬきます。くりぬかれた後の，残った立体の体積を求めなさい。

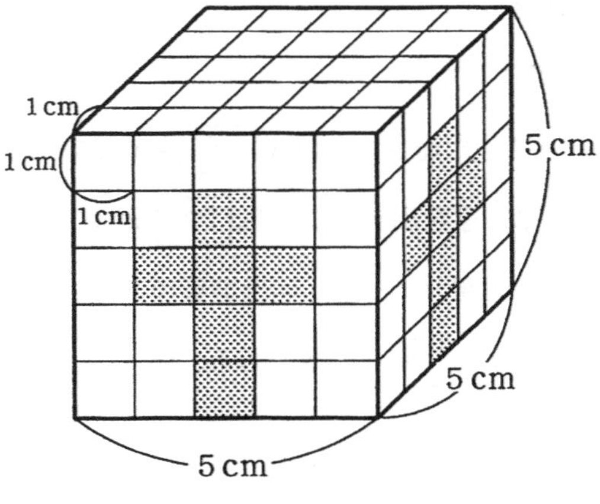

4．Aさんは家から10 km離れた学校へ自転車で向かいます。家から3 kmの場所で休んで，また同じ距離《きょり》を走り，同じ時間休みました。そして，時速12 kmで走り続けて学校に着きました。下のグラフは，Aさんの家を出発してからの時間と速さの関係を表したものです。

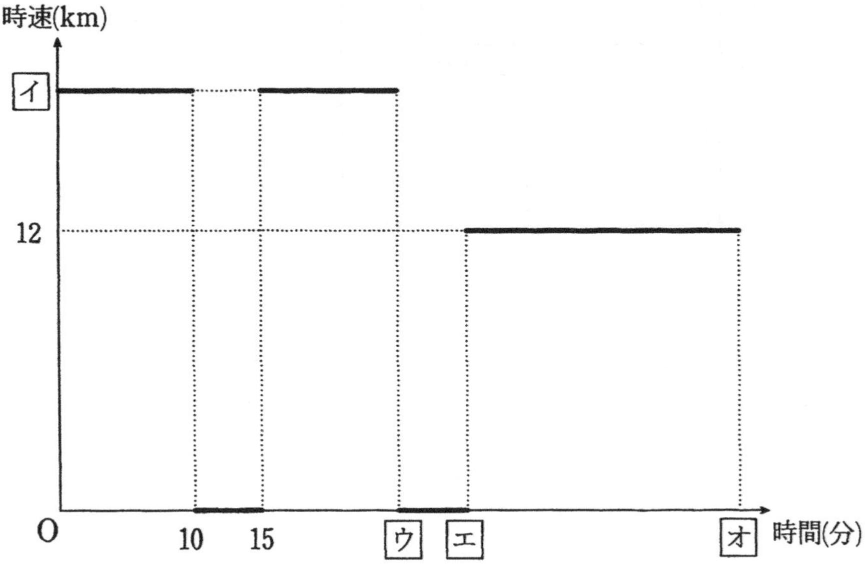

（1）［ア］から［オ］にあてはまる数を答えなさい。

① 家から3 kmの場所で［ア］分間休んだ。

② 家を出発してから10分間で走っていた速さは，時速［イ］kmである。

③ 2回目に休んだ場所に着いたのは，家を出発してから［ウ］分後である。

また，そこを出発したのは，家を出発してから［エ］分後である。

④ 学校に着いたのは，家を出発してから［オ］分後である。

（2）下のグラフは，Aさんの家を出発してからの時間と，家からの距離の関係を途中まで表したものです。グラフの続きをかきなさい。

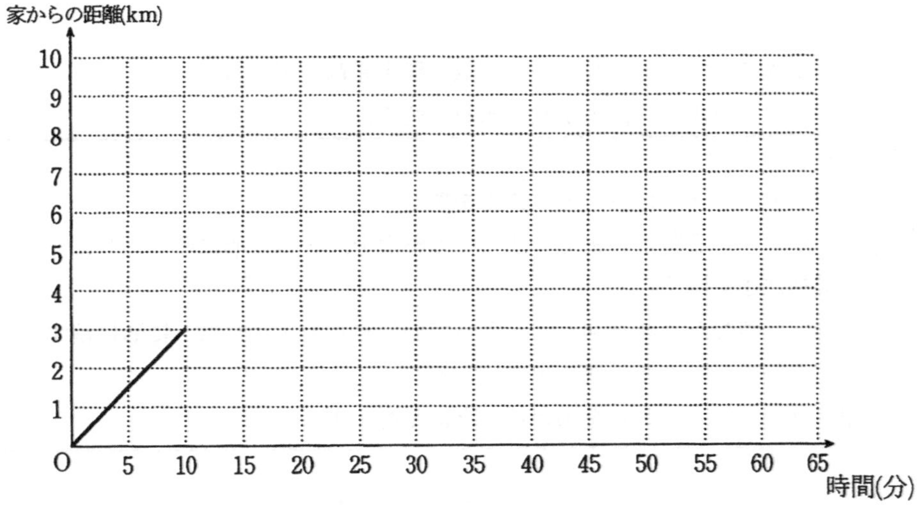

Aさんと家を同時に出発したお兄さんは，自転車で時速 10 kmで走った後，休むことなく速さを変えて時速 20 kmで走り，学校に着きました。お兄さんが時速 10 kmで走った時間と，時速 20 kmで走った時間の比は３：１でした。

（3）お兄さんが速さを変えたのは，家から何kmの場所ですか。

（4）お兄さんが学校に到着したのは，家を出発してから何分後ですか。

（5）お兄さんは走っている途中でAさんを追い抜《ぬ》きました。追い抜いたのは家を出発してから何分後ですか。

5．ある日の放課後，先生があやめさんと太郎くんに問題を出しました。

［ア］～［キ］の空らんを正しくうめなさい。

先　生：２人に今からあるルールで整数を消す問題を出すね。
（ルールが書かれた紙を見せる）

【ルール】
① 円上のスタート地点（S）に１を置く。
② １から「ある整数」までのすべての整数を，小さい順に時計回りに並べる。
③ 最初に１を消す。
④ 消した整数から時計回りに，残っている整数を１つ飛ばしに順に消す。
⑤ ④を整数が１つだけ残るまで続ける。
※スタート地点（S）を過ぎるごとに１周とする。

あやめ：ちょっとルールがわからないから，具体的な整数でやってみよう！

太　郎：そうだね！じゃあ例えば「ある整数」が６だとすると，
まず，１から６までのすべての整数を並べて，
１周目には１→３→５の順で消す。
２周目は残っている整数を１つ飛ばしだから，
２→６の順で消す。
最後に４だけが残ったから，ここで終了ってことだね。

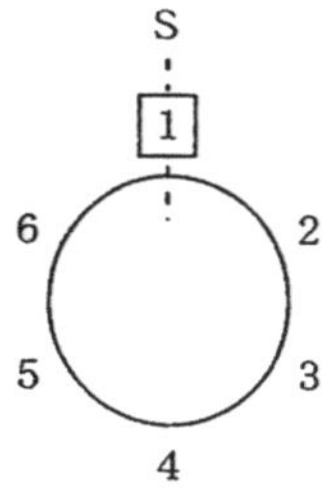

先　生：その通りだよ。ルールを正しく理解したね。
ちなみに，５は１周目の３番目，６は２周目の２番目に消した整数だよ。
では「ある整数」が16だとすると最後に残る整数は何になるかな？

あやめ：１周目に消す整数を順にすべて書き出すと，［　　ア　　］だね。

太　郎：じゃあ，２周目に消す整数を順にすべて書き出すと，［　　イ　　］だね。

あやめ：３周目に消す整数は順に［　ウ　］で，４周目にはこの整数を消して…

最後に残る整数は［エ］だ！

先　生：正解！じゃあ今度は，このルールを使った新しい問題を２問出すよ。
（問題が書かれた紙を見せる）

【問題】
（１）「ある整数」が 32 のとき，２周目に消す整数の個数を求めなさい。
（２）「ある整数」が 64 のとき，48 は何周目の何番目に消す整数か求めなさい。

あやめ：（１）の問題は「ある整数」が32 で…１から順に書いていくと…

太　郎：ちょっと待ってあやめさん！これにはきっと規則性があるはずだよ！

あやめ：「ある整数」が 16 のときに１周目と２周目に消した整数の個数に注目すると…分かった！「ある整数」が 32 のときに，２周目に消す整数は［オ］個だ！

先　生：正解！じゃあ（２）の問題はどうかな？

太　郎：あやめさん，消す整数の個数以外にも規則性を見つけたよ。
（あやめさんに見つけた規則性を説明する）

あやめ：本当だ！
ということは「ある整数」が 64 のとき，48 はきっと…

あやめ・太郎：［カ］周目の［キ］番目に消す整数だ！

先　生：２人とも息がぴったりだね。正解だよ！

２０２１年度

広島女学院中学校入学試験

社会・理科

社会・理科合わせて４５分／各５０点満点

受験上の注意

１．試験開始の合図があるまで，この問題冊子の中を見てはいけません。

２．解答用紙は，この冊子の間にはさんであります。

３．問題は社会１ページから 10 ページまで，理科 12 ページから 24 ページまであります。解答用紙は社会白色，理科緑色のそれぞれ１枚ずつです。試験開始の合図があったら，ページ数および解答用紙を確認し，受験番号，名前をそれぞれの解答用紙に記入し，解答を始めなさい。

４．解答はすべてそれぞれの解答用紙に記入しなさい

社　会

1．　日本では毎年のように自然災害が発生しています。下の地図であらわした地域について，後の問に答えなさい。

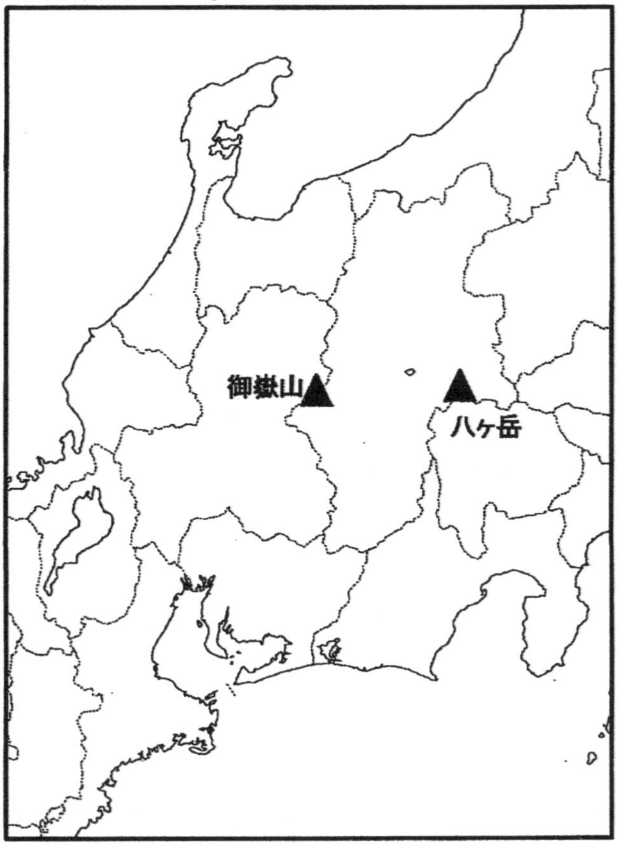

（1）　地図中の御嶽山《おんたけさん》は 2014 年に噴火《ふんか》し，大きな被害《ひがい》が生じました。この火山は2つの県にまたがっています。この2つの県の名を答えなさい。

（2）　大きな自然災害が起きたとき，テレビは情報を知る上でとても便利です。民間の放送局は各地のローカル局とネットワークでつながっています。このネットワークの中心となる東京に本社がある放送局を一般に何といいますか。

（3）　地図中の八ヶ岳《やつがたけ》のすそ野には，噴火による溶岩《ようがん》と火山灰が積もってできた土地が多く広がっています。この土地の気候はレタスやキャベツなどの野菜の生産に適しています。この地域の気候の特徴《とくちょう》と，そのような気候となる理由を説明しなさい。

（4）　下の【図１】のA～Dは，愛知《あいち》県，大阪《おおさか》府，島根《しまね》県，東京《とうきょう》都の人口と工業で働く人の数についてあらわしたものです。

【図１】　各都府県の人口と工業で働く人の数

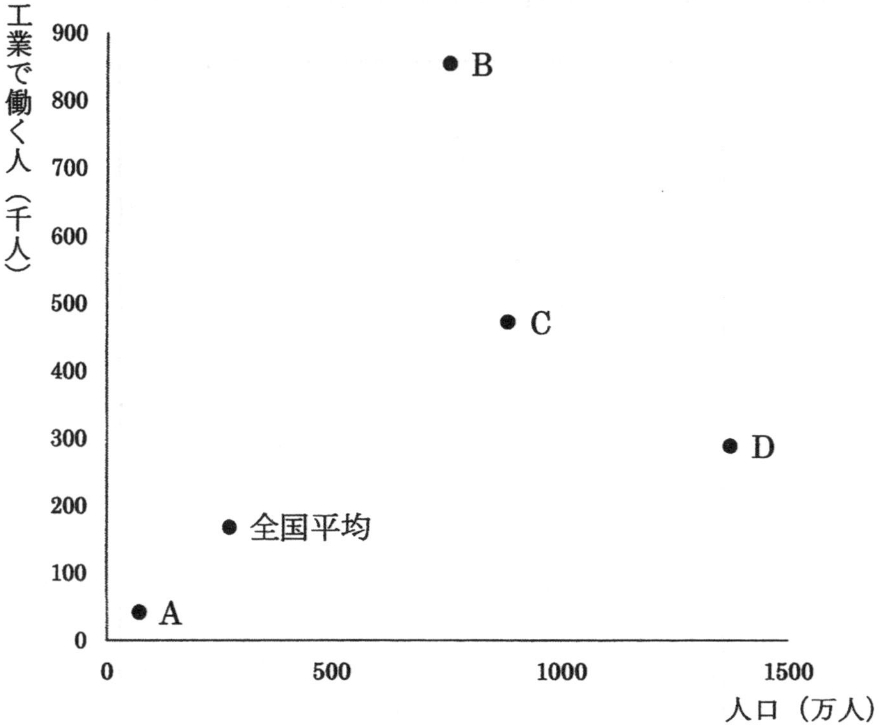

（『日本のすがた 2019』より作成）

問１　【図１】から読み取れる内容を述べた文として**適当でないもの**を，次の（ア）～（エ）の中から１つ選び，記号で答えなさい。

（ア）Aは，人口に対する工業で働く人の割合がA～Dのなかで最も小さい。
（イ）Bは，工業で働く人の数がA～Dのなかで最も多い。
（ウ）CはDと比べると，人口は少ないが，工業で働く人の数は多い。
（エ）Dは全国平均と比べると，人口に対する工業で働く人の割合が小さい。

問２　【図１】中のA～Dのうち，愛知県を表しているものを１つ選び，記号で答えなさい。

（5）　地図中の県の中には林業が盛んな県もあります。次の【表1】をもとに述べた文①・②の正誤の組み合わせとして正しいものを，後の（ア）～（エ）の中から1つ選び，記号で答えなさい。

【表1】　日本における林業従事者一人あたりの木材伐採《ばっさい》量

年	1980	1990	2000	2010
林業従事者一人あたりの木材伐採量（㎥）	224.0	289.8	284.4	274.2

（『日本のすがた 2019』より作成）

①　1980年から1990年にかけて，林業従事者一人あたりの木材伐採量が増えたのは，機械化が進んだことが理由の1つである。

②　2000年から2010年にかけて，林業従事者一人あたりの木材伐採量が減ったのは，国土全体にしめる森林率《りつ》が3割《わり》を下回ったためである。

（ア）　①　正　　②　正　　　　（イ）　①　正　　②　誤

（ウ）　①　誤　　②　正　　　　（エ）　①　誤　　②　誤

（6）　大きな自然災害が起きたときには，水道，ガス，電気の復旧が優先されます。これらの供給施設《きょうきゅうしせつ》および供給網《きょうきゅうもう》をまとめて何といいますか。カタカナ6文字で答えなさい。

（7）　大規模《だいきぼ》な自然災害が起きたときには，自衛隊が国民の生命や財産を守る活動をします。一方で，日本の平和と安全を守ることも重要な仕事の1つです。ただし，外国との争いごとを武力で解決しないことが憲法には記されています。このことを記しているのは憲法の第何条ですか。

(8)　東日本大震災《ひがしにほんだいしんさい》の被害を受けた地域の中には復興《ふっこう》が進んでも，住む人が減って，まちに活気がなくなっているところもあります。このような課題の解決方法として**適当でないもの**を，次の（ア）～（エ）の中から**1**つ選び，記号で答えなさい。

（ア）防潮堤《ぼうちょうてい》の建設や土地のかさ上げなど，まちの整備を進め，安心して住めるようにする。

（イ）地域の仕事，空き家などの情報を提供し，移り住むことを考えている人を地方自治体がサポートする。

（ウ）地域の特産品を使った新しい商品や観光メニューの開発に取り組んでいく。

（エ）住民の交流や，イベントが開催《かいさい》できる公共施設《こうきょうしせつ》をつくるよう地方裁判所に請願《せいがん》する。

2．　2020年は新型コロナウイルスの感染拡大により，私たちの社会に大きな変化がありました。歴史をふり返ってみると，私たちの社会はいつも病とともにありました。病が歴史にどのような影響《えいきょう》を与えたか考えてみましょう。

（1）　奈良《なら》時代や平安《へいあん》時代には，たびたび疫病《えきびょう》が流行しました。この時代の人々は，病気の原因を悪い霊《れい》のしわざと考えたり，神仏を信仰《しんこう》して病気が治るように祈《いの》ったりしました。

問1　奈良時代に唐《とう》から渡って来た僧《そう》で，日本に正式な仏教の教えや薬・医学書をもたらした人物の名前を答えなさい。

問2　奈良時代や平安時代のできごとと疫病について説明した文として正しいものを，次の（ア）～（エ）の中から1つ選び，記号で答えなさい。

（ア）外国から未知の病気が入ることをおそれたため，奈良時代の日本は海外に外交使節を送らなかった。

（イ）聖武天皇《しょうむてんのう》は，疫病がなくなるように願って，奈良に大仏《だいぶつ》をつくった。

（ウ）紫式部《むらさきしきぶ》の随筆《ずいひつ》『枕草子《まくらのそうし》』に，日々の生活と健康に関することが，たびたび描《えが》かれた。

（エ）藤原道長《ふじわらのみちなが》は病を治す祈りをあげてもらうため，何度も僧の行基《ぎょうき》のもとをおとずれた。

（2）　鎌倉《かまくら》時代～安土桃山《あづちももやま》時代に書かれた書物にも，はやり病の記録がいくつも残されています。これに関する【資料１】,【資料２】を読み，その内容について説明した文①・②の正誤の組み合わせとして正しいものを，後の（ア）～（エ）の中から１つ選び，記号で答えなさい。

【資料１】　鎌倉幕府《かまくらばくふ》の歴史書『吾妻鏡《あづまかがみ》』1244 年 4 月 26 日
「この近日，せきや発熱をともなう病気が流行し，身分の高い者も低い者も逃《のが》れられない。将軍たちは，病気が治まるように祈った。」

【資料２】　奈良にある寺院の僧が記した記録『多聞院日記《たもんいんにっき》』1586 年 4 月 28 日
「このごろ，京都《きょうと》・大阪《おおさか》には風邪《かぜ》が非常に増え，ここにも少々みられる。」

①　【資料１】の時代，幕府は武士・農民・町人の身分ごとに住む場所を定めて厳しく統制したため，病気の流行は身分によって異なった。
②　【資料２】の時代，京都で病気が流行した背景には，この頃起こった応仁《おうにん》の乱《らん》によって京都が荒《あ》れ果てたことがあった。

（ア）　①　正　②　正				（イ）　①　正　②　誤
（ウ）　①　誤　②　正				（エ）　①　誤　②　誤

（3）　江戸《えど》時代にはインフルエンザや風疹《ふうしん》が定期的に流行し，死者が多く出ることもありました。社会に不安が広がると，幕府は対策に追われました。西洋医学が日本にもたらされると，効果の高い治療《ちりょう》が行われるようになりました。

問１　オランダ語で書かれた医学書を日本語に訳し，『解体新書《かいたいしんしょ》』として発表し，日本における医学の発展につくした人物の名前を１人答えなさい。

問２　江戸時代の流行病と医学について述べた次の文①～③を，時代の古い順に並べ替えたものとして正しいものを，後の（ア）～（カ）の中から１つ選び，記号で答えなさい。

①　風疹の大流行で死者が 10 万人にのぼると，農作業も困難になり，天保《てんぽう》の大ききんにつながった。

②　徳川吉宗《とくがわよしむね》は実生活の役に立つ学問として西洋医学の研究を支援《しえん》したため，蘭学《らんがく》が発展した。

③　たびたび病に悩まされていた徳川家光《とくがわいえみつ》は，自身のそばに仕える医者の人数を増やした。

（ア）　①　→　②　→　③　　　（イ）　①　→　③　→　②

（ウ）　②　→　①　→　③　　　（エ）　②　→　③　→　①

（オ）　③　→　①　→　②　　　（カ）　③　→　②　→　①

（４）　明治《めいじ》時代になると，日本と諸外国の交流が盛んになりました。それにともない世界的な病気の流行が，日本にもおよぶようになりました。明治時代の中頃には，国際的に活躍《かつやく》する日本人医学者も登場しました。

一方，明治時代以降の日本は国力を増大させ，アジアに勢力をのばしました。兵士たちにとって，敵兵と直接戦う以上に，戦場での病気が大きな問題でした。

第二次世界大戦後には医学が大きく進歩し，治すことのできなかった病気も克服《こくふく》されていきました。

問１　ヨーロッパで医学を学んで破傷風《はしょうふう》の治療法《ちりょうほう》を確立し，日本に伝染病の研究所をつくった人物の名前を答えなさい。

問２　日本も参戦した第一次世界大戦中，インフルエンザが世界中で大流行しました。あまりの影響の大きさに，戦争の終わりを早めたとも言われます。このように，流行病が広い範囲《はんい》に及ぶことを一般に何といいますか。カタカナ６文字で答えなさい。

問３　明治時代に大きな死者を出したのは，コレラという感染症《かんせんしょう》でした。明治初期，日本政府は各国にコレラ流入を防ぐ対策に協力を求めました。

後の【資料１】～【資料３】を参考に，（ⅰ），（ⅱ）の問に答えなさい。

（ⅰ）　日本のコレラ対策に対してイギリスが反対した理由について簡潔に説明しなさい。

（ⅱ）　ドイツ船が検疫《けんえき》を無視することができた事情について，解答らんに合うように簡潔に説明しなさい。

【資料１】

「1877年，中国アモイでコレラが流行しているという報告があった。日本政府は『コレラ予防規則案』を作成，各国に海港検疫・船舶隔離《せんぱくかくり》（注１）について協力を求めた。しかし，イギリスの強い反対にあった。」

（『病気の社会史』より）

（注１）：海港検疫・船舶隔離

一定期間，船や積み荷・乗組員を港に入れず，感染症の病原体に汚染されていないか検査すること。

【資料２】　1877年における欧米諸国の日本への入港数と日本の輸入高

国名	入港した船の数	日本の輸入高	（全体に占《し》める割合）
イギリス	151	15,679,111円	(74.1%)
アメリカ	70	1,736,781円	(8.2%)
フランス	29	3,031,037円	(14.3%)
ドイツ	42	700,981円	(3.3%)

（『感染症の近代史』より作成）

【資料３】

「ドイツ船ヘスペリア号は1879年7月10日（注２）に神戸《こうべ》港を出港し，翌日東京湾に到着《とうちゃく》した。日本側は前年に制定した『コレラ予防仮規則』の条文にもとづき，ヘスペリア号に検疫を受ける必要があることを伝えた。しかし，ヘスペリア号はこれを無視し，横浜港に入港した。」

（『病気の社会史』より）

（注２）：このときドイツはイギリスと同様の条約を日本と結んでいた。

問４　次の【表１】は，日本が関わった三つの戦争と日本軍の戦死者数，戦死者に占める戦病死者の割合を示したものです。これについて説明した文として正しいものを，後の（ア）～（エ）の中から１つ選び，記号で答えなさい。

【表１】

	戦争	戦死者数	戦死者に占める戦病死者の割合
A	日清戦争《にっしんせんそう》	約 14,000 人	88.2%
B	日露戦争《にちろせんそう》	約 118,000 人	26.3%
C	日中戦争《にっちゅうせんそう》 太平洋戦争《たいへいようせんそう》	約 2,300,000 人	正確な統計はないが，餓死《がし》と栄養失調による戦病死が多く，60%にのぼるという意見もある。

（『日本軍兵士』『餓死した英霊《えいれい》たち』より作成）

（ア）A，B，CのうちAの戦病死者数が最も多いのは，重慶《じゅうけい》などの中国の内陸部という慣れない土地で日本軍が戦ったためであった。

（イ）Bでは医療体制《いりょうたいせい》の充実により，Aよりも戦病死者数が減少した。戦死者・戦病死者への見舞金《みまいきん》は，ロシアから得た賠償金《ばいしょうきん》から支払われた。

（ウ）日本軍は満州《まんしゅう》を占領すればCの戦争を早く終わらせられると考えていたため，長期戦の備えがなく，戦死者が増加した。

（エ）Cの戦争で餓死をふくむ戦病死者数が多い背景には，日本から遠く離れた戦場に食料や医薬品を届けられなかったことがあった。

問５　海外で戦った日本の兵士が病気を持ちこまないようにするため，軍事基地の近くには帰国した兵士を検査する病院がつくられました。広島港の近くにある似島《にのしま》には，そのような軍の病院がありました。そのため，原爆《げんばく》投下時には大勢の被爆者《ひばくしゃ》が運びこまれました。

広島に原爆が投下されたのはいつか，解答らんに合うように答えなさい。

問６　次の年表は医学の発展についてまとめたものです。Ⅰ～Ⅳの時期の日本の社会・経済の動きについて説明した文として正しいものを，後の（ア）～（エ）の中から１つ選び，記号で答えなさい。

年	できごと
	Ⅰ
1952	ワクスマン氏が結核《けっかく》の治療《ちりょう》に貢献《こうけん》し，ノーベル賞を受賞。
	Ⅱ
1980	世界保健機関が天然痘《てんねんとう》の根絶宣言を発表。
	Ⅲ
2012	山中伸弥《やまなかしんや》氏が再生医療に貢献し，ノーベル賞を受賞。
	Ⅳ

（ア）Ⅰの時期，日本国憲法が制定され，国民投票で内閣総理大臣を選べるようになった。

（イ）Ⅱの時期，経済成長が続く中，東京オリンピック・パラリンピックが開かれた。

（ウ）Ⅲの時期，３Ｃ（カー，クーラー，コンピュータ）が広まるなど，国民生活が豊かになった。

（エ）Ⅳの時期，阪神《はんしん》・淡路大震災《あわじだいしんさい》や東日本大震災など，大きな自然災害にみまわれた。

ここで社会は終わり。理科は次ページから。

理　科

1．　ハルカさんは山口県岩国市，ユウトくんは広島県東広島市に住んでいます。夏休みのある日に，ハルカさん，ユウトくんは自宅から広島市内の小学校にいる先生とインターネットのビデオ通話をしました。次はそのときの会話文の一部です。後の問に答えなさい。

先　生「みなさん，元気に過ごしていますか？」
ユウト「今日は外でサッカーをしました。楽しかったけど暑かったです。」
ハルカ「岩国も暑かったです。①最高気温は37℃でしたよ！」
先　生「中国地方も②梅雨《つゆ》明け以降，きびしい暑さになりましたね。」
ハルカ「今年は夏もマスクをつけているから，余計に暑く感じてしまいます。」
ユウト「本当だね。息苦しいよ。メガネもくもるしね。」

（　しばらく話が続く　）

ハルカ「あ，先生，岩国では雨が降ってきました！」
先　生「こっちは晴れているよ。」
ユウト「ぼくのところも降ってないけど，これから降るのかなぁ。」
先　生「③天気は（　　X　　）に変わるから，東広島でも降るかもしれないよ。」
ハルカ「先生，雲はどうやってできるんですか？」
先　生「例えば，④冷たい飲み物を入れたコップの外側に水てきがつくことがあるよね。
これと同じしくみで，雲は⑤空気中の水蒸気が上空で冷やされてできるんだよ。」
ユウト「マスクをしているとメガネがくもるのも，同じですか？」
先　生「そうだよ。よく気がついたね。」
ハルカ「雲ができるしくみと，身の回りで見られる現象が同じだなんて面白い！」

（1）　下線部①について，最高気温が35℃以上の日を何といいますか。次の（ア）～（エ）から選び，記号で答えなさい。

（ア）　真夏日　　（イ）　厳暑《げんしょ》日《び》　　（ウ）　熱帯日　　（エ）　猛暑《もうしょ》日《び》

二〇二二年度　国語　解答用紙

受験番号

名前

※のらんには記入しないこと

※

※120点満点
（配点非公表）

一、

問一
a
b
c
d

問二

問三

問四

問五

問六
(1)
(2)

問七
筆者は

と考えているから。

問八

問九
⑧
⑨
⑩

問十
(1)
(2)

1 ※
2 ※
3 ※
4 ※

4

(1)	ア		イ		ウ		エ		オ	

(2)	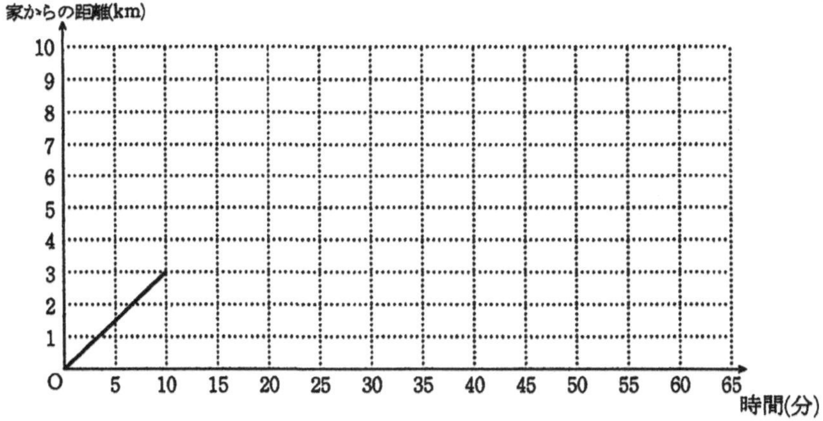	(3)	km
		(4)	分後
		(5)	分後

E ※

F ※

5

ア		イ	

ウ		エ		オ		カ		キ	

G ※

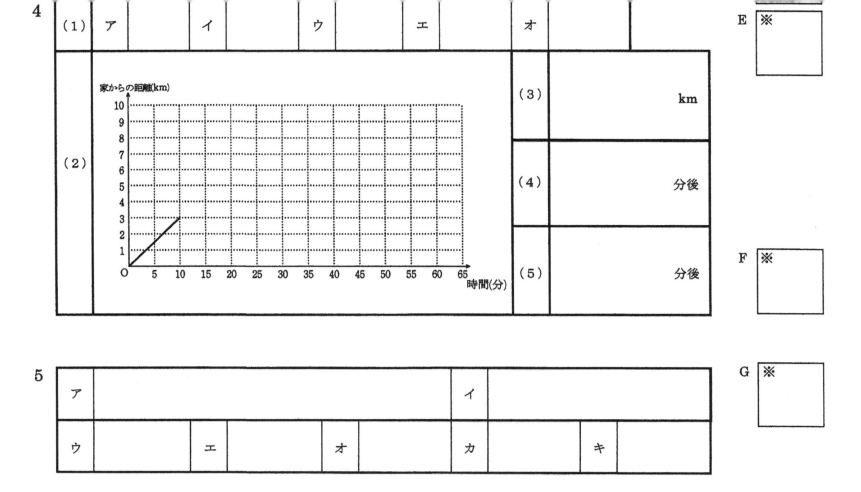

(2)		
(3)	問1	問2
(4)	問1	
	問2	
	問3 (i) (ii) は の を認めていたから。	
	問4	
	問5 年 月 日 時 分	
	問6	

D ※

E ※

	問３	

3

（１）		（２）	扇風機		エレベーター	
（３）						
（４）	問１		問２			
（５）						

4

（１）	問１		問２	目線の角度		読み取る位置	
（２）	g/cm^3	（３）					
（４）	液面の高さ		理由		（５）		（６）	

C ※

D ※

２０２１年度
理科　解答用紙

受験番号		名前	

※50点満点
（配点非公表）
※のらんには記入しないこと

1

（1）		（2）	問１		問２	
（3）	問１		問２		（4）	
（5）	問１	%	問２	g		
	問３	気温が高くなると，飽和水蒸気量が				

※

A

※

2

（1）	①		②			
（2）	問１		問２		問３	
	問１					

【解答

社　会

２０２１年度
社会　解答用紙

受験番号		名前	

※50点満点
(配点非公表)
※のらんには記入しないこと

※

1

（１）			（２）	
（３）				
（４）	問１	問２	（５）	
（６）		（７）	第　　　条	
（８）				

A ※

B ※

【解答

２０２１年度
算数　解答用紙

受験番号		名前	

※120点満点
(配点非公表)

※のらんには記入しないこと

1

(1)		(2)		(3)		(4)	

2

(1)	円	(2)	円	(3)	①	個	②	個	③	個

(4)
（求める過程）

A：　B：　C：　D：

※

A ※

B ※

C ※

3

(1)	度	(2)	cm	(3)	cm^2	(4)	cm^3

【解答

問二 自分と京子が、　　　　　　　　　　という共通点を持っているから。

問三

問四

問五

問六

問七

問八

問九

問十

問十一

三、

①

②　　家

③

④

⑤

⑥　　的

⑦

⑧

⑨

⑩

四、

①　　未聞

②　　馬耳

③　　心不

五、

①　知らぬが

②　　は口に苦し

6	7	8	9	10	11	12
※	※	※	※	※	※	※

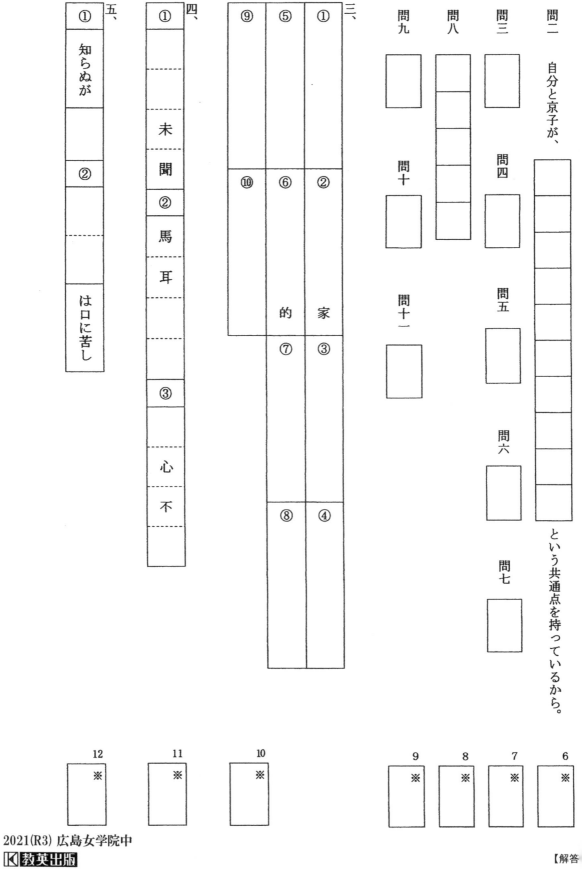

（2）　下線部②について，後の問に答えなさい。

問１　気象庁の発表した2020年の中国地方の梅雨明けの時期は，平年と比べてどうでしたか。最も適当なものを，次の（ア）～（エ）から選び，記号で答えなさい。

（ア）　平年より早かった　　（イ）　平年並みだった
（ウ）　平年より遅かった　　（エ）　特定できなかった

問２　梅雨明けは，その地域の天候などの気象データをもとに判断されます。日本全国に約1300か所あり，その場所の気象データを自動で集める観測システムの名前を答えなさい。

（3）　下線部③について，後の問に答えなさい。

問１　会話文中の（　X　）に入る言葉として最も適当なものを，次の（ア）～（エ）から選び，記号で答えなさい。

（ア）　西から東　　（イ）　東から西
（ウ）　南から北　　（エ）　北から南

問２　天気にまつわる言い伝えには，いろいろなものがあります。このうち，天気が（3）問１のように変わることと関連した言い伝えとして最も適当なものを，次の（ア）～（エ）から選び，記号で答えなさい。

（ア）　ツバメが低く飛ぶと雨
（イ）　夕焼けが見えると次の日は晴れ
（ウ）　煙《けむり》が立ち上がると晴れ，なびくと雨
（エ）　富士山がかさをかぶると雨

（4）　下線部④について，空気中の水蒸気が，ものの表面で冷えて水てきに変わる現象を何といいますか。

（5）　下線部⑤について，空気 1 m^3 中に含むことのできる水蒸気量には限界があり，その最大量を飽《ほう》和《わ》水蒸気量といいます。飽和水蒸気量は気温によって変化し，各気温における飽和水蒸気量を表 1 に示しています。空気中の水蒸気は，この量をこえた分だけ水てきに変わります。また，空気の湿《しめ》り気の程度（湿《しつ》度《ど》）は，次の式で求められます。

$$\text{湿度（\%）} = \frac{\text{空気 1 m}^3\text{ 中の水蒸気量（g）}}{\text{その気温での飽和水蒸気量（g）}} \times 100$$

表 1

気温（℃）	0	5	10	15	20	25	30	35
飽和水蒸気量（g）	4.8	6.8	9.4	12.8	17.3	23.1	30.4	39.6

問 1　気温 15℃の空気 1 m^3 中に 3.2 g の水蒸気が含まれています。この空気の湿度を求めなさい。

問 2　人間は，気温が同じでも湿度が低い方が快適に感じることがあります。気温 25℃で，湿度を 90%から 20%にするとき，空気 1 m^3 中から何 g の水蒸気を取り除くとよいか答えなさい。ただし，答えが割り切れないときは，小数第 2 位を四捨五入して，小数第 1 位まで答えを求めなさい。

問 3　広島県の山間部では，霧《きり》が発生することがあります。ある日，早朝に観測された霧は気温の高くなる昼前に消えていました。霧が消えた理由を，「水てき」と「水蒸気」という言葉を使って，解答らんにあてはまる形で書きなさい。

2．　アヤメさんは，池の水と水草を入れた水そうで，図1のようにメダカを飼育しています。これについて，後の問に答えなさい。

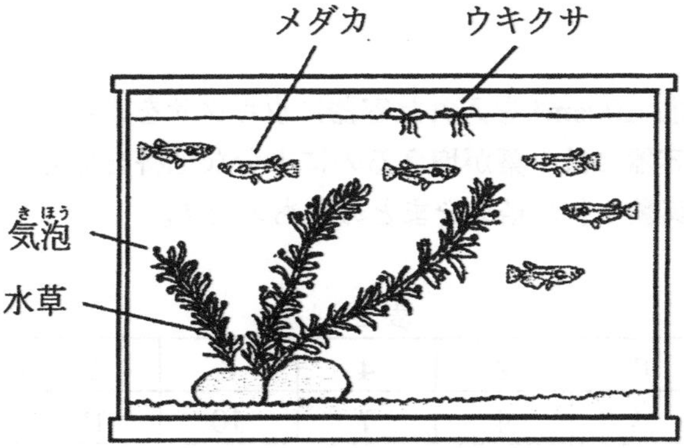

図1

（1）　ある晴れた日の昼間に，アヤメさんはお父さんと水そう内のようすについて話をしました。次はそのときの会話文の一部です。会話文中の空らん（　①　），（　②　）にあてはまる言葉をそれぞれ答えなさい。

アヤメ「水草についている気泡は何かな。夜にはついていなかったよね。」
父　「そうだね。水草は，光があたると葉から（　①　）を出すんだよ。」
アヤメ「それなら，水そうに水草をもっとたくさん入れておくと（　①　）がいっぱいになるから，メダカが元気になるかなぁ。」
父　「それは逆にメダカの元気がなくなってしまうかもしれないよ。」
アヤメ「え，そうなの？」
父　「水草は，光があたっていないときは（　②　）だけを行うから，夜には水そうの中の（　①　）が少なくなってしまうからね。」
アヤメ「そうなんだ。」

（2）　水そうの中にはウキクサがいくつか入っており，アヤメさんは日が経つにつれて，ウキクサの葉の数が増えていることに気づきました。アヤメさんは，葉の数の増え方を調べるために，次の【実験１】を行いました。

【実験１】

アヤメさんは水 100cm^3 を入れた容器にウキクサを入れ，２日ごとに葉の数を記録しました。容器には，葉が増えるのに十分な肥料を加え，光も十分にあてました。表１は【実験１】の結果をまとめたものです。

表１

日数（日）	0	2	4	6	8	10	12
葉の数（枚）	4	4	7	10	18	26	48

日数（日）	14	16	18	20	22	24	26
葉の数（枚）	75	104	130	146	153	153	154

始めに４枚だった葉は，20 日後には水面全体をおおうほどに増えていました。しかし，22 日後からは，ほとんど増えなくなりました。

アヤメさんはこのことを不思議に思い，次の【実験２】を行いました。

【実験２】

葉が増える条件を調べるために，水 100cm^3 を入れた同じ形の６つの容器（A～F）を用意し，条件を変えて実験を行いました。表２は，容器 A～F の条件と，実験をはじめてから 10 日後の葉の数をまとめたものです。ただし，水の量は変化しないものとし，光のあたり方も差がないものとします。

表２

容器	条件			10 日後の葉の数（枚）
	水温（℃）	肥料	最初に入れた葉の数（枚）	
A	20	なし	6	X
B	20	なし	12	18
C	20	あり	6	22
D	30	なし	6	10
E	30	あり	12	48
F	30	あり	6	30

問１　「葉の数は肥料があると速く増える」ということを示すためには，表２のB～Fのどの容器とどの容器を比べるとよいですか。最も適当なものを，次の（ア）～（エ）から選び，記号で答えなさい。

（ア）　BとC　　（イ）　DとE　　（ウ）DとF　　（エ）　EとF

問２　表２の X にあてはまる葉の数として最も適当なものを，次の（ア）～（エ）から選び，記号で答えなさい。

（ア）　10未満　　（イ）　10～17　　（ウ）　18～21　　（エ）　22以上

問３　【実験２】を約１ヶ月続けたところ，条件が異なるにもかかわらず，全ての容器の葉は実験１と同様に，水面全体をおおうほど増えた後，増えなくなりました。ここからさらに葉の数を増やすには，どのような操作をしたらよいですか。最もよく増えると考えられるものを，次の（ア）～（エ）から選び，記号で答えなさい。

（ア）　さらに肥料を加える。
（イ）　さらに水温を上げる。
（ウ）　口の広い容器にかえる。
（エ）　光をあてる時間を長くする。

（3）　アヤメさんは近所の池に行ったとき，メダカ以外にもヤゴやアメンボなどいろいろな昆虫《こんちゅう》がいることに気づきました。

問１　ヤゴの成虫を何といいますか。

問２　アメンボの足には細かい毛がたくさん生えており，水面に浮《う》くことができます。このように，昆虫の足はその生活に適した形をしています。次の（Ⅰ），（Ⅱ）に適した足の形を，（ア）～（エ）から，その足をもつ昆虫の名前を（オ）～（ク）からそれぞれ選び，記号で答えなさい。

（Ⅰ）えものをとらえる　　　（Ⅱ）土をほる

【足の形】

（ア）

（イ）

（ウ）

（エ）

【昆虫の名前】

（オ）セミ（幼虫）　（カ）コオロギ　（キ）カマキリ　（ク）カブトムシ

問３　異常気象が引き金となって，2020 年の初め頃《ころ》から，ある昆虫が大量発生しました。この昆虫はアフリカから中東，インドにかけて大群で移動し，農作物などの植物を食べ，その地域の農業に大きな被害《ひがい》を与えました。この昆虫の名前を答えなさい。

3．　私たちは電気をつくり，目的に合わせて光や音，熱などに変えて利用しています。これについて，後の問に答えなさい。

（1）　「モーター」は電気を回転する動きに変えて利用するときに使います。次の（ア）～（カ）の家庭用電気製品のうち，モーターを使っているものはどれですか。正しいものをすべて選び，記号で答えなさい。

（ア）　ドライヤー　　（イ）　ホットプレート　　（ウ）　蛍光灯《けいこうとう》
（エ）　洗たく機　　（オ）　アイロン　　（カ）　ラジオ

（2）　扇風機《せんぷうき》とエレベーターにも「モーター」が使われています。表1は扇風機とエレベーターで利用しているモーターの性質を説明したものです。

表1

電気製品	モーターの性質
扇風機	モーターの回転数により，強い風と弱い風を切りかえることができる。
エレベーター	モーターの回転の向きにより，ものを上げたり下げたりすることができる。

モーター1個と乾電池《かんでんち》2個を使って，いろいろな回路をつくりました。扇風機とエレベーターで利用しているモーターの性質を確かめられるのは，どの回路ですか。次の（ア）～（オ）から，それぞれ正しいものを1つずつ選び，記号で答えなさい。ただし，モーターを，乾電池を  ，切りかえスイッチを ，の電気用図記号で表し，使用するモーターと乾電池はそれぞれ同じものであるとします。

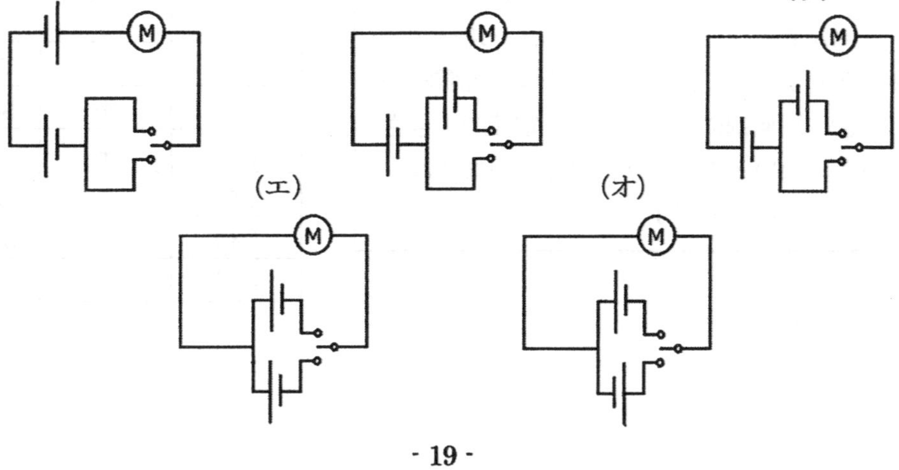

（3） モーターのしくみについて，次の文章の空らん（ ① ）～（ ③ ）にあてはまる言葉の組み合わせとして正しいものを，下の（ア）～（カ）から選び，記号で答えなさい。

> モーターの中には（ ① ）と（ ② ）が入っていて，（ ② ）に電流が流れると，モーターについた軸《じく》が回転します。一方，モーターを電源からはずし，モーターについた軸を回転させると電気をつくることもできます。この（ ① ）と（ ② ）からなる電気をつくることができる装置を（ ③ ）といいます。

	①	②	③
（ア）	磁石	コイル	電磁石
（イ）	磁石	コイル	発電機
（ウ）	コイル	磁石	電磁石
（エ）	コイル	磁石	発電機
（オ）	鉄しん	コイル	電磁石
（カ）	鉄しん	磁石	発電機

（4） モーター１個と乾電池１個をつなぎ，流れる電流の大きさを電流計で測ります。

問１ このときの回路を，右の電気用図記号を用いてかきなさい。

モーター	乾電池	電流計
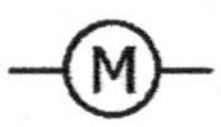	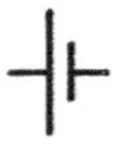	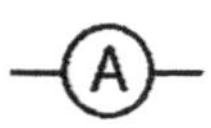

問２ 電流計の端子《たんし》のつなぎ方について，次の文章の空らん（ ④ ），（ ⑤ ）にあてはまる語句の組み合わせとして正しいものを，下の（ア）～（カ）から選び，記号で答えなさい。

> 電流計には，＋端子が１本，－端子が３本あります。電流計の＋端子は，乾電池の（ ④ ）極側につなぎます。電流の大きさが分からないとき，最初につなぐ－端子は（ ⑤ ）の端子です。

	④	⑤
（ア）	＋	50mA
（イ）	＋	500mA
（ウ）	＋	5A
（エ）	－	50mA
（オ）	－	500mA
（カ）	－	5A

（5）　モーター，乾電池，LED（発光ダイオード）を使って，次の７つの回路をつくりました。図中の①～⑰の点の電流の大きさを測ると，表２のようになりました。表２の結果から分かることとして**誤っているもの**を，次の（ア）～（カ）から２つ選び，記号で答えなさい。ただし，モーターを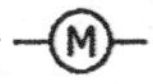，乾電池を，LEDをの電気用図記号で表し，使用するモーター，乾電池，LEDはどれも同じものとします。

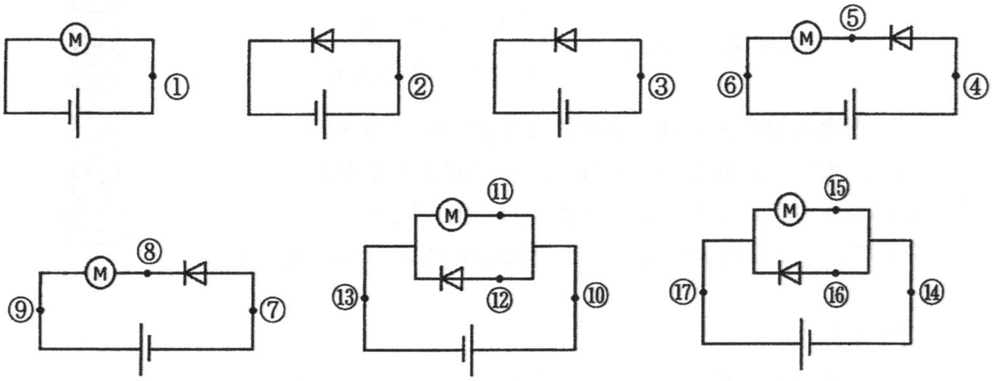

表２

図中の点	①	②	③	④	⑤	⑥	⑦	⑧	⑨
電流の大きさ（mA）	83	65	0	35	35	35	0	0	0

図中の点	⑩	⑪	⑫	⑬	⑭	⑮	⑯	⑰
電流の大きさ（mA）	148	83	65	148	83	83	0	83

（ア）　電流の流れる道が１本道だと，どこでも電流の大きさが等しい。

（イ）　電流の流れる１本道にモーターとLEDをどちらも入れると，どちらか１つのときよりも電流が流れにくくなる。

（ウ）　電流の流れる道が２つに分かれると，それぞれの道を流れる電流の和は，分かれる前の電流より小さくなる。

（エ）　電流の流れる道が２つに分かれても，モーターに流れる電流の大きさは，モーターだけを電池につないだときと等しい。

（オ）　電流の流れる１本道にモーターとLEDをどちらも入れたとき，電池をつなぐ向きによってモーターの回転の向きが変わる。

（カ）　電流の流れる道が２つに分かれると，電池をつなぐ向きによってモーターの回転の向きが変わる。

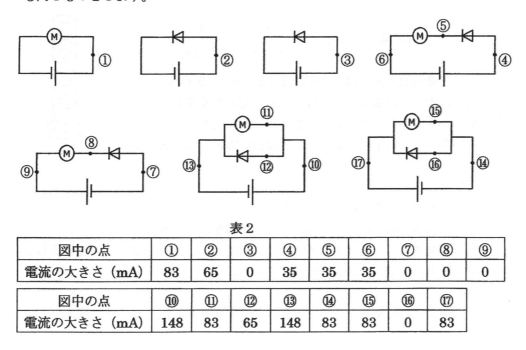

4．　コップに水と食用油を入れると食用油が水の上に浮《う》きます（図1）。このことを不思議に思ったアヤメさんが調べてみると，ものの浮き沈《しず》みには「密度」の大小が関係していることが分かりました。ものの密度はふつう体積 1 cm³ 当たりの重さ（g）で表し，次の式で求められます。また，密度の単位はグラム毎立方センチメートル（g/cm³）で表されます。

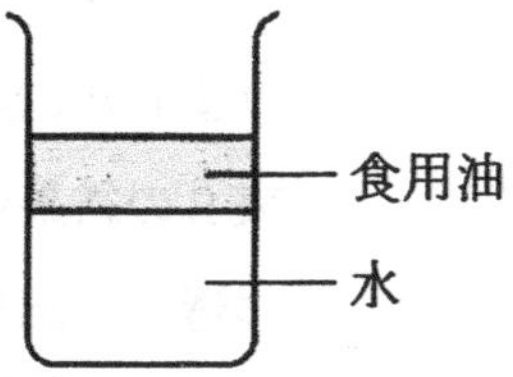

図1

$$\text{ものの密度 (g/cm}^3\text{)} = \frac{\text{ものの重さ (g)}}{\text{ものの体積 (cm}^3\text{)}}$$

水と食用油の密度はそれぞれ 1.0 g / cm³ と 0.9 g / cm³ です。水に食用油が浮くのは，水の密度より食用油の密度が小さいからです。アヤメさんは，身の回りにあるいろいろなものの密度を求めるために次の実験を行いました。

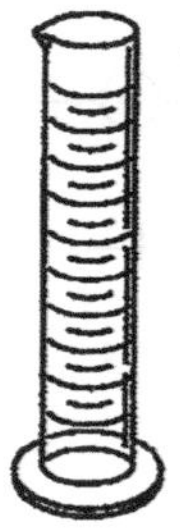

器具A

図2

【実験】

① 密度をはかりたいものの重さを電子天びんではかる。
② 器具A（図2）に水を入れてその体積を読み取る。
③ 器具Aの中に密度をはかりたいものを沈め，そのときの体積を読み取る。
④ ②と③の差がそのものの体積となる。

この実験の結果をまとめると表1のようになりました。後の問に答えなさい。

表1

もの	重さ（g）	体積（cm³）
10円玉3枚	13.5	2.0
ペットボトルのキャップ	0.9	3.3
鉄くぎ10本	18.0	2.3
ビー玉1個	20.0	7.1
木片《もくへん》	6.0	8.0
卵1個	55.0	50.0

（1）　図3は，器具Aの一部を表しています。

問1　器具Aの名前を答えなさい。

問2　図3より，器具Aを使って水の体積を読み取るとき，正しい目線の角度を（ア）～（ウ）から，体積を読み取る位置を（エ）～（カ）からそれぞれ選び，記号で答えなさい。

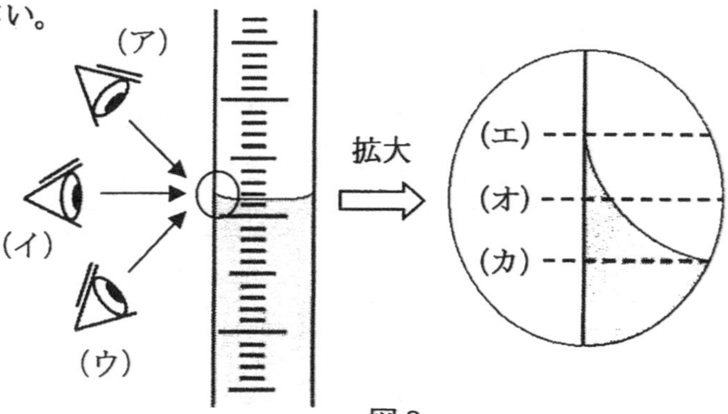

図3

（2）　表1より，鉄くぎの密度を求めなさい。ただし，答えが割り切れないときは，小数第2位を四捨五入して，小数第1位まで答えを求めなさい。

（3）　実験で用いた次の（ア）～（オ）のうち，水に浮かぶものをすべて選び，記号で答えなさい。

（ア）　10円玉　　（イ）　ペットボトルのキャップ
（ウ）　鉄くぎ　　（エ）　ビー玉　　（オ）木片

（4）　器具Aに食用油を入れた後，氷を入れると図4のように沈みました。氷が全てとけた後，油の液面はどうなりますか。（ア）～（ウ）から選びなさい。また，そのように考えた理由として最も適当なものを次の（エ）～（カ）から選び，記号で答えなさい。

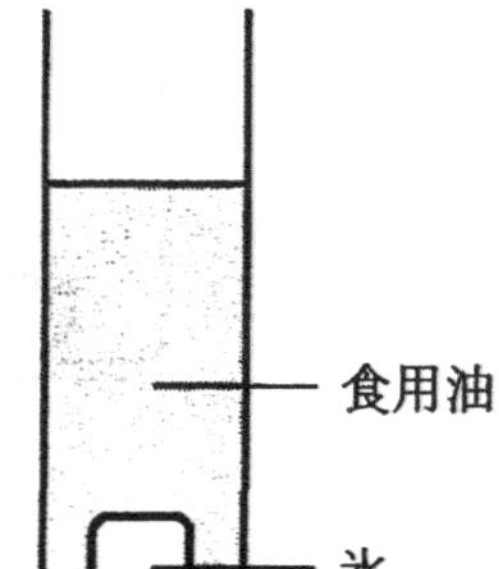

図4

【液面の高さ】　（ア）　下がる
（イ）　上がる
（ウ）　変わらない

【理由】　（エ）　氷の密度は食用油の密度より大きいから
（オ）　水の密度は氷の密度より大きいから
（カ）　水の密度は食用油の密度より大きいから

（5） 密度は温度によって変化します。金属の密度について述べた次の文の（ ① ），（ ② ）にあてはまる言葉の組み合わせとして正しいものを，下の（ア）～（エ）から選び，記号で答えなさい。

> 金属はあたためると体積が（ ① ）なるので，温度が高くなると金属の密度は（ ② ）なる。

	①	②
（ア）	小さく	大きく
（イ）	小さく	小さく
（ウ）	大きく	大きく
（エ）	大きく	小さく

（6） ビーカーに水 $300cm^3$ を入れ，この実験で用いた卵を１つ入れたところ，図５のように沈みました。これに食塩を１g 加え，全て溶《と》かします。この操作をくり返していくと，あるところで図６のように卵がビーカーの底をはなれ，浮きはじめました。食塩を何 g より多く溶かすと卵が浮きますか。最も近い数値を，次の（ア）～（エ）から選び，記号で答えなさい。ただし，食塩を溶かしても水溶液《すいようえき》の体積は $300cm^3$ のままとします。

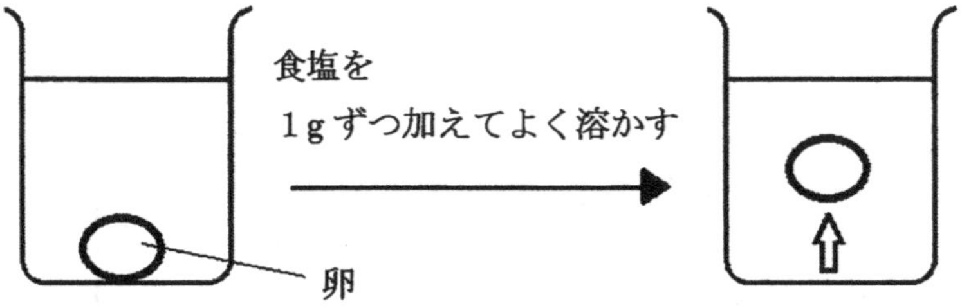

図５　　　図６

（ア） 27　　（イ） 30　　（ウ） 33　　（エ） 36